© privat

Lynette Chiang ließ mit 34 Jahren einen anständigen Job, ein Haus mit drei Schlafzimmern, ein schnelles Auto und einen netten Kerl in Sydney zurück und machte sich trotz ihres schlechten Orientierungssinnes auf, die Welt mit dem Faltrad zu erkunden. Seitdem ist sie allein unterwegs, lebt und arbeitet in Großbritannien, Irland, Nicaragua, Costa Rica, Panama, Kuba, Mexiko, Peru und in den USA.

In Zusammenarbeit mit dem *Race-Across-America*-Radfahrer Lon Haldeman hat Lynette zwei Dokumentarfilme produziert. *16 000 Feet on a Friday: Biking the World's Highest Paved Road* gewann beim Boston Bike Film Festival von 2005 den Zuschauerpreis. Lynettes letzter Film heißt *Route 66 by Bicycle: Biking the Mother Road.*

www.galfromdownunder.com
www.frederking-thaler.de

Bibliografische Information der Deutschen Nationalbibliothek
Die Deutsche Nationalbibliothek verzeichnet diese Publikation in der
Deutschen Nationalbibliografie; detaillierte bibliografische Daten
sind im Internet über http://dnb.d-nb.de abrufbar.

NATIONAL GEOGRAPHIC ADVENTURE PRESS
Reisen · Menschen · Abenteuer
Die Taschenbuch-Reihe von
National Geographic und Frederking & Thaler

1. Auflage November 2008
Deutsche Erstausgabe © 2008 Frederking & Thaler Verlag GmbH, München
© 2007 Lynette Chiang
Titel der englischsprachigen Ausgabe: *The Handsomest Man in Cuba. An Escapade*
erschienen bei The Globe Pequot Press, Guilford Conneticut
Alle Rechte vorbehalten

Aus dem Englischen von Andrea O'Brien
Text: Lynette Chiang
Fotos: Lynette Chiang
Umschlagfoto vorne oben und hinten oben: Sven Creutzmann
Umschlagfoto vorne unten: Lynette Chiang
Umschlagfoto hinten: Petra Dorkenwald
Lektorat: Dr. Barbara Münch-Kienast, Andechs
Umschlaggestaltung: Dorkenwald Grafik-Design, München
Satz/Layout: Buchwerkstatt, Bad Aibling
Druck und Bindung: CPI - Clausen & Bosse, Leck
Printed in Germany

ISBN 978-3-89405-865-4
www.frederking-thaler.de

Das Papier wurde aus chlorfrei
gebleichtem Zellstoff hergestellt.

Lynette Chiang

Cuba particular

Eine Inseltour mit Faltrad, Zug und Kleintransporter

Aus dem Englischen
von Andrea O'Brien

NATIONAL GEOGRAPHIC
FREDERKING & THALER

Lolita, der schönsten Frau Cubas

Inhalt

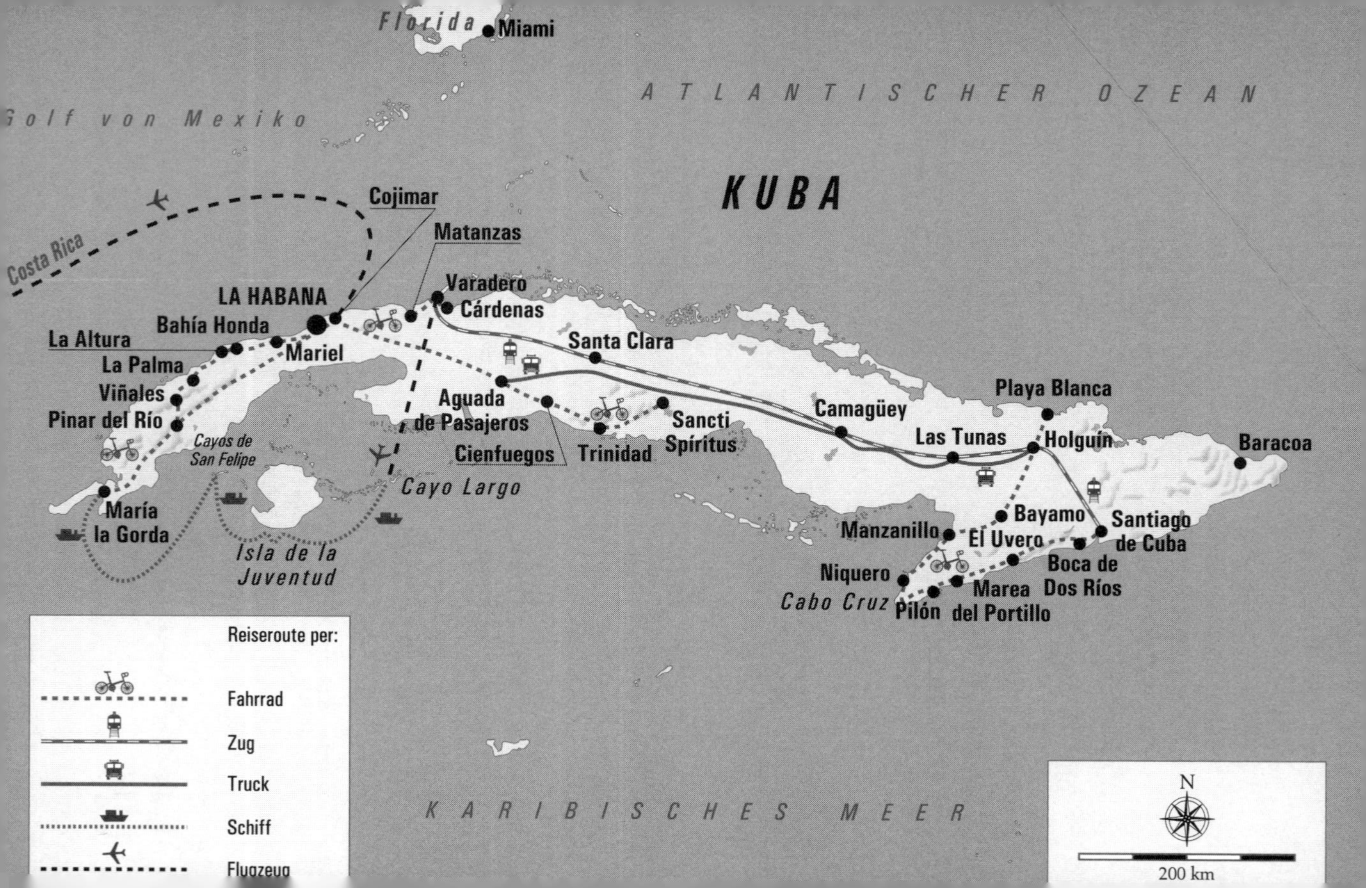

N

200 km

ATLANTISCHER OZEAN

Golf von Mexiko

KARIBISCHES MEER

KUBA

Florida • Miami

• Baracoa

Santiago de Cuba

Boca de Dos Ríos

Holguín

Bayamo

Playa Blanca

El Uvero

Marea del Portillo

Las Tunas

Manzanillo

Pilón

Camagüey

Niquero

Cabo Cruz

Sancti Spíritus

Santa Clara

Trinidad

Cienfuegos

Aguada de Pasajeros

Cárdenas

Varadero

Matanzas

Cojimar

LA HABANA

Mariel

Bahía Honda

La Palma

La Altura

Viñales

Pinar del Río

María la Gorda

Cayos de San Felipe

Isla de la Juventud

Cayo Largo

Costa Rica

Reiseroute per:

Fahrrad

Zug

Truck

Schiff

Flugzeug

Kubanische Weihnacht

Es hat mich in eine kleine Küche irgendwo in Havanna, Kuba, verschlagen.

Ich hätte was zum Essen mitbringen sollen.

Die liebenswürdige *señora* hat mir ein Abendessen angeboten: ein aufgebackenes Brötchen mit Spiegelei und ein Glas Orangensaft. Kaum hat das Ei die Bratpfanne verlassen, schlinge ich die kleine Mahlzeit in einem Bissen hinunter. Mein Magen knurrt und will mehr. Es gibt keinen Nachschlag.

Ich hatte alles über die Nahrungsmittelknappheit in Kuba gelesen. Da wurde berichtet, die Menschen hätten nicht genug zu essen, um die eigene Familie satt zu bekommen, geschweige denn, auch noch etwas für mit Dollarscheinen wedelnde Touristen abzuzweigen. Doch in meinem unablässigen Streben, mit so wenig Gepäck wie möglich zu reisen, hatte ich einen vor allem für den Fahrradreisenden überaus wichtigen Teil der Reiseausrüstung auf der Liste ganz nach unten rutschen lassen. Das einzig Essbare, das ich in meine Taschen gestopft habe, ist ein Glas Kürbismarmelade. Diese Leckerei hatte mir mein holländischer Lover in Costa Rica mit viel Liebe zubereitet. Bedauerlicherweise war sowohl seine Liebe als auch die Marmelade während meiner dreimonatigen Abwesenheit etwas angesäuert.

Ich hatte ihn vor einem Jahr auf der Insel Bocas del Toro in Panama kennengelernt. Wir standen beide an der Rezeption des Hotels, in dem er alle drei Monate abstieg, wenn er Costa Rica verlassen musste, um sein Visum zu erneuern. Er war einer der ewigen Touristen und baute sich in einem Schwellenland ein Leben mit allem Komfort auf.

Ich hatte soeben das letzte Zimmer im Hotel gebucht. Da es aber über zwei Betten verfügte, ließ ich meinen Blick zum zweiten Mal über seinen großen, noch nicht einmal dreißigjährigen Körper und seinen blonden Schopf wandern und befand, ihm ohne größeres

Risiko das andere Bett und vor allem die Hälfte der Hotelrechnung überlassen zu können.

Von blonden Männern hatte ich mich stets ferngehalten. Die paar Vertreter, mit denen ich etwas angefangen hatte, schienen sich allesamt durch eine merkwürdige Arroganz auszuzeichnen, die ich darauf zurückführte, dass die Welt sie behandelte wie das seltene rezessive Gen, dem sie ihr Aussehen verdankten. Doch ich habe gelernt, das Urteilen dem Rechtssystem und Umzugsmännern zu überlassen, die Konzertflügel durch schmale Treppenhäuser quetschen können, ohne sie zu beschädigen. Ich bereise jetzt schon seit drei Jahren mit einem Fahrrad, einem Zelt und mangelhaftem Orientierungssinn die Welt, und während dieser Zeit sind mir Männer jeglicher Couleur zu Hilfe geeilt, sind zu Freunden oder Rettern geworden.

Mein holländischer Zimmergenosse und ich kamen uns schnell näher; zwischen uns entstand eine Verbindung, wie sie unter gleich gesinnten Dauerreisenden häufig vorkommt: eng und innig für den Moment, aber immer in Gedanken an das Abreisedatum, das uns unser Visum vorschreibt. Er hatte im Alter von 23 Jahren früh Geld geerbt und den mutigen Schritt gewagt, im karibischen Dschungel weitab von seiner Familie und dem kalten geordneten Alltag in der EU ein neues Leben aufzubauen.

Ich hingegen hatte mein Leben in der australischen Vorstadt komplett mit Haus und Garten, ziemlich schnellem Auto und einer bequemen Beziehung gegen ein Klapprad, Zelt und ein Ticket ins Blaue ohne Rückfahrt eingetauscht. Ich war dreißig. Wenn man dieses Alter erreicht hat, macht man eine schwierige Zeit durch, das behaupten zumindest Bücher wie *In der Mitte des Lebens* von Gail Sheehy und all die anderen Ratgeber und Selbsthilfebroschüren, die ich zuhauf konsultiert hatte, um einen Grund für meine ständige Unzufriedenheit zu finden. Die Entscheidung, meinen gut bezahlten Job aufzugeben, war mir sehr schwer gefallen, doch ein vom Stress verursachter hässlicher Hautausschlag, der mich wie eine Aussätzige zur Quarantäne verdammt hatte, ließ mir keine Wahl: Ich musste mein Leben radikal ändern. Ich hatte 5000 Dollar auf dem Konto;

damit, so dachte ich, würde ich einige Zeit auskommen. An das Danach versuchte ich nicht zu denken.

Die Idee, mit einem Fahrrad zu reisen, kam mir, als jemand mir die Karte von England zeigte und ich darauf eine gestrichelte, von Nord nach Süd verlaufende Linie entdeckte: die Strecke Land's End bis John O'Groats, ein Klassiker unter den Fahrradtouren. Bis zu diesem Zeitpunkt war ich noch nie allein gereist, hatte ich doch schon Angst, mich außerhalb der durch meine Postleitzahl festgelegten Grenzen zu bewegen. Wenn ich einen Tagesausflug mit dem Rad machte, fuhr ich nur in einer Gruppe. Mein Orientierungssinn war eine Katastrophe. Doch auf der Karte war die Strecke nur ungefähr fünf Zentimeter lang. Ich dachte mir: Das schaffst du.

Kurz darauf erzählte mir jemand von einem seltsamen Klapprad mit kleinen Rädern, das aussähe wie eine Kreuzung aus einem BMX-Rad, einem Citybike für alte Damen und einem Hightech-Gefährt. Es hieß Bike Friday und war »nach Robinson Crusoes treuem Gefährten benannt ... unaufdringlich, doch allzeit bereit ...«, so stand es in der Werbebroschüre. Man versicherte mir, das Rad würde speziell angefertigt, damit auch ich Winzling mit meiner zierlichen Größe von etwa eins fünfzig darauf perfekt fahren könnte. Trotz seiner kompakten Form, so hieß es, habe man dennoch das Gefühl, auf einem normalen Fahrrad mit großen Rädern zu sitzen.

Man konnte das Fahrrad nur bei einem Händler in einer obskuren amerikanischen Kleinstadt namens Eugene in Oregon bestellen. Die Firma schickte mir ein überzeugendes Video und eine Garantie, die dem Interessenten klar und deutlich vor Augen führen sollte, dass er oder sie das passende Fahrrad bestellen könnte, ohne jemals darauf gesessen zu haben. Auf dem Video war zu sehen, wie das Rad zusammengeklappt in einen mittelgroßen Koffer passte, und die Hersteller hatten diesen intelligenterweise mit einem Rahmen und Rollen versehen, sodass man ihn wie einen kleinen Gepäckanhänger mit dem Fahrrad hinter sich herziehen konnte. In dem Film fuhr der Radfahrer gerade mit seinem Koffer und Rucksack zum Flughafen. Der Angestellte am Eincheckschalter hatte nicht die leiseste Ahnung von dem wundersamen Gerät da im Koffer.

Nach der Ankunft holte der Reisende sein Fahrrad aus ebendiesem Koffer, stopfte stattdessen den Rucksack hinein, die Rollen wurden angebaut, und schon strampelten Radfahrer mit Drahtesel und Gepäck dem im Reiseführer empfohlenen Reiseziel entgegen. Der größte Vorteil dieses Gefährts bestand laut Video darin, dass es sich innerhalb von 30 Sekunden zusammenklappen ließ. Ich dachte an meine zu diesem Zeitpunkt noch unterentwickelten Wadenmuskeln und wusste, dass ich mich dadurch leicht von einem Auto, Bus, Zug oder Boot mitnehmen lassen könnte, wenn dies einmal nötig wäre.

Der schlechte Kurs des australischen Dollars machte dieses Fahrrad zu einem spektakulär teuren Luxusgut, doch, wie sich später herausstellen sollte, hatte ich meine Dollars gut angelegt. Das Gefährt wurde mein Cadillac, Porsche und Transporter in einem, und das ohne giftige Abgase, denn ich war der Motor.

Meine stolze und resolute Gastgeberin Maruca gehört eindeutig zu den Glücklicheren. Der dreieckige blaue Aufkleber an ihrer Tür weist das Haus als offizielle *casa particular* aus. Es trägt somit das Siegel der behördlich genehmigten Pensionen in Kuba. Gewährt man zahlenden Gästen ohne diese Genehmigung eine Unterkunft, riskiert man Razzien und die Erhebung eines Bußgeldes, das hundertmal höher ist als die monatliche Lizenzgebühr von 100 Dollar. Um es anders auszudrücken: Die Strafe liegt hundertmal höher als das monatliche Durchschnittseinkommen der meisten Kubaner.

Maruca sitzt neben mir und holt ein Gästebuch hervor, in das sie meinen Namen, Reisepassnummer und Geburtsland eintragen muss. Sie blättert in einem großen Ordner voller Papiere und Formulare, der dazu dient, die Menschen zu ehrlichen Sozialisten zu machen und ihnen ein ganz bisschen Angst einzujagen.

Durch staatlich subventionierte Verdienstmöglichkeiten in *casas particulares* (Privatpensionen), *paladares* (Restaurants), Imbissbuden, an denen man sich für fünf Pesos Pizza kaufen kann, und an Stationen zum Aufladen seines Feuerzeugs in Form von großen Löchern in der Wand gelingt es auch dem Durchschnittskubaner, einen kleinen Krümel vom Kuchen des *capitalismo* zu genießen, auch wenn ihn

Radio, Fernsehen und hübsche Malereien auf Reklametafeln stetig daran erinnern, dass der *comunismo* im Gegensatz zu Fidel Castro gesund und munter sei.

In der Zimmerecke steht ein Radio, aus dem Salsamusik mit patriotischen Verbaleinschüben ertönt. Wie andere lateinamerikanische Kulturen können auch die Kubaner der Stille nichts abgewinnen. In Nicaragua sagte man mir, Stille erinnere nur an »die Sorgen«. Zu oft habe ich haltgemacht, meinen Blick über eine still ruhende weite Landschaft schweifen lassen, nur um mir von einer feurigen Salve Latino-Rap aus dem Off den Augenblick der Muße ruinieren zu lassen.

Vom schmalen Betonbalkon vor Marucas *casa* aus hat man einen Blick über Vedado, einen der wohlhabenderen Bezirke Havannas. Sieben Stockwerke tiefer verläuft die Hauptstraße hinunter zum bröckelnden Malecón, der Strandpromenade Havannas. Hier fahren regelmäßig alte amerikanische Rostlauben entlang, die die Einwohner für 50 Cent durch die Stadt kutschieren. Die Taxifahrer riskieren ebenfalls exorbitante Bußgelder, sollte die Polizei das bleiche Gesicht eines *turista* hinter der Seitenscheibe ihres Wagens erblicken. Für Touristen gibt es die glänzenden orangefarbenen Taxis mit shampoonierten Matten, Kleenextüchern und englisch sprechenden Fahrern in Uniform, die für dieselbe Fahrt zehnmal mehr verlangen als ihre inoffiziellen Kollegen.

Ich war zufällig auf Marucas Pension gestoßen. Auf dem Flug von Costa Rica hatte ich Alfredo kennengelernt, der aus El Salvador stammte und Kuba zum dritten Mal besuchte. Er übernachtete immer bei Maruca, und ihre Familienresidenz war zu seinem Zuhause in der Fremde geworden. Ich erinnerte mich daran, dass die Menschen aus El Salvador die warmherzigsten und aufrichtigsten Personen waren, die ich auf meinen Reisen je getroffen hatte, und so freute ich mich darauf, mich Alfredo anzuschließen.

Alfredo wartete geduldig und höflich auf mich, während die Zollbeamten jeden einzelnen Gegenstand in meinem Gepäck unter die Lupe nahmen und befingerten, als handele es sich um höchst exotische Kunstgegenstände. Meine Taschenlampe, Fahrradpumpe und

mein schimmelresistentes Reisehandtuch entlockte ihnen entzückte
»Oh!«- und »Ah!«-Rufe. Sie zogen die Augenbrauen hoch und
machten subtile Andeutungen, dass eine kleine Zuwendung meiner-
seits die Einreise erheblich erleichtern könnte. Hingegen zuckten sie
beim Anblick Alfredos' riesigen Koffers, dessen Innenleben sich aus-
nahm wie ein frisch bestücktes Supermarktregal voller Feinkostarti-
kel, nicht einmal mit der Wimper.

»Wie viel Geld haben Sie bei sich?«, wollte einer der Beamten
wissen.

Ich zögerte. »*Dos mil*«, murmelte ich aus dem Mundwinkel in der
Hoffnung, er möge mich nicht verstehen.

2000 Dollar. Für mich war es der Wert eines Monatsgehalts, doch
für einen kubanischen Arzt das Einkommen von sechs Jahren – eine
obszöne Summe Bargeldes, das ich mir als Paket einfach am Oberschenkel befestigt hatte.

Jetzt hatte ich schon meine für eine Ausländerin privilegierte
Stelle als Creative Director bei einer Werbeagentur in Costa Rica
für drei Monate verlassen, und der Leitspruch: »Wenn wir drei Monate ohne Sie auskommen, brauchen wir Sie nicht«, den irgendein
Unternehmen mal in die Welt posaunt hatte, klang mir nun bitter in
den Ohren.

Also haushalte ich mit diesem Bündel Geldscheine, als handele es
sich um den letzten Monatslohn, den ich je einstreichen werde.

Marucas Apartment besitzt drei Zimmer, die normalerweise für 25
Dollar pro Tag vermietet werden, doch nachdem ich über meine
knappen Ressourcen klagte, wie ich es bei meinen Radtouren gewohnheitsmäßig und unabhängig von meiner tatsächlichen Finanz-
lage zu tun pflege, reduzierte sie den Preis auf 15 Dollar. Ich hatte bei
der Reiseplanung allerdings Übernachtungskosten von unter zehn
Dollar veranschlagt.

Auf dem schäbigen Flur im ersten Stock treffe ich Tito, einen
bebrillten vogelartigen Spanier, der auch vorhat, die Insel mit dem
Fahrrad zu umrunden. Er hat vor Ort für 90 Dollar ein sehr gutes
Touring-Fahrrad erstanden und plant eine Reise von mehreren Mo-

naten. Tito ist ein weiterer Wandervogel, der aus Europa geflohen ist, um sich auf die Suche nach den Dingen zu begeben, die Menschen eben suchen, wenn sie ihre Möbel verkaufen und sich ein einfaches Flugticket in ein fernes Land kaufen.

Wir ziehen gemeinsam los und erstehen eine kubanische Pizza, eine sechs Pesos teure Scheibe mit gummiartigem Käse und roter Einfärbung, die man uns durch ein Loch in einem abbruchreifen Gebäude reicht. Als ich durch das Loch spähe, erhasche ich einen kurzen Blick auf den Glanz des Kapitalismus. Der Wert des kubanischen Peso liegt bei etwa fünf Cent, was diesen Imbiss für umgerechnet 30 Cent zu einem wahren Schnäppchen für Touristen macht. In einem neonbeleuchteten, klimatisierten Touristenrestaurant läge der Preis für eine identische Pizza 20 Mal höher.

Am nächsten Tag rufen Tito, Alfredo und ich uns ein Taxi für Einheimische und lassen uns zum Park vor dem Capitolio bringen, einem großen, dem Capitol in Washington D.C. nachempfundenen Gebäude mit Kuppel.

Auf der weitläufigen, halb leeren *plaza* schießt ein Kubaner mit einem aus Fundstücken zusammengebastelten Gerät Fotos. Er selber gibt ein wunderbares Motiv ab: ein alter, sehniger Mann mit ausgeblichener Baseballkappe und dazu passenden roten Turnschuhen, dessen Lippen um einen dicken Zigarrenstummel ein permanentes »O« formen.

Um ein Foto zu machen, bedeckt er die Linse mit einem Deckel, der wohl einmal zu einer Flasche Haushaltsreiniger gehört hat, zieht ihn einige Sekunden lang weg und schiebt ihn dann wieder zurück. Zum Entwickeln befestigt er das Negativ an einem Brett, auf dem spiegelverkehrt das Wort »Cuba« prangt. Die ganze Konstruktion taucht er in eine verrostete Dose mit schwarzer Flüssigkeit. Minuten später erscheint, wie bei einer Kodak auch, eine winzige Momentaufnahme, doch sie sieht aus wie ein uraltes Foto aus dem Familienalbum der Ururgroßmutter.

Er scheint gut zu verdienen, denn er besitzt eine schöne Gürtelschnalle. Er verkauft uns drei Abzüge für einen Dollar. Die Aufnahme scheint schon zu verblassen, während ich sie noch bewundere.

Wie beschließen, einige Dollar in Pesos einzutauschen, und warten geduldig in der Schlange vor einer offiziellen Wechselstube. Plötzlich sehen wir einen Typen in einem strahlend weißen Anzug und Panamahut, der in der Ecke steht und mit Gesten unsere Aufmerksamkeit zu erregen versucht. Seine Aufmachung ist so auffällig, dass ich von der Legalität seines Anliegens überzeugt bin. Er fächelt mit seinen Dollar- und Pesobündeln herum wie ein Trickbetrüger mit seinen Spielkarten und bedenkt uns mit einer typischen Geste der Latinos, die mir aus meiner Zeit in Costa Rica bekannt ist: Er zieht die Lippen zusammen und schiebt sein Kinn in unsere Richtung. Das soll so viel heißen wie: »Was läuft?« Würde er das Kinn in eine andere Richtung schieben, hieße das »Da drüben«.

Seine Strategie geht auf, und wir traben rüber in sein Revier.

»Wie viel?«, fragt er.

Ich überschlage schnell ein paar Zahlen im Kopf und erinnere mich dabei daran, einmal gelesen zu haben, dass man nie mehr als fünf oder zehn Dollar auf einmal wechseln solle, weil man sich mit so einem Peso ziemlich lange über Wasser halten könne. »20 Dollar«, erwidere ich und komme mir ziemlich protzig vor.

Er fängt an zu zählen, und ich tue es ihm gleich. Weil ein Dollar 20 Pesos wert ist, haben wir ziemlich lange zu zählen. Als er 380 erreicht hat, hält er inne, und ich zähle weiter. Er räuspert sich und beginnt von Neuem.

Als Nächstes bitte ich ihn darum, meine 50-Dollarnote in zwei 20-Dollarnoten und 100 kubanische Pesos zu tauschen. Er händigt mir das gewünschte Geld aus, und ich marschiere gedankenverloren davon, ohne ihm meine 50-Dollarnote gegeben zu haben. Natürlich holt er mich ein, und ich scherze mit ihm darüber, dass ich offensichtlich ein Talent für seinen Job hätte. Er findet es nicht witzig; scheinbar hat er einen anderen Sinn für Humor.

Wir gehen zu Fuß zum Malecón, wo die Wellen der Straße von Florida an und über die Mauer krachen, die bis nach Vedado reicht. In den reichen Staaten dieser Erde hätte man eine Strandpromenade mit Blick auf den Ozean und Schickimickibars, teuren Hotels und Cafés geteert, doch hier ist die Promenade eine riesige Baustelle mit abbruchreifen Gebäuden im Kolonialstil. Hie und da ragt ein verblichenes Schild aus dem Schutt und preist einen kleinen Imbiss oder Uhrreparaturen an.

Als wir auf das Meer hinausblicken, kommt ein junger Schwarzer mit einer kubanischen Flagge auf uns zu. Zehn Minuten später hat er uns eingeladen, an der Weihnachtsfeier seiner Familie in Santiago de Cuba, der zweitgrößten Stadt der Insel, teilzunehmen. Ich habe gelesen, dass die Zugreise bis an das östliche Ende der Insel eine zwölfstündige Höllentour bedeutet. Wir unterhalten uns über das Leben auf Kuba, und ich frage ihn, ob er gewohnheitsmäßig völlig Fremde in sein Haus einlade – ich könnte doch ein verrückter Serienmörder sein.

Er grinst. »Ich bin Juniorchampion im Ringen, und ich fürchte mich vor niemandem«, erwidert er. Dann erklärt er mit besänftigender Stimme, dass Kubaner, die nicht an Dollars kommen können, um coole Klamotten für die Millenniumsfeier zu kaufen, den Touristen stattdessen *amistad*, also Freundschaft, anböten und vielleicht, ganz vielleicht …

Ich denke ganze zwei Minuten über seine unverblümte Einladung nach. Wir plaudern, und ich überlege, welche Möglichkeiten sich hier auftun. In meinem Hirn läuft ein Film mit verschiedenen Handlungen ab, die sich allesamt um meinen Begleiter, den zwanzigjährigen Gelegenheitshändler, drehen: eine lange Zugreise, ein Treffen mit seiner Familie, breit lächelnde Münder voller Zähne, geradebrechtes Spanisch mit englischem Einschlag beim Festessen, ich stehe auf einem Felsen und folge mit dem Blick seinem ausgestreckten Zeigefinger, hänge mit seinen Skateboard-Kumpeln ohne Skateboards ab, verteile Geldscheine – alles sehr nett. Vielen Dank, aber lieber nicht, meint mein Kopf, doch ich schweige.

»Glaubst du, ich war vielleicht zu direkt für den jungen Mann?«, frage ich Alfredo, als wir weitergehen.

Der verschluckt sich fast an seinem Getränk. »Direkt ist eine Untertreibung.«

Während unseres Spaziergangs liefert mir Alfredo einen kurzen Vortrag darüber, was er bei seinen letzten drei Besuchen über den Lebensstandard in diesem Land herausgefunden hat.

»In Kuba stellen Ärzte die Elite dar«, erklärt er. Sie verdienen ein offizielles Monatsgehalt von 25 Dollar. Entgegen dem scheinbaren Eindruck können sich Kubaner durchaus Dollars beschaffen, die sie mit Zweitjobs oder illegalen Geschäften verdienen oder von Verwandten aus Miami erhalten.

»Vor einiger Zeit war es allen Kubanern strikt verboten, Dollars zu besitzen«, sagt er. Mittlerweile gibt es überall kleine Wechselstuben, die genau dies möglich machen. Es ist leicht, einen Kubaner zu erkennen, der an Dollars kommt: Ein Blick auf seine Schuhe und Klamotten genügt. »Wenn sich darin keine Löcher befinden, dann besitzt er Dollars.«

Mir fällt auf, dass ich trotz der allseits gebetsmühlenartig angeprangerten Armut eines Lebens ohne Dollars noch kein Kind oder Erwachsenen gesehen habe, die Hunger oder Not litten. Jeder scheint hier seinen Platz zu haben, und keiner steht allein da. Ich stelle fest, dass mir genau dieses Gefühl von Zugehörigkeit fehlt, seit ich denken kann.

Auf dem Weg zurück in unser Apartment halten wir an einer lauten Versammlung Flaggen schwenkender Menschen. Fast jeder trägt ein T-Shirt mit dem Konterfei von Elián Gonzáles; der kleine Junge war auf einem behelfsmäßigen Boot nach Florida geflohen. Seine Mutter ist ertrunken, doch Elián, der an einigen Rohren im Boot festgebunden war, überlebte auf wundersame Weise und konnte aus der stürmischen See geborgen werden. Dieser Junge ist nun schon seit einiger Zeit das Opfer eines langwierigen Sorgerechtsstreits in den USA. »*Salvemos a Elián*« lautet die Losung der Demonstranten, »Wir werden Elián retten«. In der ganzen Stadt stehen riesige Schilder mit seinem elfenhaften Gesicht, direkt neben Propagandapostern und eindringlichen Parolen wie »*Creemos en la Revolución*«, »Wir glauben an die Revolution!«.

Weil ich schon seit Monaten keine Zeitung mehr gelesen habe, hatte ich von dieser Angelegenheit nur aus einer E-Mail erfahren, in der mich ein amerikanischer Bekannter mahnte, »sehr vorsichtig« zu sein, wenn ich mich auf kubanischen Boden begäbe.

»Wenn ich du wäre, würde ich mir eine australische Flagge ans Fahrrad binden und mich darin üben, das allseits von Australiern erwartete ›G'day mate‹ mit möglichst breitem Akzent auszusprechen«, riet er mir.

Diese Art Paranoia war mir bei Amerikanern schon vorher aufgefallen. Sie schienen gefangen in einem Land, in dem Rechtsstreitigkeiten und voreheliche Verträge ebenso zur Norm gehören wie in Handtaschen und Schulranzen versteckte Waffen und die Sorge, ob die Lehrkraft ein Kind anderen Geschlechts, das beim Spielen hingefallen ist, auch wirklich nur »trösten« will. Ich habe Amerikaner getroffen, die Angst hatten, einen Fuß auf nicaraguanischen Boden zu setzen, weil man sie dort womöglich mit Macheten über die nächste Grenze aus dem Land jagen würde. Umgekehrt habe ich die Nicaraguaner als einfaches, aber weises Volk erlebt, und den Menschen dort war durchaus klar, dass die amerikanische Regierung und die Bevölkerung des Landes zwei verschiedene Dinge sind.

Ein paar Kubaner kommen zu mir herüber, und wir unterhalten uns kurz über die Demonstration, dann zieht einer der Männer sein T-Shirt aus und streift es mir über den Kopf.

»Nein, nein!«, wehre ich ab, denn ich weiß, dass ein T-Shirt so viel kostet wie eine Jeans ohne Löcher, doch er besteht darauf und gibt mir seine Adresse.

»23 Tage sind es jetzt schon, und wir haben immer noch nichts von ihm gehört. Hoffentlich kehrt er zurück«, sagt ein anderer. Ich spüre, dass seine Gefühle für Eliáns Schicksal aufrichtig sind, so, als wäre der kleine Junge sein Bruder.

Zum ersten Mal erhalte ich einen Eindruck von der großen Liebe, die Kubaner zu ihrem Land und ihren Landsmännern und -frauen verspüren. Ich habe im Internet in Aufzeichnungen von Menschen darüber gelesen, die dieses Land besucht und sich aus den Hotelanlagen gewagt hatten, die für diejenigen Touristen gebaut wurden, denen es egal ist, in welchem Land sie Urlaub machen.

Diese Liebe ist stark und einzigartig, doch, wie ich schnell merke – sie ist nicht unzerstörbar. Das Sich-breit-Machen des Dollars im Land sorgt schon dafür.

In Titos Apartment ein Stockwerk höher lädt mich dessen Vermieterin Emparo zum Weihnachtsessen ein; diesmal nehme ich die Einladung an. Es handelt sich um ein schlichtes Mahl aus Hähnchen, gekochten Yuccawurzeln (ein mehliges Gemüse, ähnlich den Kartoffeln), Reis, Bohnen und Salat, alles mit einer üppigen Portion Schweineschmalz angerichtet. Den Topf hält mir Emparos Sohn, der Koch, hocherfreut unter die Nase. Das Schmalz wird in einem großen Einmachglas mit Schraubdeckel aufbewahrt. Es ist grauweiß und erinnert mich an das aufgeschmolzene Wachs von billigen rußenden Kerzen. Er entnimmt etwas von dem Schmalz mit einem Spachtel und verteilt es großzügig auf fast alle Zutaten der Mahlzeit. Ich wünschte fast, ich hätte meine Nase nicht in die Küche gesteckt.

Die sieben Essensgäste im Raum vertilgen zügig alles bis auf den letzten Krümel und starren dabei auf einen laut dröhnenden Fernsehapparat. Als Nachtisch wird jedem eine Scheibe *turrón* serviert, eine feine Süßigkeit aus gemahlenen Mandeln, die Tito extra aus Spanien mitgebracht hat. Ich wünschte, ich könnte auch etwas Essbares zu der Mahlzeit beisteuern, aber leider habe ich nichts.

Ungefähr um 21.30 Uhr leert sich das Zimmer urplötzlich.

Die Gäste lassen alles stehen und liegen und widmen sich *la novela* mit dem aktuellen Titel *Days of Our Lives;* diese Seifenoper wird in Brasilien oder Mexiko gedreht und jeden Abend im Latino TV heruntergeleiert. Nahezu jeder Kubaner verfolgt das Programm, als handele es vom eigenen Schicksal. Die Lautstärke des Fernsehers in Emparos Wohnzimmer ist ohrenbetäubend. Ich trete auf den Balkon und blicke hinaus auf die eben noch so belebte Straße. Sie ist wie leer gefegt.

La novela endet um 22.30 Uhr. Plötzlich regen sich die Menschen in den Straßen und im Wohnzimmer. Die Party geht weiter. Tito schlägt vor, noch ins Jazz Café zu gehen, eine schicke Hotelbar, und etwas zu trinken.

Als wir die Straßen entlanglaufen, kommt der durchgeknallte Spanier plötzlich auf die Idee, ein Experiment durchzuführen. »Haben Sie heute Abend *la novela* gesehen?«, fragt er zwei Passanten, die eng umschlungen im Mondlicht spazieren gehen.

»Natürlich!«, lautet die einmütige Antwort.

»Und wie ging es aus?«

»Also, der Freund ist wieder auf die Farm zurückgekehrt, und der Sohn hat sich mit seiner Mutter versöhnt.« Genau diese Antwort gibt jeder. Die Reaktionen sind völlig identisch, und das Experiment wird schnell langweilig; nach der zehnten Befragung möchte ich eigentlich nur noch, dass Tito seine Umfrage einstellt.

Wir kommen an ein eindrucksvolles, modernes Hotel, das aus einem mit Unrat übersäten, nichtssagenden Platz ragt. Wir steigen die steinernen Stufen zum Jazz Café hinauf. Als wir eintreten, schlägt uns dieselbe Atmosphäre entgegen, die man in jedem größeren Nachtklub einer Großstadt finden kann. In dem stimulierend ausgeleuchteten Raum mit seinen sanft geschwungenen Wänden drängen sich gut aussehende Kubaner und unterhalten sich mit zumeist weniger attraktiven Ausländern. Von der Bühne erklingen unaufdringliche Jazzrhythmen. Die Getränke auf der Karte sind nicht besonders teuer, doch der Drink wird in einem Glas serviert, das nicht größer als ein Messbecher für Hustensaft ist. Ich bin fest entschlossen, mich so lange wie möglich daran aufzuhalten.

»*Putas*, alle, wie sie da sind!«, bemerkt Tito.

Er weist auf die langbeinigen und frisierten Kubanerinnen in Miniröcken, hochhackigen Schuhen und grell lackierten Fußnägeln. *Puta*, so hat man mir erklärt, heißt meistens so viel wie »Luder« und manchmal auch »Hure«.

»Sogar die da drüben?«, frage ich und deute auf eine adrette Frau, Typ Sekretärin, in einem beigefarbenen Kostüm und Bequemschuhen. Sie plaudert nett mit einigen Freundinnen.

»Alle! Zeit für ein neues Experiment«, verkündet der durchtriebene Spanier, steht auf und geht auf eine zum Sterben schöne *chica* an einem nahe gelegenen Tisch zu. Sie befindet sich in Begleitung eines imposanten Schwarzen, der einen noch schwärzeren Anzug trägt. Aus sicherer Distanz beobachten wir, wie sie Tito höchst freundlich und zuvorkommend behandelt. Der Mann in Schwarz steht auf und geht an die Bar.

»Weißt du jetzt, was ich meine?«, fragt Professor Tito bei seiner Rückkehr an unseren Tisch.

»Ein Mädchen in Begleitung eines Mannes, die als Hure arbeitet, wird sich so benehmen wie die Frau gerade eben, und ihr Beschützer oder Zuhälter wird sich schnell vom Acker machen. Wäre sie keine Hure, würde sie dir einfach eine Abfuhr erteilen.«

Jetzt muss ich allerdings zugeben, dass ich meistens freundlich reagiere, wenn man mich anspricht, egal, mit wem ich gerade zusammen bin; also hat man mich wohl schon viele Male für eine *puta* gehalten – mit schlechtem Geschäftssinn.

Als wir wieder ins Apartment kommen, hat Emparos bessere Hälfte Sergio mittlerweile gut getankt und sich mithilfe des landestypischen Betäubungsmittels einen ziemlichen Rausch angetrunken. Er kramt eine verstaubte Schachtel mit ungefähr ein Dutzend Ehrenmedaillen hervor, die ihm während seiner Soldatenzeit verliehen wurden. Die eindrucksvollste Auszeichnung stammt aus dem angolanischen Krieg im Jahre 1988.

Wie mir beschrieben wurde, war Südafrika mit Unterstützung der US-Regierung in das marxistisch regierte Angola einmarschiert, und Kuba wurde gebeten, dem belagerten Land zur Hilfe zu eilen. Man sagt, Fidel Castro hätte ein solch schlagkräftiges Heer zusammengestellt, dass Südafrika sich schleunigst zurückzog und sowohl Angola als auch Namibia bald darauf ihre Unabhängigkeit erklären konnten. Nelson Mandela dankte Kuba später für seine zentrale Rolle im Sieg über die Apartheid.

Tito und ich bitten Sergio, alle seine Medaillen aus der Schachtel zu nehmen, in seine liebevoll gepflegte Militäruniform zu schlüpfen und sich für ein Erinnerungsfoto mit den Auszeichnungen zu behängen. Es erfüllt den ehemaligen stolzen Colonel sichtlich mit Freude, unserer Bitte nachzukommen. Das Unterfangen entpuppt sich als ziemlich aufwendig. Jede einzelne Medaille ist an einem Samtband befestigt, und es dauert einige Zeit, alle mit viel Fingerspitzengefühl zu befreien. Sergio hat sie schon seit Jahren nicht mehr vorgeführt. Doch Tito springt von einem Fuß auf den anderen und spornt mit seiner Ungeduld den alten Colonel weiter an. Unser Kriegsheld ist fest entschlossen, auch das alte Ehrenkreuz, das er separat unter seinem Bett versteckt hat, und seine blitzblank polierten Armeeschuhe auf dem Foto zu präsentieren.

Das Haustier der Familie ist eine uralte Bulldogge, der man bereits wegen Krebs das Vorderbein amputiert hat. Der zu Scherzen aufgelegte Tito überzeugt das Herrchen, zusammen mit seinem Hund zu posieren. Der Kriegsheld steht neben seinem kriegsversehrten besten Freund – ein Dokument heroischer Taten.

»*Que bueno!*«, ruft Tito grinsend und geht auf die Knie, um die optimale Perspektive für das Foto zu finden.

»Bitte zeigen Sie das Foto niemandem«, fleht der Colonel. »Das könnte sonst auf mich zurückfallen.«

Warum es gefährlich sein soll, allen zu zeigen, dass man Leib und Leben für seinen Präsidenten und sein Land riskiert hat, kann nur ein Kubaner in einem sich schnell wandelnden Kuba verstehen.

Am Abend lernen wir das absolut billige Kuba kennen. Im Kino der Stadt kostet ein Ticket nur einen Peso, also fünf Cent. Damit nicht genug; die Frau am Schalter besteht darauf, mir 20 Prozent weniger zu berechnen, weil die Klimaanlage nicht funktioniere. Jetzt habe ich einen Haufen Kleinstgeld in der Tasche.

Ganz in der Nähe ragt der kantige Betonklotz des Coppelia-Eiscafés aus den Büschen wie eine aus Versehen dort abgestellte Sphinx. In den folgenden Wochen werden mir verschiedene architektonische Auswüchse dieses wichtigsten Eiscremelieferanten Kubas begegnen; auf jedem der Gebäude prangt eine monströse Nachbildung, die dessen Dreikugelspezialität mit ihrer Dekoration aus Waffel, Nüssen und Überzug darstellen soll. Es sieht aus, als habe man dem Architekten bei der Gestaltung ungewöhnlich viel Freiraum gelassen.

Dieser wurde vermutlich von Schwarz-Weiß-Aufnahmen der Oper in Sydney, von Gaudis *Sagrada Familia* und den Bildern aus der auf Kubas einzigem Seifenopernkanal gezeigten Serie *Kampfstern Galactica* inspiriert, während er sich dem illegalen Genuss von Gras hingab.

Das Eis, das man im Inneren der imposanten Gebäude kaufen kann, hat dann allerdings eher den Geschmack von wässriger Vanille. Zahlreiches Personal drängt sich dicht hinter dem Verkaufstresen und serviert der dünn gesäten Kundschaft an kühlen Metalltischen und Stühlen aus Drahtgeflecht eine zu matschigen Kugeln geformte, kalte, klebrige Masse in kleinen Metallbechern. Die Geschmacksrichtung des Tages ist Melone. Für die Abenteuerlustigen gibt es auch Erdbeere und Schokolade. Es ist zwar nicht gerade Häagen Dazs, doch wir sind uns einig: Dieser Ort ist von einem einzigartigen Geschmack geprägt.

Der Film, den wir uns ansehen, heißt *Fresa y Chocolate* (Erdbeere und Schokolade), ein alter kubanischer Klassiker. Er erzählt eine komplizierte Geschichte von Homosexualität, persönlicher Freiheit und dem System – so lautet jedenfalls meine Interpretation der verschiedenen Paarungen, Trennungen, Streitereien und Schmollereien.

Ich verstehen praktisch nichts von dem Film, was teilweise am schlechten Lautsprechersystem mit dem Klang eines Transistorradios im Blecheimer liegt, hauptsächlich aber auf mein mangelhaftes Verständnis der Landessprache zurückzuführen ist. Der kubanische Dialekt klingt wie wildes, ungezügeltes Spanisch, bei dem mehrere Sätze in einem einzigen Atemzug hervorgestoßen werden. Wir sitzen zusammmen mit einer kleinen Gruppe Spanier, mit denen sich Tito angefreundet hat.

Die Spanier schütteln die Köpfe. »Wir konnten auch nicht viel verstehen«, geben sie zu, doch ich habe sogar Schwierigkeiten, ihr Spanisch zu verstehen.

Tito, der unverbesserliche Reiseführer, verkündet, dass er uns in ein Restaurant mit dem »besten gebratenen Hühnchen in ganz Havanna« bringen will. Er führt uns zu einer staatlichen Cafeteria, einem einfachen, mit Neonlicht beleuchteten Raum, in dem man einige Lebensmittel in Dosen, abgepackte Nudelsoße, Guavengelee am Stück und seltsamerweise auch *turrón* aus Erdnüssen kaufen kann. Das Hühnchen ist nicht der Rede wert und kostet dafür aber 1,20 Dollar pro Viertel; es gibt keine Servietten für das heruntertropfende Fett. Hier entdecke ich ein neues nichtalkoholisches Getränk namens *maltina,* eine klebrige braune Flüssigkeit mit sahniger Schaumkrone, die aus den bei der Bierproduktion in den Fässern angesammelten Resten gewonnen wird. Es sieht aus wie Guinness, schmeckt aber wie verdünnter Ahornsirup.

Das Kuba meiner Reiselektüre schmeckt nach feinen Zigarren, sanften Mojitos, Bohnen, Reis und tropischer Meeresluft – im Hintergrund die Rhythmen von Ry Cooders *Buena Vista Social Club.*

Das reale Kuba schmeckt allerdings gerade nach fettigem Hühnchen, Surrogatpizza und einer Scheibe zähen Guavengelees. Und trotzdem kann ich den nächsten Gang gar nicht erwarten …

Trockenlauf

Auf Kuba gibt es keinen zweiten Weihnachtstag.

In Australien ist das der Tag, an dem die Leute ihre neuen batteriegetriebenen Ventilatoren, Marmorkäseplatten und Holztafeln mit Gummifischen, die *Take Me to the River* quäken, wieder in ihre Kartons schieben, um sie umzutauschen oder sie als Geschenk für die nächste Geburtstagsparty wegzulegen.

Nur wenige Kubaner haben genug Geld und können Geschenke in einer dekorativen Verpackung überreichen, auch ist es erst seit Kurzem überhaupt üblich, gemeinsam mit dem Rest der westlichen Welt an diesem Tag seine Werkzeuge niederzulegen, sich eine Pause zu gönnen und sich hemmungslos mit Speisen und Getränken vollzustopfen. Bisher war der Weihnachtsfeiertag auf Kuba kein freier Tag, weil sich dies nicht mit der Zuckerrohrernte vereinbaren ließ.

Ich bringe den größten Teil des zweiten Weihnachtsfeiertages damit zu, meine Fahrradausrüstung zu ordnen und mir die Karten noch einmal genau anzusehen, was sich angesichts meines schlechten Orientierungssinns als pure Zeitverschwendung herausstellt. Ich weiß genau, dass ich schon nach der ersten Abzweigung wieder absteigen werde, um noch einmal in die Karte zu sehen.

Ich öffne den Kofferanhänger und ruckele an meinem Faltrad, um es aus seiner houdiniartigen Verkeilung zu erlösen, bestücke es mit der Ausrüstung für Großstadtcowboys (Schutzbleche, Gepäckträger, Vorder- und Rücklicht) und begebe mich auf eine Spritztour nach Miramar, dem reichen Stadtteil der Botschaften und Konsulate westlich des fast so reichen Vedado.

Als Erstes fällt mir auf, dass der Aufkleber »Überlange Last« abgerissen wurde und nun nicht mehr auf meinem Koffer prangt. Man kann den Koffer als Anhänger hinter sich herziehen, und der Aufkleber war mein Versuch, diejenigen, die mich überholen, ein wenig zu amüsieren und Lastwagenfahrer milde zu stimmen. Die Tatsache, dass er abgerissen wurde, erinnert mich daran, alles, was an meinem

Gepäck nicht niet- und nagelfest gesichert ist, zu entfernen, bevor ich es beim nächstem Mal am Gepäckschalter aufgebe.

Das Zweite, was nicht stimmt, sind die Gänge. Der Fahrradhändler in Costa Rica hatte offensichtlich bei der Wartung meines Rades keine Ahnung, wie eine Dreigang-Nabenschaltung funktioniert. Das geht mir genauso, doch schließlich wird mir klar, dass ich in den dritten Gang schalten muss, bevor ich die Kabelspannung verändern kann.

Genau für solche Fälle ist der Trockenlauf gedacht: eine kleine, aber notwendige Rundfahrt, die jeder länger als zwei Tage dauernden Fahrradtour vorausgehen sollte. Denn hierbei hat man die Möglichkeit, eventuelle kleine Unregelmäßigkeiten auszumerzen, bevor sie sich zu handfesten Pannen auswachsen.

Miramar ist ein öder, reicher Vorort. Makellose, überdimensionierte Behausungen für das Botschaftspersonal säumen die breiten, menschenleeren Straßen. Hier gibt es keine schnüffelnden herrenlosen Hunde, und die Bordsteinkanten sind frei von weggeworfenen Eiscremeverpackungen. Gemütlich in die Pedale tretend, rolle ich die Strandpromenade entlang und komme mir vor wie in einem Computerspiel, in dem ich mich von einer stummen, unbewegten Szenerie zur nächsten bewege, ohne zu wissen, was ich tun muss, um im Spiel weiterzukommen.

Ich finde einen Parkplatz, der von einer brüchigen Mauer begrenzt wird. In der Mauer klafft ein grob herausgeschlagenes Loch, das einen Blick auf das Meer freigibt, das bis nach Florida reicht – dem verbotenen Land. Aus den Ruinen tauchen auf wundersame Weise zwei Männer auf; sie klären mich darüber auf, dass es mir nicht gestattet sei, den Meeresblick an dieser Stelle zu genießen. Es sind wahrscheinlich Zivilpolizisten, die man hier abgestellt hat, damit sie aufpassen, dass kein Kubaner auch nur mit dem Gedanken spielt, ans andere Ufer zu schwimmen. Ich fahre weiter.

Ich beschließe, dass Miramar mir nichts zu bieten hat. In der Zwischenzeit habe ich Hunger bekommen – der typisch leere, knurrende Magen eines Radfahrers, der seit meiner Ankunft in Kuba pünktlich zu jeder Stunde nach Nahrung verlangt. Ich erkundige mich nach dem Weg zu einem der unsichtbaren *paladares,* wie die Privatrestaurants hier heißen. Eine Frau bietet mir an, mich zu begleiten, und führt mich zu einem baufälligen Gebäude in einer Seitenstraße. Wir bahnen uns den Weg durch das düstere Erdgeschoss, das mit rostendem Metall und Betonschutt übersät ist, steigen einige feuchte Betonstufen hinauf, ertasten uns an einer Mauer den Weg, schlängeln uns durch einen morschen Holzflur und steigen eine weitere marode Treppe hinauf. Mittlerweile erwarte ich fast, Crack auf der Speisekarte zu finden, doch dann treten wir auf eine Dachterrasse, und ich erkenne beruhigt die bekannten Merkmale eines Restaurants: kleine Tische und Stühle und eine Bar unter einem strohbedeckten Dach.

El Recanto ist ein beliebter Geheimtipp, und man informiert mich, dass ich mich auf eine Stunde Wartezeit einzustellen habe. Die Speisekarte scheint nicht mehr herzugeben als mehrere Variationen von Reis, Bohnen und gebratenem Schweinefleisch, doch der Geruch lässt mir nach meinem Frühstück – ein Apfel und eine fettige Pizza – das Wasser im Munde zusammenlaufen. Um die Sache zu beschleunigen, bestelle ich ein Gericht aus Reis und Gemüse zum Mitnehmen und trinke erst einmal eine *maltina.* Dann erblicke ich die unverkennbar blassen Gesichtszüge eines Ausländers neben mir an der Bar.

Marsaille ist Mitte bis Ende Zwanzig und ein wiedergeborener Vagabund, ein Franzose, der die letzten fünf Jahre damit verbracht hat, von Land zu Land zu reisen und sich mit seinen Fähigkeiten als Bauarbeiter über Wasser gehalten. »Mon verdient rescht gut«, meint er und zieht an seinem Strohhalm.

Ich denke über mein Informatikstudium und über meine Berufserfahrung als Werbetexterin nach und stelle fest, dass meine intellektuellen Fähigkeiten in diesem Land ziemlich nutzlos sind – hier, in der echten, harten Welt, wo die meisten Menschen essen, um zu überleben und nicht aus reiner Genusssucht. Nicht zum ersten Mal wünsche ich mir, ich wäre ein muskulöser Mann mit Schutzhelm, behaarten Achselhöhlen, furchterregenden Tätowierungen und einer Visage, die jedem klarmacht, dass mit mir nicht gut Kirschen essen ist. Ich wünschte, ich könnte ein Haus bauen. Eines, das nicht an einer Seite absinken würde, weil ich nicht genug Beton benutzt habe oder so etwas.

Ich erinnere mich an Eddie: ein englischer Freund, der seiner Heimat, seinem bankrotten Unternehmen und einem bevorstehenden Herzinfarkt entfloh und stattdessen ein kleines Cottage im windigen Südwesten Irlands restaurierte. Er sagte damals: »Siehst du diese Ecke da? Sie ist wahrscheinlich krumm, aber sie muss ja nur halten, bis ich sterbe.«

Ich denke auch an Peter: der unbeirrbare Pensionsbesitzer, Fischer und Bauarbeiter an der wilden Küste ganz in der Nähe von Eddie. Er erklärte mir, was es heißt, sich sicher zu fühlen: »Alles, was sich über der Erdkruste befindet, ist sowieso nur *bullshit*.« Er schichtete frisch ausgestochene Torfbriketts auf einen riesigen Stapel als Feuermaterial für den Winter. »Wenn du im Meer Fische fangen, die Erde beackern und mit deinen Händen etwas bauen kannst, dann wirst du dich stets sicher fühlen.«

Am nächsten Morgen stehe ich früh auf, um mein einmonatiges Touristenvisum auf zwei Monate zu verlängern, was sich immer als mühsames, zeitaufwendiges Unterfangen erweist, egal, in welchem Land man sich gerade befindet. Die genaue Prozedur scheint sich regelmäßig zu ändern, als ob es die Behörden darauf anlegten, die Autoren von Reiseführern auf Trab zu halten. Seit einer halben Stunde stehe ich in der Schlange vor der Einwanderungsbehörde, dem Amt für *migración,* da zeigt mir ein freundlicher Deutscher die beiden Marken, die ich mir vorher bei der nahe gelegenen Bank kaufen muss. Mist!

Ich stelle mich wieder an und treffe Charlotte, eine wiedergeborene Vagabundin aus Dänemark. Sie hat ihr elegantes Apartment, eine gut funktionierende Beziehung und ihren beneidenswerten Job als Redakteurin für die Abteilung Lifestyle einer Kopenhagener Zeitung aufgegeben und möchte nun ergründen, wie die anderen Neunzehntel der Weltbevölkerung leben. Sie hat sich in ihren kubanischen Tanzlehrer verliebt, einen Mann, dessen Seele sie schöner fände als sein Aussehen, wie sie mir erzählt. Sie stehe kurz davor, für ein Leben mit ihm alle Brücken zu ihrem vorigen Leben abzubrechen und fortan mit ihm Salsa zu tanzen, bis die Sonne untergehe. Sie müsste nur noch einmal ihr Visum erneuern, um sich ganz sicher zu sein.

Mittlerweile ist es bereits spät am Nachmittag, und wir sitzen in der Gartenbar des palastartigen Hotel Nacional und blicken hinaus auf das Meer.

Wir schlürfen wässrige Piñā Coladas und unterhalten uns über unseren Alltag, darüber, wie wir unsere Jobs aufgaben und unser Leben aus einer Laune heraus umkrempelten. Ihre Augen glänzen, wenn Charlotte von ihrer Liebe spricht; gefunkt hat es in den Wänden eines einfachen Apartments in Havanna, in dem sie keine einzige der Annehmlichkeiten besitzt, die sie in Kopenhagen genoss. Einige Monate später werde ich erfahren, dass sie wieder nach Dänemark zurückgekehrt ist. Noch später werde ich hören, dass sie einen anderen Kubaner geheiratet hat; sie nahm ihn mit nach Dänemark und bekam von ihm ein Kind.

Nach unserem Drink radele ich davon und finde einen Parkplatz für Fahrräder. Genau genommen handelt es sich um den Vorplatz eines Wohnhauses, wo man sein Fahrrad für zwei Pesos bewachen lassen kann. Ein weiteres kleinstkapitalistisches Unternehmen, und ich frage mich, ob man dafür ebenfalls eine Genehmigung benötigt. Ein alter Mann mit faltigem Gesicht tritt hinter einem Gebüsch hervor und gibt mir mit einer Bewegung seiner knochigen Hand zu verstehen, dass ich mein Kryptonite-Fort-Knox-Megalock-Schloss hier nicht anzulegen bräuchte, doch ich gehe kein Risiko ein.

Ich mache mich zu Fuß auf den Weg zu einem der größten Supermärkte der Stadt, um mich dort mit so vielen Vorräten wie möglich einzudecken. Edificio Focsa hat nichts mit unseren westlichen Supermärkten gemein. Hier sieht es genauso aus, wie ich mir russische Supermärkte immer vorgestellt habe. Es gibt drei schmale Gänge mit Regalen, in denen drei verschiedene Sorten Tomatensoße zum Verkauf stehen. Sie kosten zwischen 55 Cent und 1,80 Dollar. Ansonsten gibt es noch Reis, Nudeln (verschiedene Formen), teuren Thunfisch aus der Dose, eine Auswahl importierter zweitklassiger Kekse, Toilettenpapier und Seife; an einem separaten Tresen kann man frisches Geflügel kaufen. Das war's.

Ich erstehe zwei Tetrapackungen Tomatensoße, vier Packungen Penne zu je 200 Gramm, eine Dose Thunfisch und eine Flasche Wasser. Der Supermarkt verkauft auch Zigaretten der übelsten, kratzigsten Sorte und mit einem Tabak, der von den Böden der Zigarettenfabriken aufgelesen wurde, doch seltsamerweise kann ich keine Streichhölzer finden. Als alter Hase, der schon fünf Touren allein durchgezogen hat, habe ich alles gepackt, was ich je brauchen werde – bis auf die wasserfesten Streichhölzer.

Als ich den Supermarkt verlasse, höre ich einen Zischlaut. Ich drehe mich um und erblicke den Jungen, der meine Tüten gepackt hat. Er hält meine Geldbörse in den Händen; darin befinden sich ungefähr 100 Dollar. Ich danke ihm überschwänglich und gemahne mich, in Zukunft besser aufzupassen. Ich hatte an diesem Tag schon das Etui mit meinem Flugticket auf dem Schalter der Behörde liegen lassen, als ich mein Abflugdatum nach hinten verschieben wollte.

Während meiner Reisen habe ich gelernt, den Verlust meiner Geldbörse oder Dokumententasche als ein Zeichen zu sehen; man ist eindeutig von der neuen Umgebung überwältigt. In so einem Fall sollte es einem wie eine Ohrfeige vorkommen und dazu ermahnen, einen langsameren Gang einzulegen – sich erst einmal zu orientieren und alle Sinne zu schärfen, denn die benötigt man dringend.

Als ich endlich wieder ins Apartment komme und mein Fahrrad über das Fallgitter vor Marucas Sicherheitstür hieve, empfängt mich eine Frau, die ich nie zuvor gesehen habe. Sie bietet mir einen Sechserpack Streichhölzer und einen Liter Alkohol für meinen Campingkocher zu jeweils einem Dollar an.

Es wird ja behauptet, Amerika sei das Land der Dienstleister, doch hier in Kuba muss man seine Wünsche nur im Traum vor sich hinmurmeln, und schon erscheint jemand vor der Tür, um sie in Erfüllung gehen zu lassen – und das alles für einen Dollar!

Jetzt, da mein Lebenserhaltungssystem intakt ist, wird es Zeit, den Annehmlichkeiten der Großstadt Havanna den Rücken zu kehren und das wahre Kuba anzusehen.

Auf dem Weg nach Westen

Maruca ist in höchster Sorge.

»Sie werden von *borrachos* (betrunkenen Kubanern) überfahren. Warum bleiben Sie nicht bis Silvester und fahren am Neujahrstag?«

Ich belade mein Fahrrad, das an der Kommode lehnt. Obgleich ihre Worte vernünftig sind, leide ich unter dem Syndrom des eingesperrten Frettchens. Das kommt davon, wenn man zu viel Zeit in einem kleinen Apartment mit vergitterten Fenstern verbringt. Sobald ich meinen rot-schwarzen Fahrradanzug aus Lycra angezogen habe, setzen sich meine inneren Räder in Bewegung.

Ich habe Fahrradbekleidung stets abgelehnt. Sie schien mir von denselben Leuten gemacht, die auch Clownskostüme verkaufen, nur ohne die gerüschte Halskrause. Mit ihr fällt man auf, als hätte man eine misslungene Nasen-Schönheits-OP hinter sich. Ich hatte mir überlegt, dass es für eine Radfahrerin das Beste sei, Schwarz zu tragen und sich in die Zwischenräume des Straßenpflasters zu verkriechen, um keine ungewollte Aufmerksamkeit zu erregen. Doch mittlerweile habe ich festgestellt, dass Fahrradbekleidung viele Vorteile hat: Man weiß immer, was man anziehen soll (und ist immer und für alle Gelegenheiten richtig angezogen). Man weiß, welche Sachen gewaschen werden müssen (ebendiese). Man kümmert sich nicht darum, ob die Hose zum Oberteil passt.

Auf dieser Tour trage ich ein grellrotes Oberteil von Assos, auf dem vorne und hinten ein großes, weißes Schweizer Kreuz prangt und das farbenblinde Menschen zu der Einschätzung veranlassen könnte, ich arbeite für das Rote Kreuz. Dieses Missverständnis erweist sich in manchen Situationen als nützlich; an Grenzposten winkt man mich oft mit großem Respekt einfach durch.

Die Radlershorts sind ein notwendiges Übel. Dank ihrer erhalte ich eine merkwürdige Bräunung, und mitten durch meinen Oberschenkel verläuft eine deutliche Linie zwischen Weiß und Braun, was englischsprachige Insider auch gerne als *»Jell-O tan«* (Puddingbräune) bezeichnen. Ich habe diesem Phänomen den Namen Tiramisu-Look verpasst. Besonders scheußlich wirkt dieser Look zum Minirock, und es empfiehlt sich nicht, sich in dieser Aufmachung zur Schau zu stellen.

Ich habe mich entschlossen, für meine Kubareise statt des Anhängers zwei einfache wasserdichte Packtaschen mitzunehmen, denn Ersterer könnte manchen fantasievollen Beobachter dazu verleiten zu meinen, er sei, wie im Film, mit 100-Dollarnoten vollgestopft. Wie immer verstaue ich meinen Schlafsack, die Isomatte und den Kocher in der rechten Tasche; meine Klamotten, das Waschzeug und das Kleinzeug kommen in die linke und dazwischen das Zelt. Die Karten schiebe ich in die Lenkertasche, und das bisschen Proviant, was ich mitnehmen kann, hat in den Zwischenräumen Platz.

Oben in der linken Tasche lasse ich ein wenig Platz für mein zweites Frühstück. Maruca leiht mir eine Lunchbox, eine Plastikdose mit mehreren Abteilen, die man ineinanderstapeln kann wie eine russische Holzpuppe. Darin haben genau drei mit Bananen belegte und mit Marmelade bestrichene Brötchen Platz – oder, alternativ, eine großzügige Portion Reis mit Bohnen.

Sie besteht darauf, mich bis zur nächstgelegenen *campismo*-Informationsstelle zu begleiten, um sich zu vergewissern, dass ich an meinem Zielort Mariel eine sichere Unterkunft finden werde. Die Kubaner verstehen unter Camping nicht so etwas Gefährliches wie das Übernachten unter einer dünnen Nylonplane, die zwischen zwei oder drei Metallstangen aufgespannt wird, sondern meinen damit eine kleine Betonhütte mit Bett, Dusche und abschließbarer Tür, wo man den Jahresurlaub in Sicherheit genießen kann. Diese *campismos* liegen überall im Landesinneren verteilt, und jedes Jahr werden die Arbeiter während ihrer Woche Arbeitsurlaub scharenweise in diese einfachen Ferienanlagen verfrachtet.

Die Kaugummi kauende *muchacha* hinter dem Tresen des broschüren- und posterlosen Büros scheint über Nichtwissen in großem Umfang zu verfügen, als wäre sie nur vom benachbarten Schnellrestaurant herübergeeilt, um hier die Blumen zu gießen.

»Gibt es etwas, das ich im Vorfeld tun sollte?«, frage ich.

Sie untersucht ihre Fingernägel und rät mir, einfach zu einem *campismo* zu fahren und abzuwarten, was man dort sagt.

Schließlich, es ist mittlerweile 10.30 Uhr, rufe ich Maruca »Bis später« zu, quetsche mein beladenes Fahrrad in den Aufzug, fahre in das Erdgeschoss, trete wankend hinaus und mache mich torkelnd auf den Weg.

Die ersten paar Meter aller meiner Fahrradtouren nehmen so ihren Anfang, als wäre ich ein Kleinkind, das unter der schwankenden Last des großen Kopfes auf kleinem Körper seine ersten Schritte geht. Die zusätzlichen Vorkehrungen, die ich in dem Wissen um Kubas wirtschaftliche Armut getroffen habe, belasten meine Ladung schwer: zwei Flaschen Brennspiritus statt einer, ein halber Kohlkopf, der sich unterwegs gut hält, und zwei Liter garantiert trinkbaren Wassers.

Ich fahre wieder gen Westen Richtung Miramar und überquere eine kleine Brücke über die verkehrsreiche Straße. Hier stoße ich auf die Avenida 5, eine lange, gerade und leere Piste, die direkt bis an die Küste führt. Zu beiden Seiten der Straße erstreckt sich küstennahes Ackerland; es könnte überall sein, wären da nicht die Palmen an den Rändern der Felder, die mir klarmachen, dass ich mich in den Tropen befinde. Ich halte an und frage einen *campesino* (Bauern), um was es sich bei dem üppig sprießenden Grünzeug an den Feldern handele, und er kritzelt etwas Unleserliches auf einen Zettel: *henequén,* ein Agavengewächs, aus dem man, so erklärt er mir, starke Seile knüpfen könne.

Ungefähr 20 Kilometer weiter halte ich an, um mir die Ferienanlage Villa Cocomar an der Playa Salado genauer anzusehen. Die Reiseführer haben sie lobend erwähnt. Sie ist wie ausgestorben, doch für Ausländer gut angelegt, mit gepflegtem Rasen und einem Spazierweg über einem gurgelnden Bächlein. In einem kleinen Häuschen finde ich den Manager. Er sagt mir, ein Einzelzimmer koste 36 Dollar, und nein, ich dürfe mein Zelt nicht auf seinem saftig-grünen Rasen aufschlagen. Ich weiß, dass ich mich besser trollen sollte.

Ich trete in die Pedale und komme an imposanten Reklameschildern und beruhigenden Slogans vorbei, die ganze Gebäude- und Fabrikwände zieren, und die Folgendes verkünden: »21 Millionen Kinder sterben an heilbaren Krankheiten – keines davon in Kuba.«

In der Abenddämmerung erreiche ich die Ausläufer von Mariel, der stolzen Heimat von Kubas größter Zementfabrik. Ich fahre die Anhöhe hinauf, und der Horizont verwandelt sich plötzlich in Dantes *Inferno* mit einer Reihe von hässlichen Schornsteinen, die bedrohlich in den spätnachmittäglichen Himmel ragen und graugrüne Zuckerwatte ausspeien. Ich rolle in den Vordergrund dieser beunruhigenden Postkartenansicht und strample wie wild auf der kurvenreichen, engen Straße ins Tal, in der Hoffnung, die Aussicht möge sich bitte schnell bessern. Ich fahre an heruntergekommenen Fabrikgebäuden und Wohnblocks vorbei, in deren schmutzigen Mauern riesige Löcher klaffen. Dahinter ertönen gelegentlich die hallenden Rufe von Kindern. Ein unbehagliches Brummen liegt in der phosphorgetränkten Luft, und ich muss mir mehrmals die beißenden, stinkenden Abgase aus der Nase schnauben. Ich suche die Gegend nach geeigneten Vorgärten ab, in denen ich mein Zelt aufschlagen könnte, doch mit Aussicht auf die Schornsteine kann ich hier wohl kaum gemütlich schlafen. Nach scheinbar endlosen fünf oder sechs Kilometern erreiche ich endlich die Innenstadt, wo die Fabriken Gott sei Dank kleinen, adretten Häuschen und Geschäften weichen.

Ich fahre direkt zum Hotel Puntilla, einer billigen Unterkunft direkt am Wasser. Sie kostet 21,80 Pesos (ungefähr einen Dollar), womit sie für Kubaner direkt in der Klasse der Hilton-Elitehotels rangiert. Das Hotel ist extrem einfach gehalten, besitzt drei Etagen mit ungestrichenen Betonzellen, von denen jede mit einem Bleirohr ausgestattet ist, unter dem man eine eiskalte Dusche nehmen kann. Manche Zimmer hätten eigentlich Meeresblick, doch aus irgendeinem bescheuerten Grund hat man an dieser Seite des Gebäudes eine solide, fensterlose Mauer gezogen. Das Fenster in meinem Zimmer bietet stattdessen einen Blick auf einen nackten Betonparkplatz und ein trauriges Restaurant, das ich anfänglich fälschlicherweise für die öffentliche Toilettenanlage gehalten hatte. Ich frage mich, was zum Teufel sich der Architekt wohl dabei gedacht haben mag.

Da ich Hunger habe und trotz meines eingeschränkten Budgets immer gerne die geschäftstüchtigen Aktivitäten der Einheimischen unterstütze, reserviere ich einen Tisch im Restaurant. Ich bin der einzige Gast.

Auf dem Speiseplan stehen Omelett für 1,95 Pesos, *congri,* ein Gericht aus Reis und Bohnen für einen Peso, und, für diejenigen, die wirklich auf den Putz hauen wollen, Steak für 2,10 Pesos. Ich wähle das Omelett mit *congri,* das ohne Bohnen serviert wird, sodass die Rechnung netterweise um 20 Centavos reduziert wird.

Während ich auf mein Essen warte, frage ich nach der Toilette, die, wie so viele Toiletten auf Kuba, weder eine Spülung noch Toilettenpapier besitzt. Wie immer trage ich ein Bündel Papiertaschentücher mit mir herum, habe aber Schuldgefühle, diese im Abfalleimer der Restaurantküche entsorgen zu müssen. Man hat mir erzählt, dass sich die Kubaner nach dem Toilettengang einfach mit Wasser und Seife reinigen, doch ohne dabei ein französisches Bidet mit Goldarmatur zu benutzen. Ich habe meist ein kleines Stückchen Seife in einem Pillendöschen in meiner Lenkertasche, doch aus unerklärlichen Gründen habe ich diese am Fahrrad zurückgelassen. Als ich darum bitte, meine Hände waschen zu dürfen, führt man mich in die höhlenartige Küche, wo Barbara, meine einfallsreiche Gastgeberin, eine Teetasse mit Wasser füllt und diese dann langsam über meinen Händen ausgießt, damit ich sie mir darunter abspülen kann. Treuherzig bitte ich auch noch einmal um Seife, was ein große Suchaktion auslöst. Ich blicke auf einen Stapel schmutziger Teller auf der Betonspüle und auf den überschwemmten Boden und frage mich, ob ich gerade dabei bin, per Restaurantbesuch Selbstmord zu begehen.

Da ich der einzige Gast bin, gilt mir die ungeteilte Aufmerksamkeit des Personals. Die Unterhaltung wendet sich sofort dem Thema zu, wie hart Kubaner für ihren geringen Lohn arbeiten müssen, und man lamentiert über den Mangel an *comida* (Nahrungsmitteln). Dies wird eindringlich von Gesten unterstrichen, für die Latinos auf der ganzen Welt bekannt sind: Ein Zeigefinger fährt über die Stirn (harte Arbeit), Daumen und Zeigefinger werden aneinandergerieben (Geld), und die Finger tippen an den Mund (Essen). Man zeigt mir eine *libreta*. Dieses Rationsbuch wird jedem kubanischen Mann, jeder kubanischen Frau und jedem kubanischen Kind zu Beginn des Jahres ausgehändigt. Das kleine braune Büchlein enthält die Zuteilungen von Nahrungsmitteln, Seife und Zigaretten zu extrem niedrigen Preisen. Jeden Tag des Jahres gehen die Kubaner zu ihrer *bodega*, dem Warenhaus am Ort, und holen sich ihre Rationen ab. Es gibt eine Seite mit 31 Kästchen, und jedes von ihnen repräsentiert ein Brötchen, eines pro Person und Tag. Auf anderen Seiten sind die Zuwendungen an Reis (vier Pfund pro Monat), Bohnen (vier Pfund), Mehl, Zucker, Margarine, Speiseöl, Milch (nur für Kleinkinder), Fleisch, sogar Zigaretten (stark oder mild) dokumentiert. Ich stelle fest, dass Haushaltsseife separat von Körperseife aufgelistet ist, und dass jeder Person alle sechs Wochen je ein kleines Stück davon zusteht.

»Sehen Sie diese Schuhe?«, fragt der Mann an der Bar. »20 Dollar. Und man kann sie nur in Dollar bezahlen.«

Der dunkelhäutige, untersetzte Mann, der *refresco gaseosa*, also kohlensäurehaltige Erfrischungsgetränke in Dosen, verkauft, ist verhältnismäßig gut gekleidet. Weder sein Hemd noch sein Gürtel oder seine Jeans, eigentlich alles, was nicht zum absolut Nötigsten gehört, dürften mit Pesos bezahlt worden sein. Wie so viele andere Kubaner, die ich noch treffen werde, hat er Zugang zum magischen Dollar, entweder, weil er Familienangehörige in den Staaten hat, oder weil er *trabajo particular*, also »privater«, zumeist illegaler Arbeit, nachgeht.

Barbara lädt mich ein, im Haus ihrer Mutter eine warme Dusche zu nehmen, ein verlockendes Angebot angesichts des eiskalten Wassers im Hotel und der kühlen Brise am leider verbauten Meer. Ich gehe mit ihr einige Blocks weiter, und wir unterhalten uns. Sie ist ungefähr vierzig, geschieden mit zwei Kindern und lebt nun mit ihrer Mutter und ihrer Tante. Plötzlich erscheint ein junger Mann an ihrer Seite, und sie tauschen einige Worte aus, berühren sich jedoch nicht. Ein seltsames Treffen. Er verschwindet so plötzlich, wie er gekommen ist. Sie erzählt mir, er sei ihr Freund, und verdreht die Augen.

Ein verspielter junger Mann, der an der Seite einer Frau, die Gesellschaft braucht, immer mal wieder auftaucht und genauso schnell wieder verschwindet.

Barbaras Familie beäugt mich aus ihren Schaukelstühlen und erzählt mir, ich sei die erste Ausländerin, die je ihre Wohnung betreten habe. Die warme Dusche entpuppt sich als Eimer mit Wasser, das über einem Holzofen erwärmt wurde. Ihre Mutter fragt mich genau über mein Heimatland Australien aus und lädt mich ein, beim nächsten Besuch in der Gegend wieder vorbeizukommen, was wohl lange dauern wird. Von Barbara begleitet gehe ich wieder zurück zum Hotel. Auf dem Weg kaufe ich ihr von einem mobilen Eisverkäufer für Dollarkunden einen Becher mit exzellenter Eiscreme, die bestimmt zwanzigmal mehr kostet als das Gericht, das sie mir heute Abend gekocht hat.

Wieder zurück in meiner Urlaubszelle aus Beton, mache ich mich, etwas beunruhigt über die großen Spinnen, die durch das Fliegennetz in mein Zimmer krabbeln, fürs Bett fertig. Ich lege meinen Schlafsack auf das wohl nur scheinbar saubere Laken, entfalte meine selbstaufblasbare Campingmatte und lege sie auch noch darunter, als doppelte Sicherung gegen das, was sich vielleicht in der Matratze verbirgt. Ich setze mich in den Schneidersitz, lehne mich an die Kissen und beginne meine abendlichen Meditationsübungen.

Nach ungefähr zehn Minuten wird meine Verbindung mit dem Kosmos durch das rhythmische Quietschen ausgeleierter Matratzenfedern mit melodischer Untermalung weiblichen Stöhnens und Hechelns unterbrochen. Anhand der Geschwindigkeit des Quietschens und des monotonen Stöhnens kann ich erkennen, dass es sich um lausigen Sex handeln muss, dass er als Erster kommen wird und sie gar nicht et cetera, et cetera. Eher fasziniert als erregt drücke ich mein Ohr an die Wand, um meine Hypothese zu verifizieren. Ein plötzliches Verstummen des Stöhnens und der Seufzer bestätigt meine Annahme. Ich sehe außerdem voraus, dass dieses Matratzen zum Quietschen bringende Ritual mindestens noch zweimal in dieser Nacht und einmal am Morgen wiederholt werden wird.

Trotz des ruhestörenden Sexkanals, der da im Nebenzimmer auf Livesendung gegangen ist, schlafe ich tief und fest wie ein Stein bis 9.30 Uhr am nächsten Morgen.

Ich bereite mein spätmorgendliches zweites Frühstück vor: drei Brötchen noch aus Havanna, belegt mit einer Banane, die auf wundersame Weise bis jetzt ganz geblieben ist. Da ich nach Monaten im Schreibtischsessel nicht mehr mit dem typischen Rhythmus langer Radtouren vertraut bin, schwinge ich mich erst um 11.00 Uhr in den Sattel, was sich als sehr spät für eine Tagestour erweisen wird. Ein zu später Start bringt einen gezwungenermaßen am Ende des Tages in eine missliche Lage, wenn man auf einmal irgendwo in der Walachei steht, die Sonne untergeht, man in der Dunkelheit sein Zelt aufbauen muss und dabei von abendlichen Blutsaugern in Schach gehalten wird.

Ich beschließe, die 56 Kilometer lange Strecke nach Bahía Honda in Angriff zu nehmen, ein vermeintlich romantisches Reiseziel, denn in dem Namen steckt das Wort »Bucht«, was bei mir sofort Bilder auslöst von sich wiegenden Palmen und türkisblauen Wellen, die unter strahlend blauem Himmel sanft an einen sichelförmigen Strand mit zuckerweißem Sand rollen. Von Mariel aus fahre ich über eine Hügelkette, und plötzlich bietet sich mir ein spektakulärer Ausblick: ein komplexes Panorama verschiedenster zackiger Bergformationen, sanfter Hügel, Seen und dunkler, mit Pinienbäumen bewaldeter Landstriche. In der Hoffnung, Brot kaufen zu können, halte ich an einem winzigen Laden. Dieser erweist sich als *bodega*, wo Kubaner die rationierten Waren abholen und deren Bezug in ihren *libretas* abhaken lassen.

Leider ist jedes einzelne Brötchen im Sortiment bereits reserviert, und es stünden auch keine mehr zum freien Verkauf zur Verfügung, selbst wenn den Besitzern dies erlaubt wäre. Eine Frau, die ihre Ration in der *bodega* abholt, besteht darauf, mir eines ihrer zwei Brötchen zu überlassen, und sie duldet weder Protest, noch nimmt sie die ihr dafür angebotenen Pesos von mir. Die Großzügigkeit des Durchschnittskubaners erstaunt mich immer wieder aufs Neue. Ich danke der Frau und trete wieder in die Pedale. Mein voll beladenes Fahrrad stöhnt unter der Last dieses mir aus lauter Herzensliebe geschenkten Brötchens.

Ungefähr 30 Kilometer vor Bahía Honda treffe ich auf einen Lastwagen der Regierung, den man an seiner weißen Schrift auf braunem Grund erkennt. Der Fahrer hupt und bedeutet mir, mein Fahrrad auf seine Ladefläche zu hieven. Weil ich meine Betonzelle so spät verlassen habe, zögere ich nicht und nehme die Mitfahrgelegenheit an. Dieser Lastwagen fährt die *bodegas* der Umgebung ab und beliefert sie mit den täglichen Rationen. Starke Hände bugsieren mein Gefährt auf die Säcke mit sorgsam abgezählten Broten, Reis und Bohnen.

Ich quetsche mich in das Fahrerhäuschen, in dem bereits drei muntere *trabajadores* sitzen. Die meisten Kubaner, die ich kennenlerne, sind genau wie diese drei Arbeiter. Sie sind fleißig, nehmen ihre Arbeit ernst und ihr karges Auskommen hin. Wenn sich das Gesprächsthema ihrer wirtschaftlichen Situation zuwendet, was fast immer geschieht, dann zucken sie einfach mit den Schultern. Dies ist die erste von vielen Mitfahrgelegenheiten, die mir auf dieser Reise gewährt werden.

Trotz ihres kilometerlangen Netzwerks von Straßen mit relativ glatter Fahrbahn fällt es den Kubanern nicht ein, ihr Land per Fahrrad zu erkunden. Sie finden es seltsam, dass die Rad fahrenden Touristen, die doch genug Geld haben, um sich mit einem klimatisierten Taxi oder Bus chauffieren zu lassen, sich dafür entscheiden, so viel Schweiß zu vergießen. Doch auf Kuba sind Fahrräder auch nichts weiter als rostige, ganglose Lastesel mit Rücktrittbremse, die man mit Schweineschmalz fettet.

Dennoch habe ich einige Einheimische getroffen, die manche Entfernungen, die ich in zwei qualvollen Tagen zurückgelegt habe, an einem halben Tag schafften, und das nur, um einen Verwandten zum Kaffeeklatsch zu besuchen. Radwandern ist ein Luxus, den sich nur wenige Kubaner von der Zeit und von den Kosten her leisten können. Der Preis für eine Übernachtung ist für sie genauso hoch wie für uns, und trotz ihres mageren Einkommens würde keiner von ihnen auch nur im Traum daran denken, im Zelt zu übernachten.

»*Peligroso*« nennen sie ihre Landsmänner – gefährlich –, und damit klar wird, was gemeint ist, fahren sie mit dem Finger quer über ihre Kehle.

Der Fahrer lehnt meine milde Gabe in Form einiger Pesos ab, ein ehrliches Verhalten, das, angesichts des Runs auf den Dollar im Lande, immer seltener wird. Bis vor Kurzem war es Kubanern nicht gestattet, Dollars zu besitzen, und deshalb blieb denjenigen, die keine Verwandten in den Staaten hatten, nichts weiter übrig, als desillusioniert auf die mobilen Verkaufsbuden für Kunden mit Dollars zu starren, die in jeder kleinen Gemeinde parken und Shampoo, Unterwäsche und andere mondäne Luxusgüter verkaufen.

Dann jedoch und vermutlich wegen der mittlerweile riesigen Anzahl von Kubanern, die sich in der glücklichen Lage befinden, Verbindungen nach Übersee zu unterhalten, öffnete die Regierung in jedem Dorf kleine Wechselstuben, in denen Pesos in Dollar umgetauscht werden können. Die offizielle Tauschrate beträgt ein Peso pro Dollar, doch in Wirklichkeit gilt dieser ungünstige Kurs nur für einige Regierungsdienstleistungen wie den Zugverkehr, wo ein Ticket für Kubaner 27 Pesos (1,35 Dollar) und Ausländer 27 Dollar kostet.

Die noch zurückzulegende Strecke nach Bahía Honda beträgt nun noch ungefähr 16 Kilometer, doch es ist heiß, und die Fahrt geht nur langsam voran. Am Nachmittag rolle ich schließlich die wenig bemerkenswerte Hauptstraße entlang. Meine romantischen Erwartungen vom netten Örtchen in der Meeresbucht schmelzen dahin wie eine Schneeflocke im heißen Wok. Eine Bucht ist nirgends in Sicht, und aus heiterem Himmel greifen mich ein Killerschwadron Moskitos und eine Horde kubanischer Zimmervermittler an. Beide erwarten fette Beute.

Das Dorf liegt ungefähr vier Kilometer landeinwärts, was die schwüle, abgestandene Luft erklärt und die trübe Sicht durch den aufgewirbelten Staub der Schotterpisten.

Der erste Zimmervermittler greift von rechts an, hechtet direkt vor das Fahrrad, ergreift mit beiden Händen meinen Lenker und dreht ihn in Richtung seines kleinen Häuschens, aus dessen höhlenartigen Fensteröffnungen bereits sechs Paar Augen starren. »15 Dollar pro Nacht«, bettelt er auf Spanisch. »Dusche, Reis, Bohnen, Eier, Getränke.« Er reibt sich den Bauch, um mir den Wert des Geschäfts zu verdeutlichen. Er weiß genau, wie man einen schwer schleppenden, müden und hungrigen Fahrradtouristen ködert.

Von links mischt sich ein englisch sprechender Zimmervermittler ein. Er teilt mir geheimnisvoll und leise mit, er kenne da »eine richtig gute« *casa particular* mit Lizenz – diesen Punkt betont er laut, damit sein Nebenbuhler, der immer noch meinen Lenker zu seinem Haus gedreht hat, gleich weiß, womit er es zu tun hat – für nur zehn Dollar.

Der Name des englisch sprechenden Vermittlers lautet Gualberto, ein untersetzter junger Mann um die 25, der in der Dorfschule die Sprache der Touristen unterrichtet. Sein Kleinstunternehmen, das Vermitteln von Übernachtungsmöglichkeiten, ist in Kuba weit verbreitet. Die Vorgehensweise ist einfach: Nähere dich einem Touristen, zeige ihm eine *casa particular,* und wenn sie ihm gefällt, kassiere drei bis fünf Dollar für deinen Spürsinn.

Genau in diesem Moment rollt ein Polizeiwagen an uns vorüber. Die Beamten im Auto murmeln Gualberto etwas zu und fahren dann weiter.

»Haben Sie diese Typen gesehen?«, fragt Gualberto, als sie ihn nicht mehr hören können. »Sie mögen es nicht, dass ich mit Ihnen spreche.« Er schüttelt seinen Kopf. »Ich werde es nie verstehen.«

Er gibt mir die Adresse der *casa* und rät mir, sie persönlich in Augenschein zu nehmen. Ich habe eigentlich vor, das Hotel aus meinem Reiseführer zu begutachten, doch Gualberto behauptet steif und fest, es läge auf der anderen Seite des Hügels, weit, weit weg von hier. Die Sonne geht unter, die Moskitos laben sich an mir, und ich fahre zum Haus von Paula und Manolo, das sich in einer schlammigen Seitenstraße verbirgt.

Gualberto enttäuscht mich nicht. Das Haus ist tatsächlich schön, eine fröhliche zweigeschossige Holzhütte in gutem Zustand. Daraus lässt sich schließen, dass die Geschäfte gut laufen oder dass die Besitzer Verbindungen nach Übersee haben. Ausgehend von der mangelnden Attraktivität des Ortes für Touristen tippe ich auf Letzteres.

Paula kommt heraus, um festzustellen, was der Menschenauflauf vor ihrem Haus zu bedeuten hat. Sie ist groß und hat ein lächelndes, sanftmütiges Gesicht, was sie mir auf Anhieb sympathisch macht. Ich handle einen Übernachtungspreis von zehn Dollar heraus, inklusive fleischlosem Frühstück und Mittagessen. Sie ist einverstanden.

Das Zimmer liegt im oberen Stockwerk und übertrifft jegliches bescheidene 60-Dollar-Pensionszimmer außerhalb Kubas. Es handelt sich um einen großen Raum mit Holzfußboden, einem riesigen Doppelbett mit Moskitonetz und geblümter Tagesdecke, einer Kommode und einem Ventilator an der Decke. Der einzige Wermutstropfen kommt in Form eines Schwarms angriffslustiger Killermoskitos, die scheinbar durch Wände und Netze fliegen können. Die Dusche ist blitzsauber, funktioniert nur leider nicht; deshalb erhitzt Paula auf ihrem Herd einen Eimer Wasser, und ich wasche mich zum zweiten Mal hintereinander mit einem Blechnapf in der Duschkabine.

Dann setze ich mich an den Tisch und genieße die beste Mahlzeit, die ich auf Kuba bis jetzt gegessen habe: Reis und Bohnen, gekochte Eier, Hühnchen und Schweinefleisch, alles in einer dicken Soße, warmen Käse und einen Krug frisch gepressten Orangensafts. Ich hatte eigentlich kein Fleisch bestellt, eine Angewohnheit, die ich mir auf jeder Reise zu eigen mache, um unangenehmen Krankheitserregern zu entgehen und Geld zu sparen. Auf Kuba gibt es noch einen weiteren Grund, Fleischgerichte zu vermeiden. Dort sind sie ein Luxusgut, und ich würde mir vorkommen, als vertilge ich den Sonntagsbraten der Familie und würde ihnen nur die gekochten Kartoffeln übrig lassen. Doch beim Geruch des nur Zentimeter von meiner Gabel entfernten Hühner- und Schweinefleisches läuft mir das Wasser im Mund zusammen, und ich kann mich nicht beherrschen.

Paula hält nicht viel von unserer verbalen Übereinkunft. »Essen Sie!«, fordert sie mich resolut auf. Ich esse nur ein winziges Häppchen, nur eine Kostprobe, und bestehe darauf, dass sie den Rest ihrem Mann Manolo gäbe. Der hervorragende Geschmack des ansonsten eher bescheidenen Mahls deutet darauf hin, dass Paula einfach weiß, wie man kocht – was mittlerweile auf der ganzen Welt zu einer Seltenheit geworden ist.

Beim Essen erfahre ich, dass der einzige Sohn der Familie vor sechs Monaten mit einem kleinen Boot nach Florida fliehen konnte. Im Gegensatz zu vielen, die es nicht ans andere Ufer geschafft haben, geschweige denn in der neuen Heimat zu Wohlstand gelangen, macht er richtig gut Geld. Sie zeigen mir ein Foto von seinem Toyota Celica in Blau-Metallic, der auf einer perfekten amerikanischen Auffahrt parkt, und andere Bilder von Mitgliedern seiner »neuen« Familie in einer typisch amerikanischen holzgetäfelten Küche mit einer Unmenge von Schränken und Elektrogeräten im Hintergrund. Verständlicherweise ist die Familie sowohl heilfroh als auch zutiefst betrübt über das neue Leben ihres Sohnes. Froh über seinen Erfolg und seine regelmäßigen Zuwendungen, gleichzeitig aber traurig darüber, dass sie ihn wohl nie wiedersehen werden.

Noch trauriger ist Natalia, seine langjährige Freundin. Sie ist eine hübsche 26-Jährige und hat wie die restlichen 99 Prozent ihrer Landsleute keine legale Möglichkeit, Kuba zu verlassen. Natalia arbeitet als Zahnarzthelferin für Ramírez, einen sehr gut aussehenden Freund der Familie, der nach dem Essen hereinschaut, um kurz Hallo zu sagen.

Ramirez verdient ungefähr 400 Pesos im Monat, umgerechnet ungefähr 20 Dollar. Damit gehört er zu der Oberschicht der kubanischen Gesellschaft. Er verdient zusätzlich Geld, Dollars, durch den Verkauf von Kleidungsstücken. Ich treffe eine weitere Freundin der Familie, eine Friseuse, die während ihrer regulären Arbeitszeit drei Pesos pro Schnitt verdient, nach Feierabend aber ihr Salär zu Hause aufbessert. Wieder dreht sich die Unterhaltung um die Geld- und Lebensmittelknappheit auf Kuba, dennoch gibt es oft kleine Luxusartikel – wie karibischen Hummer.

Paula öffnet den Kühlschrank und zeigt mir einen Teller mit frischer, saftiger Languste, die sie für weniger als einen Dollar erstanden habe. Es handele sich um *langosta escondida,* oder, frei übersetzt,

»Languste, die unter dem Tisch versteckt wird«. Sie darf legal nur in Touristenrestaurants serviert werden, der Rest wird exportiert. Mit einem Augenzwinkern zeigt mir Paula, was passieren würde, wenn die Polizei ihr einen Besuch abstatte und ihren Vorrat an Meeresfrüchten entdeckte: Sie klatscht die rechte Hand auf das linke Handgelenk, die kubanische Geste für Handschellen.

Irgendwann während des Essens werde ich erneut Zeugin der *novela*-Manie. Die Unterhaltung verstummt mitten im Satz, die Essensgäste verlassen unvermittelt den Raum, und das Fernsehgerät wird unter Knistern eingeschaltet. Im Allgemeinen verfahre ich auf meiner Reise nach dem Motto: »Wenn auf Kuba, mache es wie die Kubaner« – doch die *novela* spare ich mir. Ich ziehe mich zum Schreiben auf mein Zimmer zurück, doch das Fernsehgerät wird auf eine solch ohrenbetäubende Lautstärke hochgestellt, dass ich genauso hätte runtergehen können, um mir das Programm mit den anderen zusammen anzusehen. Das tue ich aber dennoch nicht.

Am nächsten Morgen stehe ich früh auf und frage, ob es möglich wäre, einige Brötchen für meine kleine Proviantdose von der *bodega* zu erwerben. Ich habe einen unerwarteten Leckerbissen auf Kuba entdeckt. Die staatlich ausgegebenen Brötchen sind absolut köstlich. Sie sind schwer, saftig und haben den unverkennbaren Geschmack von gutem, glutenreichem Vollkornmehl. Außerdem sind sie perfekt dazu geeignet, eine Banane hineinzuquetschen.

Paula macht mir keine allzu großen Hoffnungen, weil es schon seit Tagen keine zuverlässige Brötchenlieferung gegeben habe, was irgendetwas mit einem Mehlmangel bei der Mühle des Ortes zu tun habe. Doch sie macht sich um sechs Uhr in der Früh auf den Weg und kommt mit sieben Brötchen wieder, die sie auf dem Schwarzmarkt für fünf Pesos gekauft hat. In der *bodega* hätte man zehn für einen Peso bekommen. Dann besteht sie darauf, mir noch drei Brötchen aus dem Familienvorrat dazuzupacken. So habe ich am Ende zehn frisch gebackene Brötchen, und ich gebe ihnen sieben Pesos für ihre Mühe.

Jetzt mögen Sie vielleicht denken: Diese Frau ist doch wohl die geizigste Pfennigfuchserin, die sich je auf eine Reise begeben hat.

Ich kann das nur mit dieser seltsamen und unlogischen Verwandlung erklären, genau in dem Augenblick, in dem der Radwanderer ein Bein über sein voll bepacktes Gefährt schwingt, in die Pedale steigt und die ersten Meter seiner Reise zurücklegt. Diese Verwandlung vollzieht sich umso drastischer in einem fremden Land, vor allem, wenn es sich dabei um ein armes Land handelt. Plötzlich werde ich zu einem wehrhaften, fressenden, schnaubenden Packesel. Die ganze Selbstsicherheit, das dicke Fell und die politische Korrektheit meines früheren Lebens habe ich über Bord geworfen. Ich stehe wieder ganz unten in der Nahrungskette, bin zu einem Fahrrad fahrenden Wiesel mit Knopfaugen und langen Zähnen mutiert. Jeden Tag bin ich den Naturgewalten ausgesetzt, werde von Regen durchnässt, von der Sonne gebraten, vom Wind gebeutelt. Es gibt keine elektrischen Fenster, Klimaanlagen oder Heizungen, die die ununterbrochenen Angriffe auf mich und meine lächerlich kleine Maschine mit einem Zehntel PS dämpfen könnten, während ich all meine Kraft aufbringe, nur um einen kleinen Hügel hinaufzufahren. Ich bin wie ein Piranha zu Lande, ich schnappe nach jeder Kalorie, die sich in meine Nähe wagt, und manchmal verschlinge ich sogar Essen, das mir äußerst suspekt vorkommt.

Wenn ich hügelan in die Pedale trete, ergreift ein Gefühl von mir Besitz, das sich drastisch von dem unterscheidet, was ich empfinde, wenn ich im gedämpften Schuh mit dem Fuß auf das Gaspedal eines Auto drücke. Ich werde zu einer Landstreicherin und gebe Grunzlaute der Anstrengung von mir. Ich bewege mich, esse, schlafe, bewege mich, esse und schlafe. Zufälligerweise bewegen sich Menschen in vielen Ländern und Kulturen genau auf diese Weise am Rande des puren Überlebens, ohne dass sie den Luxus einer Wahl hätten. Doch ich habe die Möglichkeit, dieses Leben selbst zu wählen, und ich habe mich genau dafür entschieden. Wenn ich schon genauso viel Schweiß vergieße wie ein *campesino*, der mit seiner Machete ein 100 Hektar großes Zuckerrohrfeld abernтет, dann darf ich mich auch wie einer von ihnen fühlen. Können Sie nicht verstehen, dass ich, genau wie sie, am Rande des Existenzminimums lebe, verdammt noch mal! Ich verdiene Respekt, und diesen zollt man mir. Ich möchte für meine Mühe keinen einzigen Cent mehr als nötig zahlen, weil genau das mich zu einem Touristen machen würde, der auf weichen Sohlen mit Hotel- und Restaurantvoucher das Land besucht. Außerdem würde ich vielleicht den Markt für den nächsten Radfahrer verderben, der durch das Land tingelt. Deshalb gebe ich Paula und Manolo 35 Cent für ihre Mühe und bin vollkommen im Reinen damit.

Am nächsten Tag bemühe ich mich, das Frühstück so einfach wie möglich zu gestalten. Als ich Paula bitte, eine der Bananen aus meinem Vorrat in ein Brötchen zu quetschen, und dieses erst dann mit einer Waffelzange über dem Feuer zu toasten, errege ich damit einen kleinen Aufruhr in der Küche. Ich bemerke, dass Kubaner nicht besonders abenteuerlustig sind, wenn es ums Essen oder Reisen geht. Es scheint, als verstümmele die Tatsache, dass die Menschen nicht einfach reisen können, wohin sie wollen, kaufen können, was sie haben möchten, und ihre Kreativität nicht ausleben können, auch die Fähigkeit zum Ausdruck der eigenen Persönlichkeit. Die Menschen hier existieren im Überlebensmodus. Sie haben wenig Energie für aberwitzige Experimente mit Bananen, Brötchen und Waffelzangen übrig.

Nach dem Frühstück erfüllt mich ein Gefühl der Unentschlossenheit. Ich kann mich nicht entscheiden, wo ich Silvester 2000 verbringen soll. Fahre ich vier Kilometer zurück und dann den 20 Kilometer langen Anstieg zum Bergdorf Soroa hinauf? Mache ich mich auf den Weg ins 51 Kilometer entfernte La Palma? Versuche ich per Anhalter zu fahren, um den Weg zu diesem Dorf etwas weniger anstrengend zu gestalten, und damit mit noch Kraft bleibt, den Berg nach Viñales, dem Touristenmekka Kubas, hochzustrampeln, das 80 steigungsreiche Kilometer entfernt ist?

Am Ende mache ich nichts von alledem, was an sich schon eine gute Sache ist.

»Plane deinen Urlaub, und du bekommst genau den Urlaub, den du geplant hast«, lautet ein Ausspruch, von dem ich glaube, dass er auf meinem Mist gewachsen ist, doch Thoreau oder Kerouac sind mir vermutlich schon zuvorgekommen. Das einzige Mal, dass jemand auf diesen Ausspruch mit: »Gut, Sie wollen ja auch gar nicht, dass Ihnen etwas Außerplanmäßiges passiert, oder?« reagierte, war in England.

Ich verabschiede mich von Paula, Manolo und auch von Gualberto, der gekommen ist, um seine drei Dollar Vermittlungspauschale zu kassieren. Gualberto bittet mich, ihm ein Englisch-Spanisch-Wörterbuch zu schicken, und alle drei stehen auf der Veranda und winken mir zum Abschied.

Ich mache mich auf den Weg nach La Palma und treffe unterwegs einen dünnen, schwarzen Einheimischen namens Matalo, der mit seiner Rostlaube auf der Straße fährt. Ich frage ihn, ob er mir einen sehenswerten Ort empfehlen könne, und er spricht in den höchsten Tönen von La Altura, einem *campismo* am Strand, mickrige 15 Kilometer entfernt. Dort kostet eine gemütliche Hütte nur acht Pesos.

»*Playa linda!*«, schwärmt er.

Es gäbe dort einen wunderschönen Strand, sagt er und erzählt mir, wie er dort den vorhergehenden Sommer als Platzwärter gearbeitet hat. Ich bin heute erst 24 Kilometer gefahren, nicht einmal genug, um bei irgendjemandem damit Eindruck zu schinden oder auch nur einen Tropfen Schweiß abzusondern. Plötzlich beschließe ich, dass La Altura sich genauso gut für die Millenniumsfeier eigne wie jeder andere Ort.

Millenniumsgeziefer

Die Strände von La Altura liegen tatsächlich nur zwölf Kilometer weit entfernt; praktisch einmal in die Pedale treten, und schon ist man da. Man erreicht sie über einen abgelegenen Pfad, und Matalo besteht darauf, mir den Weg zu zeigen. Bei diesem Angebot schrillen alle meine inneren Alarmglocken, doch dieser Zuckerrohrschneider mit seinem wettergegerbten Gesicht scheint mir andererseits harmlos und ernsthaft daran interessiert, einer *turista* behilflich zu sein. Man kann dem Machismo der Lateinamerikaner auch gute Seiten abgewinnen; sie würden eine Frau nie hilflos zurücklassen.

Wir kommen an die Abzweigung nach La Altura, die in Richtung *frontera,* an die Grenze, führt. Nur 145 Kilometer weiter, auf der anderen Seite des türkisblauen Ozeans, liegt Dollarland.

Der gepflasterte Weg mündet in eine an beiden Seiten von hohen grünen Zuckerrohrpflanzen gesäumte Schotterpiste, die so holperig ist, dass es einem die Knochen durchschüttelt. Wir halten kurz an und pflücken einige *guayabas* (Guaven) von einem Baum am Wegesrand. Die süße Frucht ähnelt einer Feige, doch sie hat eine dickere Schale. Einige Kilometer weiter halten wir erneut an einer Farm und leihen uns eine Machete. Matalo läuft in ein Feld, hackt einige Zuckerrohre ab und zieht ihnen die bambusartige Hülle ab, damit wir auf den faserigen Strünken kauen können. Ich schmecke eine leicht süßliche Flüssigkeit, von der ich in der brütenden Hitze, die hier um 14.00 Uhr herrscht, gerne noch mehr probieren würde.

Der Weg mündet in eine verlassene Start- und Landebahn für Flugzeuge. Auf ihr liegen riesige Stücke Altmetall, und sie sieht aus wie eine einsame Straße nach Nirgendwo. Ich fühle mich an Gemälde von Dali erinnert. Am gegenüberliegenden Ende der Landebahn geht der Weg weiter, und bald darauf kommen wir an eine Lichtung, auf der einige Betonhütten stehen: »*Campismo La Altura*«.

Diese Anlage wurde nur für Kubaner erbaut. Ich wende alle mir bekannten weibliche Tücken (ungefähr zwei) an, kann den regeltreuen *el jefe* jedoch nicht dazu bewegen, mir eine Hütte zu vermieten. Der Chef gestattet es mir nicht einmal, auf dem Gelände mein Zelt aufzuschlagen und nur die Sanitäranlagen zu benutzen. »Es ist uns nicht erlaubt, Touristen aufzunehmen«, sagt er steif. »So sind die Regeln.«

Matalo, verwundert über die Sturheit seines früheren Chefs, ergreift für mich Partei, doch auch er kann nichts ausrichten. Ich spüre eine Spannung zwischen den beiden Männern, als ob Matalos Verbrüderung mit dieser *chinita turista,* dieser kleinen chinesischen Touristin, unschicklich sei. Da *el jefe* sich nicht erweichen lässt, beschließe ich, durch die Büsche bis an den Strand zu fahren und dort nach einem geeigneten Plätzchen für meine Zelt zu suchen. *El jefe* hält auch das nicht für eine besonders tolle Idee. Ganz offensichtlich möchte er nicht verantwortlich sein, wenn dieser dollarschweren Touristin auf seinem Gelände etwas zustoßen sollte.

Der abgelegene, wunderschöne Strand entpuppt sich als hochgesichertes Militärgebiet, bewacht von jungen Männern in grüner Uniform. Sie sorgen dafür, dass keiner auf die Idee kommt, sich zu einer sonntäglichen Segeltour nach Florida aufzumachen, oder, umgekehrt, keine bösen Überraschungen von Uncle Sam an die kubanische Küste geschwemmt werden.

Ein schattiger Kiefernhain bietet dem Camper das Äquivalent zu einer Federkernmatratze – ein weiches Bett aus Kiefernnadeln. Da ich allerdings weder von Infrarot-Suchscheinwerfern geweckt, noch beim Aufwachen in die Mündung einer AK-47 starren möchte, schiebe ich mein Fahrrad ein paar Meter weiter den Strand entlang, um bei dem Wachhäuschen auf einem Felsvorsprung um Erlaubnis zu bitten.

Im Häuschen sitzt ein einsamer, Kaugummi kauender Teenager in voller Kampfmontur, der Matalos und meinen wiederholten Appellen an seine Gastfreundschaft nachgibt und seinen Vorgesetzten über Funk anruft. Der brüllt die Antwort klar und deutlich in sein Funkgerät: »NEIN!«

Als Begründung werden »Militärübungen am Strand während der letzten Tage des Jahres« vorgeschoben. Der junge Grenzbeamte zuckt mit den Schultern und kaut weiter wie eine Kuh an ihrem vorverdauten Gras. Er kann mir nicht weiterhelfen. Ich komme zu dem Schluss, alle Möglichkeiten der Ehrlichkeit ausgeschöpft zu haben, und beschließe, trotzdem mein Zelt aufzuschlagen. Sollte der schlimmste Fall eintreten, wird mein Aufenthalt in einem kubanischen Gefängnis bestimmt ein interessantes und spannendes Kapitel in meinen Memoiren abgeben – falls ich ihn überlebe. Wenn nicht, nun, ich habe gehört, der Himmel sei auch ein ganz netter Ort …

Diese etwas morbiden Gedanken gehen mir durch den müden Kopf, als ich wieder zum kleinen Kiefernwäldchen zurücktrabe. Plötzlich erspähe ich eine kleine Bretterbude, die versteckt hinter einer kleinen Anhöhe steht. Ich schiebe mein Rad in Richtung Verschlag und lege mir eine etwas abgewandelte Version meiner traurigen Leidensgeschichte zurecht. Der Verschlag entpuppt sich als militärischer Außenposten, in dem einige Mitglieder der Küstenwache trotz Dienst zusammen mit ihren Familien Silvester feiern wollen.

Als ich mich ihnen nähere, tausche ich Blicke mit einigen Soldaten in makelloser Uniform, die damit beschäftigt sind, ihre Gewehre zu reinigen. Ich überlege kurz, ob ich das weiße Taschentuch aus meiner Hosentasche ziehen und damit winken sollte, doch ich brauche beide Hände, um das Fahrrad durch den Sand zu manövrieren. Ich erkläre ihnen meine Lage bis ins kleinste Detail, erzähle ihnen von dem resoluten Wächter auf dem Campingplatz, den Soldaten und der Polizei – kein Fitzelchen lasse ich aus.

Sie starren mich eine Zeit lang an und polieren wieder ihre Gewehre. Dann führen sie mit gedämpften Stimmen eine kurze Diskussion, an deren Ende sich Valdero, der Älteste von allen, der auch mehr Streifen auf seiner Uniform trägt, entschließt, die anderen Idioten auf dem Hügel zu überstimmen; er erlaubt mir, das Zelt vor seiner Hütte aufzuschlagen, wo man mich im Auge behalten könne. Seine Frau Adelpha bietet mir auch noch einen Schlafplatz in ihrem Zimmer an, doch ein Blick auf die herabhängende Zimmerdecke und das von Ungeziefer verseuchte Bett genügt, um mich zu überzeugen, das Angebot höflich dankend abzulehnen.

Ich gebe meinem stoischen Reiseführer Matalo einen Dollar für seine Mühe und verabschiede mich dann von ihm. Zunächst lehnt er die Bezahlung ab, ein sehr ehrbarer Charakterzug, der mir auf Kuba immer wieder begegnet. Kubaner nehmen kein Geld an für Dienste, die sie jemandem aus *amistad*, also aus Freundschaft, erweisen. Nur wenn man betont, es handele sich dabei um *un regalo*, also ein Geschenk für die Kinder, werden sie dieses annehmen. Matalo verspricht mir, am nächsten Abend mit einer Gitarre wiederzukommen, auf der ich spielen könne, und düst davon. Ich sehe ihn nie mehr wieder.

Ich ziehe mir im Zelt meinen Badeanzug an, um mich den neugierigen Blicken der kleinen Nichte und des kleinen Neffen der Familie zu entziehen. Sie haben noch nie gesehen, wie ein Mensch in einen derart beengten Raum verschwindet. Der Junge löchert Adelpha immer wieder mit derselben Frage: »Kommt sie wieder heraus aus der *cabañita*, der kleinen Hütte?«

Ich beantworte seine Frage, klettere das grasbewachsene Ufer hinunter und wate ins Meer. Ich starre in Richtung Florida. Es liegt viel Wasser zwischen den beiden Staaten. Der sanft geschwungene Sandstrand erstrahlt weiß vor den dunklen Umrissen der Kiefern und ist völlig leer, es gibt keine anderen Sonnenanbeter außer mir. Er verläuft bogenförmig bis zu seinem äußersten, östlichen Zipfel, dann folgt eine bogenförmige Bucht nach der anderen, bis nach Havanna. Die Sonne macht sich auf den Weg nach Australien, und mikroskopisch kleines Unsichtbargeziefer, das sich in jede Pore des Körpers zu bohren scheint, wird schnell zu Auageziefer.

Ich ziehe mich ins Haus zurück in der Absicht, mit einem Eimer Wasser zu duschen. Adelpha macht an der Kochstelle auf einer Betonplatte Feuer und steckt dann zwei nackte Drähte in ein Loch in der Wand, was die Neonröhren im »Badezimmer« knisternd aufleuchten lässt. Ich nehme die beiden Zitronen für einen besonderen Wellness-Tag aus dem Gepäck. Die junge Friseuse aus Bahía Honda hat mir geraten, sie als besondere Haarspülung auf die Kopfhaut zu träufeln.

Als ich wieder zu meinem Zelt zurückkomme, erschallt von der Südseite her ein Gurgeln und Kreischen, das mir das Blut in den Adern gefrieren lässt. Ich komme mit aufgeklapptem Kiefer zum Stehen und sehe wie gelähmt dabei zu, wie die zwei jüngeren Wachposten ein großes Schwein am Boden festhalten und ihm mit einem Dolch die Kehle aufschlitzen.

Die arme Kreatur braucht eine Ewigkeit, ihr Leben auszuhauchen. Arturo, der große, geschniegelte und gebügelte schwarze Wachmann, versucht, das Ausbluten zu beschleunigen, indem er sich auf den Bauch des Schweins kniet, dessen Kehle weit auseinanderklafft. Irgendwann sind wir dann alle überzeugt, dass das Tier tot ist. Arturo steht auf, und plötzlich springt das Schwein auf – die Innereien hängen ihm aus der Wunde. Die blutverschmierte Erscheinung läuft mitleiderregend über den Hof. Es sieht aus, als hätte man *Friedhof der Kuscheltiere* und *Der Exorzist* zusammengelegt. Ach, hätte ich doch nur eine Videokamera … Ich hätte sie nicht benutzt!

Trotz meiner Proteste und obwohl ich ihnen klarmache, dass ich mir auf meinem kleinen Campingkocher selber Kohl, Nudelsoße und Penne kochen könne, besteht die Familie darauf mich einzuladen.

Es fällt ihnen schwer, meine anfängliche Ablehnung zu verstehen, doch sie wissen nicht, wie gerne ich mit dem kleinen Campingkocher Gerichte zubereite; mittlerweile hänge ich sehr an meinem Lebensretter. Es handelt sich um einen einfachen Aluminiumtopf mit einem noch einfacheren Brennspirituskocher. Man schüttet ein wenig Spiritus in den Kocher, zündet ihn an, stellt ihn unter den Topf, wartet geduldig – sehr geduldig –, bis der Inhalt des Topfes anfängt zu kochen. Dann kann man essen. Auf Kuba muss ich mich damit begnügen, Waschalkohol als Brennmittel zu verwenden, was eine schwächere Flamme erzeugt und dazu neigt, beim sanftesten Windhauch zu erlöschen. Um damit zu kochen, braucht man genauso viel Durchhaltevermögen, als würde man in einem eisigen Sturm versuchen, mit zwei Stöcken ein Feuer zu entfachen. Es ist unglaublich, doch dieser kleine Campingkocher hat mich bei meiner dreimonatigen Radreise quer durch England und auf ähnlichen Reisen durch Irland, Nicaragua, Costa Rica und jetzt auf Kuba bei Kräften gehalten. Ich bin bei meinen Aufenthalten auf Campingplätzen immer wieder von teureren, aufwendigeren Modellen mit scheinbar anspruchsvollerer Technik fasziniert gewesen, bin meinem Kocher aber nie untreu geworden.

Mir wird jedoch schnell klar, dass die Menschen auf Kuba glauben, es bringe Unglück, Leute in einem kleinen Eckchen ihr eigenes Süppchen kochen zu lassen, und deshalb akzeptiere ich die Einladung schließlich, werfe meinen kostbaren Kohlkopf in ihren Topf und geselle mich zu ihnen.

Das Essen ist einfach. Es gibt Reis, schwarze Bohnen mit Zwiebeln, Knoblauch und Oregano, der wild in der Nähe des Schweinestalls wächst, gekochte Yucca, gehackten, in Essig eingelegten Kohl (meinen) und gebratenes Schwein in *manteca,* Schweineschmalz. Ja, das mittlerweile ziemlich tote Schwein sieht auf einmal sehr klein aus, wie es da so in dünnen gebratenen Streifen in einem riesigen Aluminiumtopf serviert wird. Aus Höflichkeit kaue ich ein bisschen auf dem Fleisch herum, aber es ist zäh – eine Folge der stümperhaften Hinrichtung. Ich gebe vor, pappsatt, müde, schwanger, egal was sonst noch zu sein, um das ehemals ganze, aber nun zerteilte Schwein in Frieden ruhen zu lassen, und zwar woanders als in meinem Magen.

Wir speisen von großen, länglichen Aluminiumbrettern aus dem Armeebestand, die verschiedene Vertiefungen für die unterschiedlichen Beilagen und Zutaten aufweisen. Alles erstrahlt im unverkennbaren Fettglanz von Schweineschmalz, dem billigsten und zuverlässigsten Bratenfett auf ganz Kuba, weil es gratis bei jedem Schwein dabei ist. Sogar die ärmsten Familien scheinen sich ein oder zwei Ferkel leisten zu können, die vor ihrer Hütte im Staub wühlen.

Speiseöl ist den Kubanern durchaus als »gesunde Alternative« bekannt, aber es kostet ungefähr 1,50 Dollar pro Flasche und ist nur in Geschäften zu kaufen, in denen man mit Dollar zahlen muss. Ich bin in Havanna an einigen dieser Geschäfte vorbeigeradelt, und vor jedem stand eine Schlange geduldig auf Einlass ins Dollarland wartender Kubaner. Mein Reiseführer und mehrere Berichte behaupten, man dürfe als Ausländer direkt an die Spitze der Schlange gehen –

das Meer der Einheimischen würde sich teilen wie das Rote Meer für Moses. Doch ich bringe es einfach nicht fertig, mich so frech und rücksichtslos zu benehmen.

Nach dem Hauptgericht gibt es die unvermeidliche Nachspeise, ein Gläschen Rum. Dann folgt *la novela*, diesmal auf einem winzigen Schwarz-Weiß-Fernseher, der auf dieselbe Weise mit Strom versorgt wird wie zuvor das Neonlicht im Badezimmer.

Eine Stunde lang untermalen das Meer mit seinem sanften Wellengang und die laue Nachtluft die Szenen von Ehebruch, Betrug, Leidenschaft und Intrigen auf dem kleinen flackernden Bildschirm.

Als die *novela* zu Ende ist, leben die Hauptfiguren unglücklich bis ans Ende ihrer Tage, und Vadero holt die *tres* hervor, ein winziges, einer Gitarre ähnliches Instrument mit drei Doppelsaiten.

Ich habe ein solches Instrument noch nie zuvor gesehen und ich bringe einige Zeit damit zu, ihnen auf geradebrechtem Spanisch erklären zu wollen, dass mit ihrer »Gitarre« etwas nicht stimme. Mein Spanisch ist so schlecht, dass sie es nicht übers Herz bringen, mir zu sagen, dass ich einen Haufen Mist erzähle. Weil ich das Instrument nicht kenne, kann ich darauf auch nicht richtig spielen, vor allem nicht, da alle Augen und Militärabzeichen in allerhöchster Erwartung auf mich gerichtet sind. Ich schaffe es schließlich, die ersten Akkorde von *Lucy in the Sky With Diamonds* zu klampfen, aber mehr ist nicht drin. In Vaderos Händen klingt das Instrument erheblich besser, ein bisschen wie eine ungestimmte Ukulele.

Ein Tässchen *café con leche* aus heißer, über dem Feuer gekochter Milch und auf der Kochstelle gebrautem Kaffee bildet den krönenden Abschluss des Abends. Wie viele Familien, so kauft auch Adelphas Familie die Kaffeebohnen ungeröstet, trocknet sie in der Sonne und mahlt sie dann mit der Hand. Sie schwört, der Geschmack sei eindeutig besser. Es ist fast schon Ironie, dass die angesagtesten Kaffeehäuser der Welt von Kaffeekennern frequentiert werden, deren Gaumen vermutlich genauso anspruchsvoll ist wie der eines armen Durchschnittskubaners.

Auf Kuba habe ich angefangen, Kaffee zu trinken, und auf Kuba habe ich wieder damit aufgehört.

Während des Abends hat das Unsichtbargeziefer seine Militärpräsenz ausgebaut; trotz Insektenvernichtungsmitteln der Stärke von Atomwaffen und zwei Paar Socken fühlen sich meine Füße an, als sei ich in eine Lache Ahornsirup getreten und gleich anschließend in einen Haufen Feuerameisen. Während ich mich mit meinen Gastgebern unterhalte, tanze ich den Kasatschok.

Den Kubanern hingegen scheint das alles nichts auszumachen.

»Sie stehen auf chinesisches Essen«, scherzt Vadero, auf meine chinesische Abstammung anspielend.

Weil ich es keinen Augenblick länger aushalten kann, wünsche ich der Familie eine gute Nacht, lehne wiederum Adelphas wiederholte Einladungen, doch im Haus mit seinen bröckelnden Decken zu übernachten, ab und eile zurück zu meinem eigenen Domizil.

Sicher geschützt in meinem Zelt, das ich zuvor mit chemischen Waffen in Form von Insektenvernichtungsmitteln gegen saugende Einbrecher ausgewischt habe, höre ich die letzten, zögerlichen Akkorde von Vaderos *tres* im Chor mit dem Rauschen der Wellen in der Floridastraße, die an die von uniformierten Wachposten patrouillierte Küste schwappen.

Am nächsten Tag frage ich Adelpha, wo die Toilette sei. Sie sieht mich entgeistert an. »*Un hueco!*«, ruft sie. »Ein Loch im Boden!«

Dann bedeutet sie mir, ihr zu einem leer stehenden Haus zu folgen – für militärische Besucher von hohem Rang und Ansehen. Darin befinden sich Esstisch und Stühle, Sofas, ein großer Farbfernseher und ein modernes Badezimmer. Sie wartet draußen und erzählt mir, dass sie und ihre Familie ein Loch im Boden hinter dem Schweinestall benutzen, während ich über dem sitzlosen, spülungslosen Wunder der Technik hocke.

Kubaner glauben, dass alle Ausländer – weil reicher als noch die vornehmsten ihrer Landsleute – einen bestimmten Standard erwarten. Daher, so erklärt man mir, seien es nicht etwa rassistische, sexistische oder irgendwelche anderen persönlichen Motive gewesen, die den *jefe* des *campismo* in La Altura bewogen hätten, mich von seinem Platz zu verweisen, sondern die einfache Tatsache, dass diese Orte in den Augen der Behörden nicht den hohen Standard der Anlagen bieten können, die einem Touristen im Allgemeinen und einer allein reisenden Touristin im Besonderen zustehe. Eine andere Erklärung liegt darin begründet, dass man Ausländer und Kubaner nicht zusammenbringen möchte; die Ausländer könnten den Kubanern ein allzu rosiges Bild vom Leben im Dollarland malen.

Der Tag ist wolkenlos, die Sonne strahlt vom Himmel und die Wellen schwappen an den Strand von La Altura. Es gibt Sand, so weit das Auge reicht, und es ist keine Menschenseele zu sehen. Dieser Anblick ist zu überwältigend, um ihn für sich allein zu erleben, und doch zu wunderbar, um ihn mit jemandem zu teilen.

Ich gehe lange spazieren, von einem weichen Sandstrand zum nächsten. Schließlich komme ich an einen strohbedeckten Unterstand. Die sternförmigen Spuren eines Meeresvogels verlaufen im Zickzack auf dem sandigen Boden. Das Wasser vor dieser Hütte ist nicht tief, man erkennt kleine Erhebungen mit Seegras, das knapp unter der Wasseroberfläche sanft im Wellengang schwebt. Hier kann man tatsächlich weit ins Meer hinaus und »auf dem Wasser laufen«. Zwischen dem Seegras liegen kleine sandige Seen mit lauwarmem Wasser, und ich verbringe viel Zeit damit, von einer Anhöhe zur nächsten oder von einem See in den anderen zu springen, wie ein lebensfroh wandelnder Süßwasserkarpfen. Schließlich erspähe ich zwei winzige Figuren, die am Strand entlang zur Hütte laufen.

Julio und André sind zwei Beamte der Küstenwache auf Patrouille. Sie warnen mich vor *cocodrillos* (Krokodilen) in der nahe gelegenen Flussmündung. Wir drei blicken hinaus auf dieses perfekte Meer, und Julio erzählt mir von der asthmatischen Australierin Susie. Sie durchschwamm die Floridastraße von Havanna aus und stellte danach noch ein paar Rekorde im Langstreckenschwimmen auf. Ich höre zu und habe das Gefühl, darüber alles wissen zu müssen, genau wie jeder Kubaner alles über Elián und seinen unfreiwilligen Schwimmrekord weiß.

Ich laufe weiter, bis ich den Fluss und eine Sandbank erreiche. Plötzlich fällt mein Blick auf eine perfekte rosa Schneckenmuschel im Sand. Ich stelle meinen Fotoapparat auf einen kleinen Ständer, um den Fund, die Fundzeit und den Fundort zu dokumentieren: Es ist neun Uhr morgens am 31. Dezember 1999 an der Playa La Altura auf Kuba.

Genau zu diesem Zeitpunkt könnte ich mich an einer Reihe von Orten aufhalten. Ich könnte in den Menschenmassen einer Party mit Olaf in New York tanzen, bei Marinas Familie in Nicaragua Weihnachts-*tamales* essen, mit Andreas und Daniel an der Playa El Coco in Costa Rica herumalbern, mit Rebecca und Rigo in Bocas del Toro, Panama, gebratene Brotbaumfrüchte essen oder sogar in meiner klösterlichen Wohnung in San José in Costa Rica abhängen.

Doch ich bin hier ganz allein an diesem Strand, dem letzten Strand zwischen Kuba und Nordamerika, und ich weiß, ich bin genau da, wo ich sein sollte. Ich habe meine Reise wie jeder andere Weltenbummler begonnen, der seinen Rucksack eine Weile nicht geschnürt hat – mit festem Blick auf das Reiseziel und nach dem Motto: »Ich muss bis heute Abend in X sein.« Doch jetzt habe ich den Rhythmus des Reisens wiedergefunden. Gestern hatte ich beim Aufwachen noch drei wichtige Reiseziele im Kopf und bin nicht von der Stelle gekommen.

Heute bewege ich mich – ganz ohne Zwang, Ziel und Plan.

Land der Mogoten

So wunderschön La Altura auch ist, das Unsichtbargeziefer hat es dermaßen auf meine Fußknöchel abgesehen, dass ich hier keine weitere Nacht wie eine Besessene mit Stepptanz verbringen möchte. Es ist Zeit, meine Sachen zu packen und weiterzuziehen. Dies ist der erste Tag des neuen Jahrtausends, und es scheint mir ein perfekter Tag für Veränderung.

Adelpha stopft meine Plastikdose voll mit *congri*, und ich kann sie gerade noch davon überzeugen, zwei große Scheiben Ex-Schwein für ihre Familie zu behalten. Zufällig erfahre ich, dass sie eine Tante Manolos ist, bei dessen Familie ich in Bahía Honda übernachtet habe. Adelpha und die anderen winken mir durch das Fenster zum Abschied zu, und ich blicke zurück auf sechs lachende Gesichter mit wedelnden Armen, die sich allesamt durch das einzige, viereckige Loch in ihrer Bretterbude zwängen. Ich fahre den Weg wieder zurück bis zur Abzweigung und halte Ausschau nach den bekannten Guavenbäumen. Doch alles sieht auf einmal anders aus. Ich habe zwei Brötchen mit Banane im Magen und bekomme langsam schon wieder Hunger.

Ungefähr um 13 Uhr biege ich auf einen kleinen Weg, der mich zum Hotel La Mulata bringt, das aussieht wie ein netter Ort, um dort Saft zu kaufen und sein *congri* zu verspeisen. Das Hotel ist eigentlich nicht viel mehr als ein besserer *campismo*. Es thront in etwas prekärer Lage direkt auf dem Abhang eines steilen Hügels, der auf der anderen Seite dramatisch bis auf Meereshöhe abfällt. Die Begrüßung hier fällt völlig anders aus. Der fröhliche *jefe* erlaubt mir, mein Zelt aufzustellen »wo Sie wollen« und deutet mit der Hand über die weitläufige Hotelanlage. Das Hotel ist leer bis auf eine große Anzahl von Angestellten. In der strohgedeckten Hotelbar kaufe ich mir zwei *toronjas* (Grapefruits) und zwei Gläser Kokosmilch für 110 Centavos. Später erst lerne ich, vorher zu fragen: »Meinen Sie *centavos cubanos* oder *centavos divisas* (Dollar).« Der Unterschied ist nicht unerheblich: 110 Centavos sind

1,1 Pesos oder etwas mehr als fünf Cent wert, wohingegen 110 *centavos divisas* genau 110 Cent oder 1,10 Dollar wert sind. Als Ausländer bezahle ich so zwanzigmal mehr als ein Kubaner.

Ich halte ein Schwätzchen mit José, einem *campesino,* oder Platzwart, der fließend deutsch spricht. Er erzählt, dass es den Kubanern vor einigen Jahren noch erlaubt gewesen sei, politisch gleich gesinnte Staaten wie die ehemalige DDR, Bulgarien und Russland zu besuchen, bei ihren marxistisch-leninistischen Waffenbrüdern zu studieren und sie zu unterstützen. Jetzt seien solche Reiseprivilegien nur noch eine ferne Erinnerung.

Das ganze Hotel scheint nur von einer Familie und deren Freunden geführt zu sein, und ich hänge bis zum späten Nachmittag herum und unterhalte mich mit ihnen. Leosymy, ein tief gebräuntes Mädchen mit strahlend weißen Zähnen, lädt mich ein, in ihrem Haus in La Palma zu übernachten, das nur 27 Kilometer von La Altura liegt. Ich nehme die Einladung an, kritzele Leosymys obskure Adresse in mein Tagebuch und fahre, die Nachmittagssonne im Gesicht, auf der zweispurigen, leeren Autostraße nach La Palma.

Kurz vor dem abendlichen Einfall der Moskitoschwärme komme ich an. La Palma ist ein nicht besonders bemerkenswertes Örtchen, das aber wegen seiner bizarren Bergformationen bekannt ist, die das Tal umringen. Ich bin im Land der Mogoten gelandet, wie dieser Kalkstein heißt, der durch Verkarstung surreal anmutende Formen gebildet hat.

Es ist Freitagnacht. Überall im Dorf steigen Partys. Eine Frau führt mich die verwinkelten Sträßchen entlang zu dem Anwesen, in dem Leosymys verzweigte Familie lebt. Es handelt sich um mehrere an hügeligen Schotterpisten angesiedelte Behausungen. Im Hintergrund bietet sich ein befremdlicher Anblick: Die *mogotes* ragen aus den Bergen wie riesige Baguettestangen.

Ich war schneller als der *colectivo* (Bus), der Leosymy nach Hause bringen würde, und so führt man mich zum Haus ihrer Tante, damit ich dort auf ihre Rückkehr warten kann. Margarita und ihr Mann Francisco sind groß und schwarz und überragen mich beide. Sie zeigen auf eine kubanische Landkarte an ihrer Wand, bestürmen mich mit Fragen, lachen laut und herzhaft und entblößen dabei ihre strahlend weißen Zähne. Sie bieten mir ein Zimmer für zehn Dollar die Nacht, und obgleich ich ihnen vorsichtig klarmache, dass ich bei Leosymy übernachten werde, bestehen sie darauf, mir ein heißes Eimerbad und etwas Essen zu spendieren. Man setzt mich alleine an den Esstisch und serviert mir meine Mahlzeit; es ist mir unangenehm, dass man mich bedient und umwirbt, als wäre ich ein Stammgast in einem Nobelrestaurant. Man bringt mir eine Reihe von kleinen Schälchen, und die Gerichte selber sind köstliche Variationen eines mir bereits bekannten Themas: *congri*, Schweinefleisch mit Yucca, Tomatenscheiben. Der Nachtisch besteht aus Grapefruit in Sirup und einer dünnen Scheibe Käse. Auf der anderen Seite des Zimmers, das durch ein Bücherregal geteilt wird, dröhnt die neueste Folge von *la novela* aus dem Fernseher und unterhält die Menge der sich davor drängenden Süchtigen.

Um 20 Uhr läuft endlich auch Leosymys *colectivo* im Dorf ein. Sie und ihr Mann Joel machen mit mir einen Spaziergang durch den Ort. Auf dem Dorfplatz spielt eine Salsaband auf, und ich sehe zu, wie tanzende Paare mit geübten Schritten ausgelassen durch die Straßen wirbeln. Joel ergreift meine Hand und zieht mich ebenfalls auf die Straße, wo ich mit unbeholfenen Schritten versuche, es ihnen gleichzutun. Wir wandern langsam wieder zurück durch die dunklen Gassen zum Haus von Joels Mutter Tatika, und dort wird mir ein Bett zurechtgemacht. Ich werde sofort von Marielos belegt, Joels sechsjähriger Tochter aus erster Ehe; sie ist ein unglaublich intelligentes und extrovertiertes kleines Mädchen, von dem ich mir glatt vorstellen kann, dass sie einmal Präsidentin oder, wenn das nicht klappt, wenigstens eine berühmte Schauspielerin wird. Sie beharrt darauf, meinen Reiseführer zu signieren. »Dann wirst du dich immer an La Palma erinnern.«

In dieser Nacht schlafe ich tief und träume von goldenen Grapefruits hinter aufragenden Baguette-Mogoten.

Irgendetwas sagt mir, dass ich heute nicht auf mein Fahrrad steigen werde. Ich sitze an einem Tisch, und vor mir liegen getoastete, mit

Öl beträufelte Brotscheiben und ein Schinken-Lauch-Omelett; da neben stehen ein Glas gekühltes Wasser, ein Glas heiße Milch von der Familienkuh, die draußen im Hof wiederkäut, und eine winzige Tasse süßen, schwarzen kubanischen Kaffees.

Wiederum bin ich zunächst die Einzige, die isst, bis Joel sich schließlich zu mir setzt und auch ein wenig zu sich nimmt. Die Familie steht rund um den Tisch und sieht jedem Bissen dabei zu, wie er in meinem Mund verschwindet. Mitten in all dem Überfluss wendet sich die Unterhaltung dann auch noch dem Thema Mangel an Lebensmitteln und Geldknappheit auf Kuba zu, was es mir zunehmend schwerer macht, mein Essen zu genießen. Sie erzählen mir, dass momentan jeder Person drei Eier und ein Würstchen im Monat als Ration zustünden.

Der Toast bleibt mir im Hals stecken, und ich erkundige mich vorsichtig, ob ich denn soeben die gesamte Monatsration einer Person verputzt hätte.

Alle brechen in schallendes Gelächter aus und meinen, ich solle mir keine Sorgen machen, sie würden einfach zusätzliche Lebensmittel auf der Straße einkaufen, um ihre Vorräte wieder aufzufüllen, aber zu einem viel höheren Preis. Die Lebensmittel von der *bodega,* so erinnern sie mich, sind nicht gratis, wenn auch extrem billig, und sie tragen gerade einmal 10 bis 20 Prozent zum Grundbedarf eines Kubaners bei.

Tatika öffnet eine Schublade und holt eine alte *libreta* vom letzten Jahr heraus, in der alle Kästchen fein säuberlich ausgestrichen sind. Sie überreicht mir das Heft als Andenken. Als ich die vergilbten Seiten umblättere, habe ich eine unfreiwillige Vision: Ich sehe, wie die Nachkommen dieser kubanischen Familie sich über dieses seltsame alte Relikt amüsieren. Sie erklären ihren Kindern, wie *abuelito* (der liebe alte Großvater) darben musste, und sinnen über die Tatsache nach, dass es damals im Monat nur drei Eier und einen halben Liter Milch für jeden gab, wenn man das Glück hatte, ein Kleinkind in der Familie zu haben. Ich sehe es vor mir, wie sie rund um einen Tisch sitzen und eine Fertigmahlzeit aus der Plastikverpackung essen, die sie vorher im Mikrowellenherd aufgewärmt haben. Dann sehe ich, wie sie in ihren großen Autos mit verdunkelten Scheiben rückwärts aus den Parkbuchten großer Einkaufszentren rollen, nachdem sie den übervollen Regalen der Geschäfte ihren wöchentlichen Konsumbesuch abgestattet haben, Regale, auf denen man Produkte des Exzesses kaufen kann, wie ich sie bei meinem Kurztrip nach Miami gesehen habe: Erdnussbutter mit Zimtaroma, Erdnussbutter mit Apfelaroma, Erdnussbutter mit Zimt-Apfelaroma, halbfette Erdnussbutter, fettreduzierte Erdnussbutter, fettfreie Erdnussbutter …

Diese Familie ist jedoch sehr viel autarker oder vielleicht motivierter, die Ärmel hochzukrempeln, als manch andere Familien, die ich bis jetzt kennengelernt habe. Sie besitzt eine Kuh, Hühner, Puten, Schweine, eine Tabakfarm und ein Feld, in dem *frijoles* (Kidneybohnen) wachsen. Ich sehe dabei zu, wie Alberto, Joels robuster alter Vater, langsam frisch geerntete *frijoles* aus einem großen Sack schüttet, sodass der Wind, der mit just der richtigen Stärke weht, den Staub und Schmutz davonblasen kann. Diese sehr effiziente Art des Siebens wird mehrere Male wiederholt, bis nur noch größere Steine von Hand ausgelesen werden müssen. Die Familie stellt sogar ihr eigenes grobes Maismehl für Tortillas her. Sie zerstoßen die Maiskörner mithilfe zweier großer Granitscheiben, die von einem dezentral angeordneten Hebel so bewegt werden, dass sie ohne großen Kraftaufwand gegengleich rotieren und dabei aneinander reiben.

Leosymy zeigt mir die professionell aufgenommenen Fotos ihrer 15-jährigen Tochter aus erster Ehe, die anlässlich ihrer vor Kurzem stattgefundenen Schulabschlussfeier angefertigt wurden. Für das Foto hat sich die Tochter mit einem blassblauen Rüschenkleid aufgetakelt, das mich an Shirley Temple erinnert. Es steht im krassen Gegensatz zur einfachen Lebensart der Kubaner und entspricht auch nicht dem Klima des Landes, doch ich habe festgestellt, dass kleine Mädchen in armen Gesellschaften oft so angezogen werden. Für diese Menschen scheint das die einfachste Art zu sein, die für ihr Kind gehegten Hoffnungen und Träume auszudrücken, dass es ihm in seinem zukünftigen Leben einmal besser gehen möge als seinen Eltern.

Leosymy nimmt mich mit auf einen Schotterpfad zu einer nahe gelegenen Behausung. Dort lebt José, ein Englisch unterrichtender Kubaner, mit seiner Frau. Obwohl sich diese in Hörweite befindet, kann ihn das nicht davon abhalten, laut auf Englisch die Geschichte von der Suche nach seiner »wahren Liebe« zu deklamieren. Irgendjemand hat einmal behauptet, man solle, wenn man die wahre Liebe nicht finden kann, denjenigen lieben, mit dem man zusammen ist. Ich glaube, es war Stephen Stills. José lamentiert darüber, dass nicht genug englische Muttersprachler an seinem Schotterpfad vorbeikämen. Er setzt sich auf die Anhöhe seines Grundstücks, klampft eine Weise auf der Gitarre und wartet auf jemanden, der vermutlich nie des Weges kommen wird.

Leosymy lässt uns beide allein und verspricht mir, in einer Stunde wiederzukommen. Wir sehen ihr nach, bis sie hinter dem Hügel verschwindet.

»Kubaner sind sehr eifersüchtige Menschen«, erklärt er und macht eine Kopfbewegung in ihre Richtung. »Sie möchten Sie am liebsten ganz für sich behalten.«

»Meinen Sie, Leosymy möchte nicht, dass ich mich mit Ihnen unterhalte? Obwohl dieses Treffen ihre Idee war?«

»Genau.«

Nach dem Abendessen lädt man mich ein, bei Nachbarn ein Video anzusehen. Es handelt sich um eine Raubkopie von *Last Man Standing* mit Bruce Willis. Der Nachbar hat das Video von seiner Reise in die Dominikanische Republik mitgebracht, und es ist ein fast surreales Erlebnis, hier in dieser extrem einfachen Holzhütte auf dem nackten Betonboden vor mehreren aufgetürmten Elektronikgeräten mit ihren blinkenden Lampen und Knöpfen zu sitzen und einen Film mit Bruce Willis anzusehen. Die Raubkopie ist von übelster Qualität, doch wir starren alle wie gebannt auf den Monitor, als flimmere dort die angesagteste aller *novelas* über den Bildschirm.

In dieser Nacht habe ich wegen der laut durch das gesamte Tal dröhnenden Rave-Musik kein Auge zugetan. Am Morgen mache ich mich auf, die Quelle des Lärms ausfindig zu machen, und stoße auf zwei riesige Lautsprecherboxen in einem Hof. Sie sind auf die Mogoten gerichtet und so gewaltig, dass sie die umgebenden Häuser überragen.

Ich laufe schon seit fast einer Stunde mit Tatika im Dorf herum, um ein paar Brötchen und etwas Pulver mit Orangenaroma aufzutreiben, mit dem ich das Wasser in meiner Flasche etwas aufpeppen kann. Die Sache zieht sich in die Länge, weil Tatika jede Person, die ihren Weg kreuzt, mit Wangenküsschen begrüßt und weil es kein Brot gibt, weder *escondido,* also in irgendeinem verborgenen Laden, noch legal. Schließlich gelingt es uns doch, sechs Brötchen zusammenzuschnorren, vier davon in einer *bodega* und zwei von einem Nachbarn. Er besteht darauf, sie mir zu schenken, und zieht gleich auch noch ein dickes Bündel 20-Peso-Scheine hervor, um mir zu beweisen, dass er kein Geld von mir brauche.

Ich schwinge mich auf mein Rad und mache mich auf den Weg in das wahre Land der Mogoten mit Reiseziel Viñales, das Mekka der Touristen. Auf dem Weg halte ich an, um mir eine relativ teure Ferienanlage namens San Vincente genauer anzusehen. Ich gebe vor, einen Reiseführer auf den neuesten Stand bringen zu wollen, damit man mir gestattet, die Anlage genauer unter die Lupe zu nehmen. Während ich das karge Schwimmbecken aus Beton bewundere, sprechen mich einige Holländer in einem Mietwagen an und fragen mich, was ich hier so mache und was ich bis jetzt so erlebt hätte. Das ist zu diesem Zeitpunkt meiner Reise allerdings noch nicht besonders viel. Wir verabreden uns für ein Treffen in einer *casa particular* in Viñales, deren Adresse Maruca mir gegeben hat.

Als ich in Viñales eintreffe, fällt mir sofort das touristische Ambiente des Ortes auf, die pittoresken Ladenfronten und Cottages. Die von Maruca empfohlene *casa* ist in der Tat wunderschön, kostet aber 30 Dollar für ein Einzelzimmer. Man lässt nicht mit sich handeln, und ich darf auch mein Zelt nicht im Hof aufschlagen und dafür etwas weniger zahlen. Also beschließe ich, dass ich meinen Namen nicht in deren Gästebuch schreiben werde.

Als ich gerade gehen will, fährt der Mietwagen mit den Holländern vor. Sie erzählen mir von einer schönen Übernachtungsmöglichkeit ein paar Häuser weiter und haben der *señora* auch gleich meine Situation geschildert. Als ich zu ihrer Casa Gena hinfahre, entpuppt sich die Sache allerdings als Reinfall: Die *señora* misstraut Touristen, die es sich nicht leisten können, 30 Dollar zu zahlen, und außerdem würde sie große Schwierigkeiten mit der Polizei bekommen, wenn sie einen nicht registrierten Gast beherberge. Und nein, wenn ich nur für das Essen bezahlen würde, wäre ihr Problem damit auch nicht gelöst. Sie deutet über die Straße auf ein anderes Haus und lässt mich wissen, dass mich dort dieselbe Situation erwarte. Keine Lizenz, *muchas problemas*. Ich gehe über die Straße, um mich selber zu vergewissern. Die freundliche *chica* bietet mir spontan ein Zimmer an. Es sei zwar »nicht sehr schön«, aber ich könne es umsonst haben.

Ich danke ihr und überlege, dass sie meine zehn Dollar vermutlich dringender gebrauchen könnte als ihre Nachbarin auf der feineren Straßenseite. Ich fahre wieder zurück, um mich von den Holländern zu verabschieden. In diesem Augenblick ändert die *señora* urplötzlich ihre Meinung, vermutlich weil sie inzwischen ausgerechnet hat, wie viel ein Frühstück plus ein Mittagessen plus vielleicht ein Abendessen für zwei Tage einbringen würde. Sie erlaubt mir, mein Zelt in ihrem Hinterhof aufzuschlagen, wenn ich mich als zusätzlicher Gast im Zimmer von Willem und David eintrage.

Ich fühle mich gerade ein wenig einsam, und die beiden Jungs bieten mir wirklich nette Gesellschaft. Sie erinnern mich an meinen entfremdeten holländischen Lover, der zur Zeit mit seinem besten Freund auf der kolumbianischen Insel San Andrés abhängt.

Ich überquere die Straße erneut, bedanke mich noch einmal bei dem Mädchen, erkläre ihr die veränderten Umstände und gehe dann zurück auf die andere Straßenseite. Zwischen Haus und Schuppen befindet sich ein kleines Fleckchen Erde, auf dem ich mein Zelt aufstellen kann. Dazu muss ich allerdings vorher noch einige Trittsteine auf die Seite hieven und mein winziges Zelt in ein unregelmäßiges Areal zwängen, was sich ungefähr so schwierig gestaltet, als ginge es darum, einen trapezförmigen Keil in ein ellipsenförmiges Loch stecken zu wollen. Dann zerbreche ich zu allem Überfluss auch noch einige der Trittsteine, und ich komme mir vor wie ein echter Problemgast. Schließlich rolle ich meine Schlafmatte aus, lege meinen Schlafsack darauf und entspanne mich.

Genas Pension ist allein schon wegen des Komforts und des Essens wirklich ihre Lizenz wert. Jeder von uns bekommt einen gegrillten Fisch in einer Tomaten-Zwiebelsoße mit Kartoffeln, Salat, Brot und einen köstlichen Pudding als Nachtisch serviert. Dazu gibt es frisch gepressten Orangensaft. Das ist die beste Mahlzeit, die ich bis jetzt auf Kuba kosten durfte.

Eine Lizenz, die es dem Besitzer einer *casa particular* gestattet, den Gästen auch Gerichte zu servieren, kostet 100 Dollar extra im Monat. Die Mahlzeiten rangieren von drei bis fünf Dollar für ein Frühstück, ein Mittagessen kostet ungefähr dasselbe, und ein Abendessen wird mit fünf bis acht Dollar berechnet. Ich frage sie, wie viel Abendessen und Frühstück bei ihr kosten, damit ich diese exzessiven Ausgaben in meinem *presupuesto reducido* (engen Budget) wieder ausgleichen kann. Sie verweigert mir die Auskunft. Die Holländer erzählen mir, sie habe gesagt, ich könne zahlen, was ich für angemessen hielte. Beim Abendessen gesellt sich noch ein Kanadier mit seinem Sohn zu uns, der Kubas Sehenswürdigkeiten in Sachen Jazz einen Besuch abstattet. Der Sohn studiert in Havanna Saxofon, und der Vater arbeitet in seiner Heimat als Musiker. Ganz wie Ry Cooder und sein Sohn.

Während ich mich langsam auf meinen baldigen Rückzug in mein Zelt einstelle, kommt der Ehemann der *señora* nach Hause, wirft einen Blick auf meine textile Behausung und weigert sich, mich darin schlafen zu lassen. »Nein, nein, nein!«, ruft er und bewegt seinen Zeigefinger hin und her. Soweit ich sein schnelles kubanisches Spanisch deuten kann, hält er gar nichts von der Vorstellung, eine Frau »auf diese Weise« hinter seinem Haus schlafen zu lassen. Er deutet ungehalten mit seiner Hand auf meinen Palast aus Nylon.

Mann und Frau bestehen darauf, mich in ihrem Ehebett übernachten zu lassen, und keiner meiner höflich vorgetragenen Ablehnungen können sie umstimmen. Als ich bemerke, dass sie sich zum Schlafen in den Schuppen zurückgezogen haben, einen Verschlag voller Seile, alter Reifen, Ölkanister und einer einzigen, zerschlissenen Matratze auf einem hölzernen Rahmen, wird mir klar, dass ein Beharren auf meinem Vorhaben und eine Übernachtung im Zelt ihre Großzügigkeit oder zumindest ihre Vorstellung von dem, was sich gehört, aufs Gröbste beleidigen würde. Deshalb beschließe ich, ihr Geschenk zu achten, indem ich es annehme.

Am nächsten Tag hänge ich mit meinen neuen Reisegefährten ab. Ich bin dankbar dafür, einen Tag lang Mitfahrer sein und einem anderen das Fahren überlassen zu dürfen. Wir fahren zur Besichtigung einer Höhle namens El Palenque, die wegen ihrer leeren Touristenbar am Eingang und des genauso leeren Touristenrestaurants am Ausgang bemerkenswert ist. Das Restaurant steht auf einer großen, merkwürdigen Wiese und ist von Mogoten umzingelt. Die Bergformationen sehen aus, als wären sie vom Himmel auf die Erde gefallen. Hier halten die Moskitos ihr Picknick ab, und sie freuen sich so sehr, uns zu sehen, dass sie uns gleich wieder zu unserem Auto zurücktreiben. Wir fahren weiter nach Cayo Jutías, einem ungefähr 45 Kilometer weiter nördlich gelegenen Strand nur für Ausländer. Wie bei vielen nur für private Gäste zugänglichen Bereichen gibt es weit vor dem Strand eine Schranke und ein Kassenhäuschen für den Eintritt.

An der Schranke parkt ein Taxi mit drei Mädels aus Irland. Der Taxifahrer darf die Schranke nicht passieren, um sie an den Strand zu bringen, und so fahren sie bei uns mit. Die Sonne scheint grell vom Himmel, und der Sand ist blendend weiß. Die Hitze der Sonne hat ihn so zum Glühen gebracht, dass man schon nach einer Minute das Gefühl hat, bei lebendigem Leib gegrillt zu werden. Wir suchen uns einen Platz im Schatten direkt unterhalb des Parkplatzes. Es dauert nicht lange, da kommt ein Junge auf uns zu und informiert uns, dass wir unser Auto nicht dort parken dürften. Wir müssen es auf dem »offiziellen« Parkplatz abstellen, wo man uns genau unter Beobachtung hat. Ich bin zum Streiten aufgelegt und lasse einen Kommentar darüber ab, dass es auf Kuba eine Menge Regeln gäbe.

»*Muchas*«, ruft der Junge und wiederholt die Aufforderung seines Chefs. Wir parken das Auto um.

Der Strand ist nahezu leer, und obwohl angenehm, ist das Wasser ein wenig zu warm, um uns an einem so heißen Nachmittag zu erfrischen. Als uns der Hunger packt und die letzten Chips bereits verspeist sind, beschließen wir, ins Restaurant weiter unten am Strand zu gehen. Unter dem Strohdach spielt eine Band auf, und im Hintergrund erstrahlt die Landschaft in Blau, Dunkelblau und Weiß: der Himmel, das Meer, der Strand. Hier verliere ich den Verstand und bestelle Hummer mit irgendwas. An einem Tisch ganz in meiner Nähe erspähe ich drei zum Umfallen gut aussehende Italiener; sie quatschen angeregt miteinander und verzehren tellerweise dasselbe wie ich, nämlich Hummer mit irgendwas. Ich trage während des Essens eine verspiegelte Sonnenbrille, daher habe ich keinerlei Hemmungen, mich sowohl an meiner Speise als auch an dem Objekt meiner Begierde zu laben, das direkt vor meiner Nase hockt. Das Lustobjekt erwidert meinen starren Blick unverwandt, vermutlich, weil es von seinem Spiegelbild fasziniert ist. Erst später bemerke ich, dass vom Spiegeleffekt meiner Sonnenbrille nicht mehr viel übrig ist und der Mann meine flirtenden Blicke deutlich sehen konnte.

»Sie halten Ausschau nach den Huren«, konstatiert Willem sachlich.

Ich beneide die Hure, der dieser Typ ins Netz geht.

Tatsächlich sehe ich überall auf Kuba junge *chicas,* die an den Armen von jungen und alten Ausländern hängen, und manchmal auch ältere Ausländerinnen mit jungen Kubanern. Die Kubanerinnen präsentieren dann gerne ein Foto von ihrem *esposo,* also Ehemann, der sich für längere Zeit in Europa oder in den Staaten aufhält und sich dort um die Geschäfte kümmert. – Doch, ja, sie kämen zurück, vielleicht nächsten Monat schon, dann blieben sie ein paar Wochen und brächten ein paar Dinge mit, wie zum Beispiel diesen Farbfernseher …

Viele Kubaner lieben ihre Heimat, doch der Wunsch, dieser Welt auch nur für fünf Minuten zu entfliehen, und sei es durch einen von einem Ausländer spendierten Drink, ist so groß, dass sich Kuba zu einem Mekka für Ausländer auf der Suche nach *one night stands* entwickelt hat. Jemanden, mit dem sie in diesem Winkel der tropischen Welt und weitab von den neugierigen Blicken zu Hause ein bisschen

Spaß haben können. Dann wird die Sache auf Eis gelegt und bei der nächsten Pauschal- oder Incentivereise wieder aufgetaut.

Wir kehren auf einer kurvenreichen Passstraße, einer Abkürzung namens Minas de Matahambre, nach Viñales zurück. Hier kann man sich wunderbar verfahren und atemberaubende Ausblicke auf die von den Mogoten geprägte Landschaft genießen. Irgendwann fahren wir dann dank einer komplett verwirrenden Wegbeschreibung, die Willem einem vorbeifahrenden Einheimischen für einen frisch gedruckten Dollarschein abkauft, tatsächlich auf Serpentinen über einen riesigen Vertreter der *mogotes*.

An diesem Abend übertrifft sich die *señora* mal wieder selber und serviert uns ein riesiges Hühnchen mit Soße und allen Beilagen. Es gelingt mir, sie und ihren Mann davon zu überzeugen, dass ich diese Nacht unbedingt in meinem Zelt verbringen müsse, indem ich spirituelle Gründe vorschiebe. Die beiden zucken schließlich mit den Schultern und lassen mich gewähren.

Ich verabrede mit den Holländern ein Treffen in Pinar del Río in zwei Tagen, damit sie mich von da aus nach María La Gorda mitnehmen können. María La Gorda ist ein abgelegenes Paradies für Taucher am westlichsten Zipfel der Insel. Ich will die *señora* für zwei Abendessen und zwei Frühstücke bezahlen und gehe davon aus, dass der Preis am unteren Ende des Akzeptablen liegt, irre mich aber gewaltig, denn er liegt tatsächlich am absolut oberen Ende für eine *casa particular:* neun Dollar für das Abendessen, sechs Dollar für das Frühstück und einen Wucherpreis von einem Dollar für jedes Glas Saft. Ausgehend von der Anzahl der Gläser Saft, die ich in der Annahme getrunken habe, sie würden mich zwischen 25 und 40 Cent kosten, wird sich meine Rechnung wohl weit über 40 Dollar belaufen. Gena bittet mich um 15 Dollar und belässt es dabei. Nachdem sie zwei Tage lang ein volles Haus hatte, waren ihre monatlichen Kosten für die Lizenz wohl schon nach einer Nacht beglichen, und jetzt kann sie sich entspannen. Wenn der Besitzer einer *casa particular* die Kosten für die Lizenz nicht aufbringen kann, wird ihm diese entzogen – und zwar für immer.

Die Fahrt nach Pinar del Río verläuft über einen sanften Anstieg und einen schnellen Abstieg. Auf halbem Weg den Hügel hinauf lädt mich eine Frau zu sich in ihre Hütte ein, und innerhalb von Minuten, während derer sie mich mit Saft und mehreren süßen selbst angebauten Orangen verköstigt, hat sie mich für ihr Gästezimmer und als Braut in spe für ihren minderjährigen Sohn vorgemerkt.

Und ich trete in die Pedale.

Ein Stück weiter des Weges begegne ich einem Werbetexter aus Australien, der momentan in Kambodscha lebt.

Und ich trete in die Pedale.

Ich komme in Pinar an und frage nach dem Weg zum Haus von Ana und Nieves, denn die beiden stehen auf der Mitgliederliste des Women Welcome Women World Wide Club. Das in Großbritannien gegründete Netzwerk (www.womenwelcomewomen.org) zieht sich über 70 Länder, in denen sich Frauen gegenseitig Gastfreundschaft gewähren. Wenn man in einem neuen, unbekannten Land aufschlägt, hilft einem so ein Kontakt, sich dort nicht ganz so fremd zu fühlen. Keiner scheint die Straße zu kennen, die ich mir in mein Notizbuch gekritzelt habe. Ein sehr alter dunkelhäutiger Mann auf einem Fahrrad bringt mich zum Sendestudio der lokalen Rundfunkstation. Dort soll man, wie ich annehme, meine Suchmeldung über den Äther schicken.

Ich wandere ein paar Meter weiter zu einem Saftausschank, setze mich hin und warte. Am Tisch sitzen bereits ein kubanisches Mädchen und ein blonder Typ aus Schweden. Er arbeitet sechs Monate des Jahres in seinem kühlen Heimatland als Gabelstaplerfahrer und verbringt die restlichen Monate hier mit seiner kubanischen Freundin. Nachdem wir vier oder fünf Sätze ausgetauscht haben, schreiben sie mir ihre Adresse auf und laden mich ein, bei ihnen zu übernachten. Diese Form der offenen und spontanen Gastfreundschaft begegnet mir hier fast häufiger als das in Amerika geläufige »*Have a good day*« oder das australische »*G'day*«. Mit diesen Einladungen ist ja auch eine spontane Großzügigkeit verbunden, und ich frage mich, ob der Schwede oder ich in unseren Heimatländern ebenso hilfsbereit wären. Auf Kuba liegt etwas in der Luft, eine Art Verbrüderung unter Fremden, die ich so nicht mehr erlebt habe, seit ich als Rucksacktouristin durch Asien zog.

Ich kehre rechtzeitig zurück zum Radiosender und treffe auf Carlos Manuel, einen Sprecher bei der Hörfunkversion der *novela*. Er kommt die Treppen hinunter und hilft mir bei meiner Suche. Er hat etwas von einem Vogel; seine Augen und Hände flattern angeregt umher, und er gestikuliert mit viel Dramatik. Er lebt direkt um die Ecke von Ana, sie sind direkte Nachbarn, haben sich aber bis zum heutigen Tag noch nie getroffen. Es ist ein seltsames Gefühl, in einer fremden Welt zu landen und dort der Auslöser für Freundschaften unter Einheimischen zu sein. Anas Haus ist ein großes Gebäude im Kolonialstil, in dem sie mit ihrem Mann, zwei Kindern, ihrer Mutter und einem riesigen Afghanenhund lebt. Sie arbeitet in einer der Dollarboutiquen, in denen Touristen und wohlhabende Kubaner teure Klamotten kaufen können.

Ana ruft sofort bei Nieves an, einer Stadtplanerin, und die beiden Frauen zeigen mir nach Anbruch der Nacht die Stadt mit ihren architektonischen Besonderheiten. Besonders bin ich von einem kitschig blau-weißen Apartmenthaus begeistert mit geschwungenen Balkonen und verschnörkelten schmiedeeisernen Brüstungen im Art-déco-Stil.

An diesem Abend essen wir *langosta* mit Soße, das Ganze nicht in einem offiziellen Restaurant, sondern *escondida*, versteht sich. Ich gehe auf Nummer sicher und probiere nur ein wenig, doch in typisch kubanischer Manier häufen sie mir Languste auf den Teller, als handele es sich um Reis mit Bohnen. »Los, los!«, ermuntern sie mich. »Iss, iss!«

Pinar del Río ist die Heimat der Zigarrenindustrie, und ich besichtige den Prozess des Zigarrendrehens im ortseigenen Fabrikmuseum. Menschen sitzen in reihenweise angeordneten kleinen Kabinen und drehen Tabakblätter zu verschiedenen Zigarrenformen: dicke, dünne, kurze, lange. Die Zigarren werden in dem neben dem Museum angesiedelten Geschäft in hochwertigen handgefertigten Lederetuis angeboten und zu hohen Preisen von bis zu 700 Dollar für das Dutzend verkauft. Später bringt mich Carlos Manuel zu einer kleinen, ungekennzeichneten Tür in seiner Straße, hinter der ein Mann Zigarren für den Verkauf an Einheimische herstellt und sie für einen Peso verkauft. In der Annahme, ein nettes Geschenk für die immer kleiner werdende Gruppe von Rauchern unter meinen Freunden zu erwerben, von denen noch weniger Zigarren rauchen, bestelle ich 25 davon.

Um 14.00 Uhr warte ich mit zusammengeklapptem Rad und gepackten Taschen am Treffpunkt auf die Holländer, die mich in das 150 Kilometer weiter westlich gelegene María La Gorda mitnehmen wollten. Es stellt sich heraus, dass sie doch nicht so weit fahren und stattdessen einen Abstecher nach Sandino machen.

Sandino ist eine Stadt, die sich durch nichts auszeichnet außer durch ihre Lage an der Küste und eine wirklich schöne *casa particular* namens Motel Alexis. Als die *señora* hört, dass ich nicht vorhabe, in einem ihrer gemütlichen blumigen Gästezimmer mit funktionierendem WC zu übernachten, besteht sie darauf, mir etwas zu essen zu geben, und weigert sich, dafür Geld zu nehmen. Sie füllt meine Lunchbox mit Reis und Bohnen und gibt mir einige Äpfel von ihrem Baum. Die Holländer nehmen mich noch 30 Kilometer weiter mit und biegen dann in die Straße zum Strand ab. Sie überlassen mir netterweise eine Flasche Sonnenmilch – Schutzfaktor 15 – und einen exzellenten Straßenatlas von Kuba. Dann sind sie verschwunden.

Von hier aus sind es leichte 30 Kilometer auf einer weiten Strecke platten Landes bis zur Halbinsel. Die Straße ist ein einziger von Küstenvegetation gesäumter schwarzer Streifen. Ich halte an einem Stand am Straßenrand, an dem eine einzige plumpe Papaya zum Verkauf steht. Irgendwie gelingt es mir, die fußballgroße Frucht auf meine schon schwer bepackten Taschen zu klemmen. Essen. Seit ich vor ein paar Jahren bei meinem ersten langen Tagesausflug mit einem Radwanderverein mit leerem Magen und vor lauter Erschöpfung fast zusammenbrach, bin ich besessen von dem Gedanken an Essen. Damals hatte ich ein großes Stück vegetarische Lasagne und einen Apfel eingepackt in der Annahme, diese Mahlzeit könnte mein Mittagessen bestreiten, doch am späten Nachmittag, als wir zum Bahnhof rasten, um den Zug noch zu erwischen, fühlte ich mich auf einmal so schwach, dass mir der Kopf auf dem Lenker hing. Irgendjemand hat dann noch irgendwo einen Brownie gefunden, den ich ihm aus der Hand riss und schnell einen großen Bissen davon nahm, bevor er ihn mir wieder wegnehmen konnte. Als er das versuchte, habe ich, glaube ich, wie ein Hund geknurrt.

Ich fahre um eine Kurve und sehe plötzlich María La Gorda, die abgelegenste Touristenanlage Kubas. Es herrscht eine seltsame Stille, und das weitläufige Gelände deutet darauf hin, dass ich noch weit vom Hauptgebäude entfernt bin. Der Anblick des unglaublich blauen Wassers und des sanft geschwungenen, mit Palmen bestandenen, halbmondförmigen weißen Strandes wird nur durch das schwirrende Geräusch eines riesigen Elektrogenerators gestört, der sich an einem Ende des Strandes befindet und anscheinend Tag und Nacht in Betrieb ist. Ich habe Mitleid mit den Wächtern, die für fünf Pesos am Tag arbeiten und zu viert in einem Betonhäuschen direkt daneben hausen. Sie hingegen zucken nur mit den Schultern und meinen: »Man gewöhnt sich dran.«

Das Hotel besteht aus einer Reihe unregelmäßig angeordneter Hütten und Wohneinheiten unterschiedlichen Baudatums, die den sandigen Pfad säumen. Die Kosten pro Übernachtung belaufen sich auf 40 Dollar und liegen damit weit über meinem Budget. Dasselbe gilt für das Abendbüfett von 15 Dollar. Jetzt zahlen sich meine extra Nudeln und die Soße aus Havanna aus.

Bewaffnet mit einem Brief von Anas Mann, der einmal in dieser Anlage gearbeitet hat, gehe ich an die Rezeption. Im Brief bittet er die Hotelleitung höflich darum, mir bei der Suche nach einem sicheren Ort für mein Zelt behilflich zu sein. Sie zeigen auf den Strand direkt vor der Rezeption, wo sie mich im Blick haben. Ich baue mein Zelt wie angewiesen unter einer Palme auf und nutze dabei das Licht der in der Nähe aufflackernden Hotellampen. Glücklicherweise liegt mein Schlafplatz so weit wie möglich vom infernalisch lauten Generator entfernt.

Als ich vor meinem Zelt hocke, den Sonnenuntergang betrachte und dabei eine ziemliche Kerbe in meiner Papaya hinterlasse, kommt eine Gruppe Schweden, Mitte dreißig oder vierzig, vorbei und lädt mich am Abend zum einem Cuba Libre vor ihrer *cabina* ein. Bei Anbruch der Nacht schließe ich den Reißverschluss meines Zeltes und packe auf gut Glück mein Waschzeug in eine Tüte, weil ich vorhabe, frech zu fragen, ob ich bei ihnen duschen dürfte. Ich komme zu ihrer Hütte und sehe, dass sie mir doch tatsächlich ein Stückchen Pizza vom abendlichen Büfett geschmuggelt haben. Es ist ein interessantes Phänomen und in diesem Fall auch eine glückliche Fügung: Radfahrer rufen bei denen, die sie als Leidende erleben, eine kuriose Mischung aus Mitleid, Sorge und moderatem Respekt hervor. Sie sehen in mir bestimmt eine unterernährte, ungeliebte Herumtreiberin, die vielleicht einen Platten bekommen, ja sogar vergewaltigt oder zumindest nass geregnet werden könnte.

Ich setze mich zu ihnen ans Feuer, und die Gruppe stellt sich mir folgendermaßen vor: Doktor, Doktor, Rechtsanwalt, Banker, Kieferorthopäde, Versicherungsmakler, Doktor.

»Aussteigerin«, denke ich, als es an mir ist, mich vorzustellen, doch ich beiße mir auf die Zunge. Ich führe eine nicht besonders tiefschürfende Unterhaltung mit einem etwas aufgeblasenen Doktor der Orthopädie, der meinem Tun keinen Sinn entlocken mag.

Einer aus der Gruppe (ist es der Kieferorthopäde oder der Anwalt?) gestattet mir, die Dusche in seinem Hotelzimmer zu benutzen. Während ich meine verschwitzten Klamotten im Waschbecken wasche, werfe ich einen Blick auf das Zimmer und erkenne die Accessoires eines Nicht-Vagabunden: teures Parfüm, Aftershave, Feuchtigkeitscremes, Haargel, Designerunterwäsche und -hemden, weiche italienische Schuhe und makelloses Reisegepäck. In meiner kleinen Netztasche befinden sich gerade einmal Zahnbürste, Zahnpasta und eine Flasche Neutralreiniger, von dem der Hersteller behauptet, er sei mild genug, um für Gesicht, Haare, Körper, Wäsche, Töpfe und Pfannen gleichermaßen geeignet zu sein. Ich inspiziere mein Gesicht im Rasierspiegel und stelle fest, dass meine Haut nicht mehr ganz so glatt ist wie das letzte Mal, als ich einen Spiegel konsultiert habe.

Die Runde der Bildungsbürger begibt sich auf ihre Zimmer, und ich ziehe mich in mein Zelt zurück, hänge meine nasse Wäsche am Fahrrad auf und hoffe, sie am Morgen auch noch dort vorzufinden. Ich werde nicht enttäuscht.

Alles in María La Gorda ist teuer. Es kostet 12 Dollar, sich Schnorchel, Taucherbrille und Flossen auszuleihen. Ich frage, ob ich mir nur den Schnorchel und die Maske leihen könnte.

»Warum?«, will der Verkäufer wissen.

»Weil ich auf mein Geld achten muss«, erwidere ich.

Kaum hat er das gehört, gibt er mir alle drei Teile der Ausrüstung umsonst, informiert mich, dass dies der kubanische Preis sei, und bittet mich lediglich, die Sachen am Ende des Tages wieder zurückzubringen.

Ich verbringe den Nachmittag damit, in dem faszinierend klaren Wasser herumzupaddeln, in dem weitläufige Korallenbänke und üppige Unterwasserpflanzen bis zur Oberfläche wachsen wie riesige Blumenkohlköpfe. Das Wasser ist so salzig, dass es leicht ist, sich an der Oberfläche treiben zu lassen und sogar ohne Taucherflossen weite Strecken zurückzulegen.

Ich treffe drei Jungs aus London, die an der Rezeption auf ein freies Zimmer lauern. Die letzte Nacht haben sie in ihrem Auto verbracht. Sie sind alle in der Werbebranche tätig und mit jemandem befreundet, den ich aus Australien kenne. Die Welt wird von Minute zu Minute kleiner.

Wir strecken unsere blassen Körper am Strand in die Sonne, als ein afrikanischer Seemann mit dichtem Bart vorbeischlendert, dann innehält. Sein Name ist Peter, und er deutet auf ein winziges Segelboot, das hinter dem Dock im Wasser wie eine Boje auf und nieder hüpft.

»Mein Boot«, erklärt er. »Bin schon zweimal in dem kleinen Ding um die Welt gesegelt. Habt ihr Lust auf eine Spritztour?«

Ich fahre mit einem Schlauchboot, die Jungs schwimmen. Das Boot ist tatsächlich winzig: ein Bett und ein Tisch, einige Gasringe in der Kochnische, und das war's. Peter hat damit von Florida aus die westliche Spitze Kubas umschifft, ist in Havanna an Land gegangen, um mit einer Kubanerin zu poppen (seine Worte), die ausgesehen haben soll, »wie ein Model aus der *Vogue*«. Er hat vor, weiter die Küste entlang bis nach Trinidad zu segeln, dem hochgelobten Touristenparadies, das ungefähr 640 Kilometer auf dem Landweg entfernt liegt. Dort würde er sich mit seinem »*babe*« und deren »*babe*« aus einer früheren Beziehung treffen und mit ihnen glücklich sein bis ans Lebensende. Zuvor will er auf einer der sandigen Inselchen von San Felipe an Land gehen, wo er hofft, einige Hummer fangen zu können.

Ungefähr um fünf Uhr kommt er an mein Zelt und fragt, ob ich mit ihm käme – nach Trinidad, auf seinem Boot. Er hat ausgerechnet, dass wir in ungefähr drei bis vier Tagen dort sein würden.

Ich fasse innerlich zusammen, warum ich seine Einladung ausschlagen sollte. Ich habe Ana und Nieves versprochen, in einigen Tagen nach Pinar del Río zurückzukehren. Ich möchte sie noch einmal besuchen und außerdem die bestellten Zigarren abholen. Von da will ich eigentlich weiterfahren zur Isla de la Juventud (Insel der Jugend) vor der Südküste. Der triftigste Grund für ein Ablehnung ist aber die Tatsache, dass ich unter Seekrankheit leide. Peter scheint ein wenig aufdringlich zu sein, doch während meiner jahrelangen Reisen habe ich eine wachsende Toleranz gegenüber Durchgeknallten und ungehobelten Typen entwickelt. Ich öffne meinen Mund und will gerade höflich ablehnen, da sprudelt es aus mir heraus: »Klar!«

Ich packe mein Zelt und klappe mein Fahrrad zusammen. Mit Hilfe von Graham, einem der Typen aus London, lade ich das Zeug vor dem Panorama der untergehenden Sonne in Peters kleines Schlauchboot. Wir müssen noch bei einem Einwanderungsbeamten einige Papiere ausfüllen. Als wir lossegeln, steht die gesamte Hotelbelegschaft samt Gästen am Ufer und winkt uns zum Abschied. Ein Schwede namens Karl, der wie ein anderer Bekannter in Havanna Saxofon studiert, beichtet mir, er beneide mich. Ich könne einfach so gehen. Neid besteht allerdings auf beiden Seiten. Im Blitzlichtgewitter von Grahams Kamera düsen wir der untergehenden Sonne und der dunklen Silhouette des winzigen Segelboots entgegen.

Der schlechteste Seemann der Welt

Erster Fehler: Ich bestehe darauf, uns etwas zu kochen, bevor wir in See stechen – ein Essen ohne Wellengang und purzelnde Töpfe und Pfannen an der Küste kocht sich leichter als später auf hoher See. Das Meer ist ruhig, ausgesprochen ruhig sogar. Es liegt vor uns wie schwarzes Glas, und der Mond spiegelt sich darin ohne das leiseste Kräuseln. Die Sterne leuchten wie die Lichter einer himmlischen Großstadt, und am Ufer lassen sich die ersten Lichtpunkte des Hotels ausmachen. Das Einzige, was diese Szene der nächtlichen Stille nachhaltig ruiniert, ist der ferne und doch deutlich hörbare Generator. Er brummt und brummt und brummt.

Peter hat meine beiden Gepäcktaschen und mein Zelt in Plastiktüten verstaut, weil, wie er mich warnt, sie sonst auf jeden Fall nass würden. Er quetscht mein Fahrrad unter den Tisch und bedeckt es ebenfalls mit Plastiktüten. Er schätzt, dass wir – sollten wir den Ankerplatz um 19 Uhr verlassen und die ganze Nacht hindurch segeln – um 10 Uhr am nächsten Morgen bei den Cayos de San Felipe ankommen.

Ich krame eine Karotte, einen Kohlkopf, einen Beutel Instant-Tomatensoße und Nudeln aus meinen Gepäcktaschen und werfe alle Zutaten in den kleinen Topf. Der handliche Gaskocher in der Kochnische erhitzt die Mischung ohne Umstände. Wir spülen die Eintopfkreation mit einem Glas in Wasser aufgelöstem Zitronenpulver hinunter und kochen uns später einen Kaffee. So kommt es, dass wir erst um 10 Uhr den Anker lichten. Ich bin sicher, dass Graham & Co. vom Ufer aus auf das kleine Licht oben am Mast starren, auf ihre Uhren sehen und sich fragen, was zum Teufel auf dem kleinen Boot vor sich geht. Nach dem Abwasch startet Peter den Bootsmotor, und wir tuckern endlich aus der Bucht, die den unheilschwangeren Namen Bay of Currents (Bucht der Strömungen) trägt, bis die blinkenden Lichter des Hotels und das Brummen des Generators in der Dunkelheit verschwinden.

Ungefähr um Mitternacht frischt der Wind auf, und das Boot beginnt, langsam hin und her zuschwenken wie ein Uhrpendel.

Ich sitze an Deck und bewundere den nächtlichen Himmel, als mich plötzlich eine seltsame Müdigkeit überwältigt. Ich fange an zu gähnen … herzhaft, häufig und ziemlich unkontrolliert.

»Aha, die ersten Anzeichen der Seekrankheit«, grunzt Peter.

Eine kurze Weile später greife ich mir den Eimer und fülle ihn mit den ersten Auswürfen meines Mageninhalts, den Nudeln mit Soße. Nachdem ich diese Mahlzeit in sieben Variationen wiedergesehen habe, wechsele ich den Gang und gebe den Reis mit Bohnen vom Mittagessen von mir.

In der Zwischenzeit studiert Peter die Seekarten, kontrolliert den Kompass, starrt auf den Nachthimmel und macht ein verstörtes Gesicht. Wir hätten, so informiert er mich, besonders viel Pech, weil der Wind auf der ganzen Strecke gegen den Bug des Bootes blase.

Es wird schlimmer. Das Uhrpendel wandelt sich zu einer feuchten, fehlgeleiteten und entgleisenden Achterbahn. Wegen des Windes werden aus den 55 Seemeilen zu den Cayos de San Felipe nun 120 Seemeilen, denn Peter muss das Boot im aufgewühlten Meer alle Viertelstunde wieder zurück im Zickzackkurs durch den Wind lavieren. Jedes Mal, wenn er das Boot wendet, muss ich mich und meinen umgekrempelten Magen aus der Koje schälen und mich auf den Boden legen, dann aufstehen, in die Koje zurückklettern und das Ganze wieder von vorne durchexerzieren, es sei denn, ich möchte zwischen beiden Standorten hin und her geworfen werden. Ich werde in einen dunklen Tunnel gezogen, in einen surrealen Strudel, der mich die ganze Nacht und den ganzen nächsten Tag fortreißt – Schlaf, Übelkeit erregendes Wachen. Schließlich gibt es nichts mehr auszupinkeln, auszupupsen oder auszuwerfen, doch mein Körper lässt sich nicht beirren und befolgt weiterhin seine drei albtraumhaften Evakuierungsmaßnahmen. Ich habe nicht einmal mehr einen Blick für den spektakulär mit Sternen übersäten Nachthimmel, der sich über uns wölbt, so weit das Auge reicht.

Doch damit nicht genug. Peter lässt sich nicht davon abhalten, eine nach der anderen von einer besonders ekelhaften kubanischen Zigarettenmarke zu rauchen, deren Gestank bei mir neuen Brechreiz auslöst, wenn ich gerade nicht mal mit dem Erbrechen von Galle beschäftigt bin. Die Zigaretten sind aus den allerletzten Überbleibseln der Tabakblätter hergestellt, aus denen Zigarren für den Export gedreht werden. Mitten im Chaos fällt mir auf, dass er seine Zigaretten oder das Feuerzeug nie an dieselbe Stelle legt und immer dann flucht, wenn er eines oder beides nicht innerhalb von zwei Minuten finden kann. Um ihn bei Laune zu halten, nutze ich die kurzen Momente, in denen ich nicht aus der Koje auf den Boden katapultiert werde, und platziere seine Utensilien an einer gut zugänglichen Stelle.

Um fünf Uhr nachmittags, ganze 17 Stunden nachdem wir mit Kaffeebechern auf unser bevorstehendes Abenteuer angestoßen haben, erscheinen die ersten desolaten Niederungen der Mangrovenwälder der Cayos de San Felipe in unserem auf und nieder schwankenden Blickfeld. Ich starre völlig erschöpft und ausgelaugt auf diese Fata Morgana des rettenden Ufers. In meinem Körper sind nur noch wenige Kalorien übrig, und so gelingt es mir gerade noch, meine Augen von meinem Bikinioberteil, das auf der Reling im Wind flattert, auf die Insel am Horizont wandern zu lassen, eine Beschäftigung, die mich die letzten sechs Stunden in Trance versetzt hat. Als wir den Anker setzen, krampft sich mein nüchterner Magen immer noch in regelmäßigen Abständen zusammen und bringt mich zum Würgen. Ich kann mich weder bewegen noch auf das reagieren, was Peter über eine Schar Großer Tümmler erzählt, die in den Wellen neben uns herumhüpfen und spielen.

Als wir uns der Küste nähern, bewegen sich meine Augen eifrig in ihren Höhlen, um am Strand einen geeigneten Zeltplatz zu erspähen.

»Du musst dir jetzt keine Umstände machen«, meint Peter edelmütig. »Du kannst gerne auf meinem Boot übernachten.«

Ich starre ihn an wie eine Geisel ihren Geiselnehmer. Ich bringe es gerade noch fertig, mich zum Laderaum zu schleppen, meine Gepäcktaschen mit der Campingausrüstung hervorzukramen und sie

in das Schlauchboot zu werfen. Peter bietet mir einen Becher heißen, süßen kubanischen Kaffee mit Kondensmilch an, und ich nippe
vorsichtig daran. Wir klettern in das Schlauchboot und tuckern ans
Ufer. Als ich aus dem Boot steige, klappen meine Beine fast unter mir
zusammen. Der feine, weiße Sand knarzt unter meinen Füßen wie
Puderzucker. Überall am Strand liegen große, ausgeblichene Muscheln und kunstvoll gesponnener Seefarn, den die grell strahlende
Sonne versteinert hat – sonst nichts. Mein Kapitän kehrt zu seinem
Schiff zurück, und ich bin allein.

Als die Sonne untergeht, schwankt der Boden immer noch unter
mir, und ich schlage mein Zelt schneller auf als je zuvor in meinem
Leben. Ich zünde die Moskito-Abwehrkerze an, und erhitze fünf
Liter Wasser, die ich von Pinar del Río mitgeschleppt habe – für ein
reinigendes Bad im Zelt. Um 20.30 Uhr lege ich mich erschöpft unter den schwarzen kubanischen Himmel, der mittlerweile im Ster-
nenlicht erglüht. In der Ferne sehe ich Peters Navigationslichter im
Wasser auf und nieder schwappen. Morgen werden wir nach Hummern suchen.

Ich erwache früh nach einer Nacht voller Träume von schwankenden
Booten, krachenden Wellen und nassen Kabinen. Die Sonne brennt
auf das Zelt nieder und verwandelt das Innere in eine Sauna. Vor lauter Erschöpfung habe ich mich gestern Abend nicht mehr um Dinge
wie Schatten, Gefälle oder Windfaktor gekümmert, die einen opti-
malen Zeltplatz bestimmen, sondern habe das Ding einfach da auf-
geschlagen, wo meine Füße gerade standen.

Ich unternehme einen langen Spaziergang im weichen Sand, auf
dem keinerlei menschliche Spuren zu sehen sind. Es gibt jede Menge
Treibgut, das vergeblich darauf wartet, von jemandem eingesammelt
zu werden: riesige Muscheln, die aussehen wie gestrandete Schiffs-
wracks, Algen in Form von weggeworfenen Wischmopps und noch
mehr feiner, zu Skeletten versteinerter Seefarn.

Ungefähr eine Stunde später knattert Peter mit seinem Schlauchboot in Richtung Ufer. In der Bucht ist außerdem noch ein Neu-
zugang zu verzeichnen: eine große, beeindruckende Jacht. Auf dem

Schiff wohnt eine deutsche Familie auf der Reise um die Welt, und Peter lässt mich wissen, dass er ihnen während seiner Reise nach Kuba schon einige Male begegnet sei. Wir düsen im Schlauchboot am Strandufer entlang, bis wir eine Wasserstraße erreichen, die sich einen Weg mitten durch die Insel zu bahnen scheint. Die Wasserstraße weitet sich und mündet schließlich in eine Lagune voller Mangroven. Der kleine See ist zu seicht und mit üppiger Vegetation zugewachsen, um weiterzufahren. Ich sehe meinen stattlichen Kapitän vor diesem fantastischen Hintergrund und denke mir, wäre ich in ihn verliebt, dann hätte ich hier tatsächlich ein Bild vom Paradies auf Erden vor mir.

Wir fahren aus dem Mangrovensumpf heraus, und auf meine Bitte hin lässt mich Peter am Strand zurück. Während er nach Hummern fischt, suche ich den Strand weiter nach Treibgut ab. Er kehrt nach einer Stunde wieder zurück und schimpft aufgeregt über dieses »absolute Monsterviech von einem Krustentier«, das er angeblich fast gefangen hätte, und lässt sich darüber aus, wie »beschissen« seine Harpune doch sei.

»Hatte ihn direkt vor der Nase und dann – peng! Dieser Scheißstock hat ihn einfach in Stücke gerissen.«

Er hält die zerfetzten Überreste von zwei Krustentieren in die Luft, die vor seinem Eintreffen eindeutig andere Pläne für ihren Tag gehabt hatten. Ich frage mich, ob sie in derselben Abteilung des Himmels untergebracht werden wie das Schwein von La Altura.

Nur der Hunger treibt mich dazu, noch einmal einen Fuß auf das Deck der Verdammnis zu setzen, und wir gehen an Bord des Segelschiffes, um unseren Fang dort mit Instant-Käsemakkaroni aus der Tüte zu verfeinern. Obgleich die künstliche Soßenmischung den feinen Hummergeschmack überlagert, schmeckt es gar nicht schlecht. Wir beschließen, den Deutschen einen Besuch abzustatten.

Die deutsche Jacht *Seewolf* ist ein eindrucksvolles Gefährt. Makellos gepflegt ist sie und zehnmal größer als unser kleiner Kahn. Sie verfügt über eine Ausrüstung, die samt und sonders von den besten und teuersten Herstellern stammt: Stellen Sie sich ein Ausflugs-Schlauchboot à la James Bond vor, vier Schlafkabinen, eine Gourmetküche mit Oberflächen aus rostfreiem Stahl und Holz, die mit allen nur vorstellbaren Gerätschaften ausgestattet ist, sowie ein gefliestes Badezimmer komplett mit flauschiger Badematte und gehäkelter Toilettenpapiermütze. Die Pantry ist mit Vorräten für sechs Monate gerüstet, alles ist sorgfältig verpackt, beschriftet und eingefroren. Körbe voller Knoblauch und Zwiebeln hängen fröhlich von der Decke. Über einen Computer mit *On-board*-Satellitenverbindung kann die Familie sogar E-Mails verschicken und empfangen. Das Schlauchboot sieht aus, als wäre es sofort einsatzbereit für eine internationale Rettungsmission.

Harold und Barbara hatten beschlossen, Haus und Geschäft in ihrem Heimatland zu verkaufen und einfach von einem Sonnenaufgang zum nächsten Sonnenuntergang zu segeln. Verschiedene Familienmitglieder und Freunde haben die beiden während ihrer mittlerweile schon zwei Jahre andauernden Reise besucht, um ein Stück mitzufahren. Sie können sich nicht vorstellen, zu ihrem alten Leben an Land zurückzukehren.

Der männliche Teil unserer Gruppe beschließt, das Bond-artige Schlauchboot zu besteigen und zu einem anderen Teil der Insel zu fahren. MISSION: HUMMER. Die Deutschen leben mit Stil, sie verfügen selbstverständlich über eine Tauchausrüstung im Partnerlook und tödliche Jagdmesser für Meeresexpeditionen, die sie in eigens dafür vorgesehenen Messerscheiden an ihren Taucherschuhen verstauen. Sie bringen mich an den Strand, damit ich mein Zelt an einen schattigeren Ort verfrachten kann, und ich genieße meine Zeit auf dem Festland. Ich hänge faul herum, und gegen Ende des Nachmittags kehrt das beeindruckende Schlauchboot mit dem Fang zurück: sieben riesige Hummer. Also geht es wieder auf die schwimmende Villa der Deutschen, wo wir uns an Tortillas mit gehacktem Hühnchenfleisch, Tomaten, Gurke, Oliven, saurer Sahne, Käsefonduesoße und natürlich an gegrilltem Hummer laben. Das ganze spülen wir mit köstlichem Eistee herunter.

Ich schicke eine Mail an meinen holländischen Lover nach Costa Rica und stelle erst Wochen später fest, dass sie nie angekommen ist.

Obwohl der Hummer köstlich schmeckt, beschwert sich mein Magen darüber, dass sogar dieser Mini-Ozeanriese nicht auf festem Boden steht. Daher bringen mich die Jungs mit dem Schlauchboot zurück zu meinem Zeltplatz. Mittlerweile ist es dunkel geworden, und obwohl wir das Ufer mit einem hellen, eindrucksvollen und von deutschen Ingenieuren entwickelten Flutlicht absuchen, wundern wir uns, wie schwer es ist, das Zelt auszumachen. Meine Augen haben überhaupt keine Sehkraft; ich komme mir vor, als betrachte ich meine Umgebung durch ein schwarzes Tuch.

»Haben Sie keine Angst, da draußen ganz allein zu schlafen?«, fragt Stefanie, ein Twen und Sprössling der Familie, deren Freund sich für sechs Monate beurlauben hat lassen, um die Zeit mit ihr und ihrer Familie zu verbringen.

»Na, was soll mich hier draußen schon bedrohen?«, frage ich.

Sie schüttelt sich.

In dieser Nacht spitze ich bei jedem Rascheln im Gebüsch die Ohren. Ängstliche Menschen schaffen es immer wieder, bei anderen ebenfalls Ängste und Zweifel zu schüren.

Beim Frühstück teilt Peter mir mit, dass wir bis zu zwei weitere Tage auf der Insel bleiben müssten. Erst dann sei die Wetterfront vorbeigezogen, die unsere Überfahrt zur Hölle gemacht hat. Es seien nur noch zwei Tage bis nach Trinidad. Er bietet mir an, mich alternativ auf der Isla de la Juventud abzusetzen, der großen Insel vor der Südküste Kubas. Ich muss darüber nachdenken.

Als Trost fangen Peter und das deutsche A-Team ganze 14 Hummer. Große Hummer. Wir machen ein Lagerfeuer am Strand in der Nähe meines Zeltplatzes und grillen die Krustentiere in Olivenöl und Zitronensaft, dazu serviert Barbara Kartoffelsalat und mehr von ihrem köstlichen Eistee. Stefanie hat großzügigerweise im Schlauchboot ihre Gitarre mit ans Ufer gebracht. Als die Sonne versinkt, spiele ich darauf ein Stück namens *Jungle Boy,* das ich sechs Monate zuvor für meinen holländischen Lover komponiert habe.

Stefanie und ihr Freund stehen Arm in Arm unter dem sternenklaren Nachthimmel und lauschen der Musik.

Der neue Tag dämmert unsanft; er beginnt noch vor Sonnenaufgang.

»Der schlechteste Seemann der Welt! So hat er mich frech genannt, dieses Arschloch!«

Peter erzählt mir lauthals die Geschichte eines Holländers, den er letztes Jahr in seinem Boot mitgenommen hat. Während er schimpft, stolpert er in der Dunkelheit herum und sucht nach seiner Brille, nach seinem Fernglas, nach dem komischen zangenähnlichen Ding, mit dem er Entfernungen misst (ich glaube, es heißt Stechzirkel), nach seinen Zigaretten und nach einem Schraubenzieher.

»… ich, der schon zweimal in diesem Ding um die Welt gesegelt ist – alleine!«

Dieses Boot ist leider nur bedingt seetauglich. Gerade haben wir die Bucht hinter uns gelassen, da fängt der Motor plötzlich an zu stottern und setzt dann ganz aus, sodass wir unsere Reise jetzt nur mit Windkraft fortsetzen können.

Nachdem wir stundenlang in einer Brise hin und her geschaukelt sind, die nicht stärker ist als der Atemhauch eines Säuglings, und uns im Schneckentempo vorwärtsbewegt haben, frischt der Wind unter dem blaugrauen Himmel der Abenddämmerung endlich auf.

Irgendwann zwischen dem 10. und 13. Januar – das Boot taumelt wie eine wild gewordene Nussschale in den Wellen – steht Peter splitternackt, durchnässt und ruppig an Seilen zerrend irgendwo am Bug, wo er in der Hoffnung, irgendjemand möge ihn erhören, Flüche gen Himmel schickt: »Du verdammte Scheiß-DRECKSAU!« Da schließe ich mich der Meinung des jungen Holländers an.

Zu irgendeinem Zeitpunkt erscheint die Isla de la Juventud am Horizont, der Anblick wippt ungefähr eine Stunde in unserem Blickfeld auf und nieder und verschwindet wieder in der Ferne. Das Angebot, mich dort abzuladen, »muss aus Sicherheitsgründen zurückgezogen werden«, meint Peter, denn unser Motor sei tot.

Ich verbringe die meiste Zeit in einer surrealen Zwischenwelt, weil ich glücklicherweise in einer Schublade etwas Dramanine gegen Übelkeit gefunden habe, mit dem ich mich in einen Rauschzustand versetzen konnte. Die Tabletten helfen mir, in den wenigen Momenten Schlaf zu finden, wenn das Boot nicht gerade wendet, ich mich nicht zwischen meiner Koje und dem Boden hin und her bewege oder den langsam volllaufenden Laderaum von Wasser befreie. In meinen Visionen glaube ich, in völliger Stille über das ruhige Meer zu segeln. Komme ich dann langsam wieder zu mir, stelle ich fest, ich bin in der Hölle aller Höllen gelandet. Dabei kann ich nicht entscheiden, welcher der beiden Zustände nun der Wirklichkeit entspricht.

Als ich Wache schieben soll, hänge ich wie ein Schluck Wasser auf meinem Sitz, klammere mich mit beiden Händen an die Reling, um nicht umzukippen, und starre apathisch vor mich hin. Gelegentlich stürzt Peter ins Steuerhaus, und jedes Mal entschuldigt er sich für seine Nacktheit, die mir gar nicht aufgefallen ist.

Das Problem liegt darin, dass Peter eine Wetterfront erwartet hat, die uns zügig innerhalb von zwei bis drei Tagen zum Hafen von Trinidad hätte treiben sollen. Die Front bleibt leider aus. Stattdessen tritt der schlimmste aller schlimmen Fälle ein: Wir haben auf der ganzen Strecke starken Gegenwind, der die Dauer unserer Reise effektiv verdreifacht.

Am dritten Tag, nachdem das Boot wiederholte Male mit voller Wucht und schädelberstendem Krachen in die Täler zwischen den Wellen stürzte und wie toll auf den Wellenbergen herumwirbelte, beschließe ich, der Sache ein Ende zu bereiten. Ich bitte mit schwacher Stimme – denn ich kann kaum noch sprechen –, mich so schnell wie möglich von Bord zu lassen. Da wir die Isla de la Juventud schon lange hinter uns gelassen haben, ist die nächste Anlegemöglichkeit auf Cayo Largo, einer Insel auf halbem Weg nach Trinidad.

Es ist schon Mittag, als wir endlich durch die Gewässer dieser Touristeninsel schaukeln. Peter ist nicht begeistert und flucht, weil sich seine Fahrt nach Trinidad verzögert. Er gibt mir die Schuld daran, dass er nicht früher in den Armen seines kubanischen »babes« liegen und nicht pünktlich einen Job antreten kann, den ihm ein Kumpel von Fidel besorgt habe. Zudem sei es unmöglich, ohne Motor den Jachthafen mit seinen vielen Riffen anzulaufen.

Irgendwie gelingt es mir, meine Lippen und meine Zunge zu kontrollieren, und ich schlage ihm flüsternd vor, einen vorbeifahrenden

Katamaran zu bitten, uns ein Seil herüberzuwerfen und uns in den Hafen zu schleppen. In diesem Augenblick platzt Peter der Kragen.

»Ich bin der Kapitän auf diesem Boot!! Wie kannst du es wagen, hier zu sitzen und mir zu sagen, was ich tun soll?«

Kurze Zeit später wirft mir jemand aus einem Katamaran ein Seil zu. Peter widmet sich lauthals einem neuen Beschwerdekapitel, das davon handelt, wie er am nächsten Morgen nicht aus dem Hafen fahren können würde. Ich besitze die Frechheit, ihn darauf hinzuweisen, dass ihn bestimmt jemand mit seinem Katamaran hinausschleppen würde, wenn er nett darum bäte. Doch ich glaube, mein Vorschlag stößt beim schlechtesten Seemann der Welt auf taube Ohren.

Wir legen an. Ich krieche auf die Pier und klammere mich an den Planken fest. Ein Boot voller Touristen in Polohemden und Slippern gleitet vorüber und erbricht seine menschliche Ladung auf die Anlegestelle. Die Touristen laufen im Gänsemarsch an mir vorbei und bedenken meinen flach am Boden liegenden Körper und mein zusammengeklapptes Fahrrad mit desinteressierten Blicken. Die Küstenwache und die Einwanderungsbehörde lassen einen Schwarm Beamte auf uns los, die sich über uns hermachen und jedes Detail unserer Lebensgeschichten und unserer Besitztümer abfragen. Sie befehlen uns, die Taschen zu öffnen, und verteilen deren Inhalt über die Anlegestelle, um ihn dort genauestens zu inspizieren.

»Sind Sie verheiratet?«, will der Beamte der Küstenwache wissen, den man dazu eingeteilt hat, jede Faser meines Wäschebeutels zu untersuchen. Mir ist klar, dass sich die Beamten fragen, warum Peter und ich auf einem Boot reisen, aber keine romantische Beziehung zueinander haben. Der Beamte deutet auf seinen Kollegen, der damit beschäftigt ist, den Vorratsschrank voller Instant-Packungen Makkaroni mit Käsesoße auf dem Boot zu durchsuchen.

»Jorge sucht noch eine *novia*«, sagt er. *Novia*, so finde ich später heraus, ist das Wort für Freundin, bedeutet aber so viel wie »zum Heiraten vorgesehen«.

Jorge taucht aus dem Lastenraum auf und hält Peters Landkarte von Florida in den Händen. Das ist vermutlich alles, was seine Augen von diesem verbotenen Land jemals zu sehen bekommen werden, und er bedenkt die potenzielle Ehefrau vor ihm mit einem flehenden Grinsen.

Ein weiterer Beamter mit einem Klemmbrett weist Peter darauf hin, dass er sowohl die kubanische als auch die südafrikanische Flagge hissen müsse, was scheinbar eine Vorschrift des Internationalen Schiffsverkehrs ist. Der schlechteste Seemann der Welt erklärt, er habe kein Geld, und schließlich reiche ich ihm 15 Dollar, damit er sich die 20-Dollar-Flagge leisten kann. Den Betrag wollte ich ihm ohnehin für meine Aus-drei-mach-fünf-Nächte in der Hölle geben. Er nimmt ohne Dank die Scheine und stelzt auf der Suche nach widerwärtigen kubanischen Zigaretten triumphierend davon.

Ich brauche genau eine Nacht, um mich zu erholen, mir die Kotze vom Leib zu waschen und meine geistige Gesundheit wiederzuerlangen. Da habe ich mir schon eine neue Suppe eingebrockt …

Mein Plan ist, ein Hotelzimmer zum niedrigsten Preis mit Rabatt für gestrandete Mädchen aufzutun. Ist dies nicht machbar, werde ich darum bitten, ein für Personal vorgesehenes Zimmer mieten zu dürfen. Und – wenn alle Stricke reißen, werde ich einfach fragen, irgendwo, wo ich niemanden störe, mein Zelt aufschlagen zu dürfen. Sollte auch dies nicht möglich sein, nun, darüber brauche ich nicht nachzudenken – dieser Fall wird nicht eintreten …

Aber das erste Mal in meiner gesamten Karriere als Weltenbummlerin geschieht das Unfassbare – sehr zu Peters Schadenfreude. Ich wende jede Taktik aus dem Ratgeber für das Überleben unter Extrembedingungen an, sogar unverfrorenes Betteln, Bauchpinseleien, fortgeschrittene Bestechungsversuche, Hungerstreik und vorgetäuschten Tod, doch dem Gesichtsausdruck der Angebettelten nach zu urteilen, hätte ich auch genauso gut eine superlangweilige Gutenachtgeschichte erzählen können.

Egal wie mitleiderregend meine Umstände auch sein mögen, ich bin immer noch Ausländerin. Ich bin in einem tollen Kahn aus dem Land der großen Freiheit eingelaufen, und da gibt es mehr als zwei Kanäle im Fernsehen und Designerjeans. Soweit sie das erkennen können, befinde ich mich nicht in einer offensichtlichen Notlage und bin nicht einmal annähernd dem Leid ausgesetzt, das sich einem jeden Kubaner während der schwersten Jahre des US-Embargos in die Seele gebrannt hat. Man stellt mir zwei Möglichkeiten zur Wahl: Entweder ich zahle genau wie jeder Pauschaltourist aus Italien, Deutschland oder Kanada 93 Dollar für ein Zimmer, oder ich nehme einen der Nachmittagsflüge für 40 Dollar und verlasse die Insel in Richtung Havanna oder Varadero, der kommerziellsten Touristenhochburg Kubas.

Ich denke ernsthaft und ganze dreieinhalb Minuten über die Vier-Sterne-Übernachtungsmöglichkeit nach. Ich habe Schmerzen am ganzen Körper, Schmerzen im Magen, und in meinem Kopf wirbeln noch immer die Wellen. Ich stinke zum Himmel, und alles, was ich besitze, ist nass. Ehrlicherweise muss ich zugeben, dass ich mir eine Nacht des Exzesses leisten könnte, doch ein Gedanke bohrt sich in mein Hirn: Wenn ich schon so viel Geld ausgebe, möchte ich es dann wirklich in dieser »Spezialanlage« ausgeben, zu der Kubaner keinen Zutritt haben, es sei denn, sie wischen die Tische für die Ausländer ab – wo man nichts tut, um einer armen Frau aus der Patsche zu helfen? Nein danke.

Ich beschließe, nach Varadero aufzubrechen, weil es einem Radwanderer wie mir gegen den Strich geht, nach Havanna zurückzukehren, denn als solcher bewegt man sich immer vorwärts, nie zurück. Außerdem ist die Gegend um Varadero für viele Touristen das Einzige, was sie von Kuba je zu sehen bekommen, und ich möchte mir alle Seiten dieser Insel ansehen.

Am späten Nachmittag befinden sich mein Fahrrad und ich in der Luft, entschweben diesem Ballungsraum der wachsenden Ungastlichkeitsindustrie Kubas und hinterlassen der Nachwelt die schlimmste Fallstudie in der Geschichte des Mitfahrens und Mitgenommen-Werdens.

Kuba für Anfänger

Ich besteige zusammen mit einer Reisegruppe junger italienischer Spaßvögel das winzige Flugzeug. Sie verbringen ihren Urlaub in Varadero – die einzige Seite Kubas, die Fidel Castro die Touristen sehen lassen möchte – und haben einen Tagesausflug auf die Insel unternommen, an deren Ufer ich vor fünf Stunden in einem fast komatösen Zustand gespült wurde.

Ich schalte um in den Überlebensmodus und versuche, den Führer der Gruppe zu identifizieren. Vielleicht könnte ich bei einem von ihnen unterkommen, jemanden, der allein unterwegs und nicht abgeneigt ist, mir das leere zweite Bett im Hotelzimmer zu überlassen.

»Tut mir leid«, sagt der zweisprachige Reiseführer und wedelt mit einem Klemmbrett. »Alle Leute sind doppelt.«

Natürlich sind alle *doppelt*. Was habe ich mir auch vorgestellt? Kaum einer macht alleine in einer *All-inclusive*-Ferienanlage Urlaub, es sei denn, er schreibt eine Beurteilung oder einen Reiseführer. Ich kann mich noch an das letzte Mal erinnern, als ich in einer solchen Anlage übernachtet habe; da war ich allerdings nicht in Sachen Reiseführer unterwegs. Ein spanischer Freund hatte mich zu seiner Hochzeit mit einem fantastisch aussehenden Mädchen aus Costa Rica eingeladen, und in typischer Latino-Manier waren natürlich alle Gäste außer mir als Pärchen aufgetaucht. Ich fühlte mich in meiner riesigen Suite mit Doppelbett und Blick auf die wunderschöne Papagayo-Bucht total verloren. Ich spielte mit der Klimaanlage und der Beleuchtung herum und konnte mich nicht entscheiden, welche Seite des Bettes bequemer wäre. Als ich dann beim Empfang erschien, kam ich mir vor wie eine saure Gurke in der Hochzeitstorte, denn ich musste darum bitten, mir noch einen einzelnen Stuhl an einen Tisch für sechs Personen zu stellen. Sieben Personen entsprachen aber nun nicht mehr der Symmetrie des Raumes und störten auch nachhaltig die Sitzordnung. Schließlich setzte man mich an einen Auffangtisch zu einer Gruppe Jugendlicher, deren angeregtes, offen zur Schau getragenes Fummeln allerdings zu dem Schluss Anlass gab, dass sie, waren sie zu Beginn der Feier noch nicht verbandelt, dann aber spätestens beim Nachtisch nur noch im Zweierpack auftreten würden. Nachdem ich mich eine Weile lang im Smalltalk von Heranwachsenden versucht hatte, beschloss ich, auf mein Zimmer zu fliehen und mich dort in die Speisekarte des Zimmerservice zu vertiefen (leider hatte ich in meinem leichten Gepäck kein Buch mitgenommen). Ich konnte es aber nicht lassen, auf dem Weg dorthin noch einen Blick in die Disco zu riskieren, wo romantische Paare Pobacke an Pobacke zum romantischen Rap von Elvis Crespo abtanzten. In diesem Augenblick habe ich mir geschworen, nie wieder ohne Partner auf eine Hochzeit zu gehen oder auf eine ähnliche Veranstaltung im Land des Amor.

Ich suche angeregt nach Informationen über die billigsten Unterkünfte, womit ich ein Zimmer unter 15 Dollar meine. Der italienische Reiseführer sieht mich an, als bäte ich ihn darum, mir auf meiner Karte alle unterirdischen Abwasserbehälter der Stadt aufzuzeigen. Ich bedanke mich dennoch bei ihm und kehre wieder zurück an meinen Platz. Unter dem Flugzeugrumpf liegt die berühmt-berüchtigte Schweinebucht, an der Exilkubaner unter der Regierung von Präsident John F. Kennedy im Jahre 1962 mit wenig Erfolg ihr Heimatland angriffen.

Bis zur Landung hat der Reiseführer eindeutig so etwas wie Mitleid mit mir entwickelt, denn er bietet mir in seinem wartenden Reisebus eine Mitfahrgelegenheit zur Hotelanlage an. Als wir über die Brücke düsen, passieren wir Ölraffinerien, aus deren Schornsteinen unablässig stinkender Qualm aufsteigt, hinter dem sich die umstehenden kleinen Häuschen verbergen. Ein Stückchen weiter verändert sich die Landschaft urplötzlich. Die Straße windet sich um einen See, an dessen Ufer sich blitzblanke, strahlende Hotels, Bars und Dollarläden aufreihen wie Zähne nach einer Dentalreinigung. Der Bus hält an verschiedenen Hotels und entledigt sich nacheinander seiner Fahrgäste, deren teuren Gepäckstücken und Nikon-Kameras. Schließlich dreht sich der Fahrer nach mir um und fragt mich, wohin ich denn wolle. Ich deute auf einen Abschnitt des Gehsteigs vor einem Hotel und bitte ihn, mich dort abzusetzen.

Mein Fahrrad und Gepäck haben den Boden kaum berührt, da kommen schon einige Bedienstete der Anlage angestürzt, um festzustellen, ob ich bereit sei zum Einchecken. Ich klappe mein Fahrrad auseinander und errege damit ziemliches Aufsehen. Dann frage ich nach billigen Unterkünften. Als ihnen klar wird, dass ich keine schwarzen Gummispuren von meinen Reifen auf ihrem mit rosafarbenen Travertin gepflasterten Empfang hinterlassen werde, schalten sie um auf Kuba-Modus und nennen die Adressen einiger nahe gelegener *casas*. Varadero ist einer der wenigen Orte, an denen diese rar gesät sind, denn man soll ja in einem der Touristenhotels übernachten, drei bis zehn Tage ungetrübten Sonnenschein und Spaß genießen, seine Dollars auf dem Nachttisch hinterlassen und dann wieder nach Hause fahren, *gracias y adiós*. In meinem Reiseführer *Lonely Planet* steht, dass Varadero für einen von drei Ausländern, zumeist ganze Flugzeugladungen Kanadier und Europäer, der einzige Eindruck von Kuba ist. Und genau so hat Fidel Castro sich das wohl auch vorgestellt.

Mittlerweile ist es dunkel geworden, und die Touristen haben es sich in ihren Zimmern gemütlich gemacht, wo sie sich mit einer heißen Dusche verwöhnen, mit einem flauschigen Handtuch abrubbeln und sich dann auf den Weg zu einem zünftigen Stelldichein an der *All-inclusive*-Bar machen.

Ich rolle durch die schwach beleuchtete Straße und werde von schattenhaften Gestalten auf Zimmer angesprochen. Obwohl ich mein strenges Zehn-Dollar-Limit auf 15 Dollar erhöhe, stoße ich auf viel Kopfschütteln. Doch dann erklärt sich ein Typ mit dem Preis einverstanden und führt mich durch einige Seitenstraßen zu einem Haus.

Als ich entdecke, dass in den Rissen und Nischen der glamourösen Hotelfassaden eine ganz normale kubanische Nachbarschaft gedeiht, bin ich überrascht und erfreut. Hinter den riesigen Beton- und Glasklötzen verstecken sich die kleinen Beton- und Holzklötze; Imbissbuden in Bretterverschlägen stehen direkt hinter den klimatisierten Pizzaburgern, und überwachsene Grundstücke existieren Seite an Seite mit gepflegten Landschaftsgärten und künstlich angelegten

Springbrunnen. Natürlich sprießt auch in dieser Stadt ein allgegenwärtiger Eissalon der Coppelia-Kette aus dem Boden, und die architektonische Verirrung in Varadero erinnert mich an eine groteske Variante von Legoland in Beton.

Man führt mich zu einem verdeckten Seiteneingang des Hauses, wo mich ein junger Mann etwas über zwanzig namens Ariel in Empfang nimmt. Zwischen ihm und dem Vermittler entspinnt sich eine leise Unterhaltung. Fünf Dollar sei er dem Vermittler schuldig, daher rechne sich mein Aufenthalt in seinem Haus nicht. Ich frage ihn: »Ist es nicht besser, zehn Dollar pro Nacht zu verdienen als gar nichts?« Er zeigt mir mein Zimmer.

Allerdings gibt es einen solchen Sonderpreis nicht umsonst. An diesem Abend nehme ich seine Einladung an, ihn auf einem Spaziergang durch die Stadt und an den Strand zu begleiten. Wir sind noch nicht sehr weit gekommen, da stürzt er sich auf mich und versucht mich zu küssen. Man hat mich vor den kubanischen Männern gewarnt (»Nimm dich vor den Don Juans in Acht«), doch dies ist tatsächlich der erste Übergriff, den ich hier erlebe. Ohne sich von meiner völlig unromantischen Reaktion abhalten zu lassen, fragt er mich als Nächstes, ob ich diese Nacht mit ihm schlafen wolle. Glücklicherweise hat mein Zimmer ein Schloss. Ein doppeltes.

Ich schlafe unruhig, träume immer noch von den langen Stunden mit dem schlechtesten Seemann der Welt. Am Morgen stehe ich auf und wasche das Salz aus meinem Gepäck. Obgleich ich mein Zeug in Plastiktüten verpackt hatte, ist alles nass, sogar die Streichhölzer. Zum Frühstück erscheint Ariel auf der Bildfläche. Er ist freundlich, redselig, aber deutlich distanziert; offenbar ist sein Ego noch von letzter Nacht angeknackst. Seine Mutter brät meine beiden Brötchen in Fett, und ich verspeise sie mitsamt einer klebrig-süßen Guavenpaste und Saft aus dem Dollarladen auf der anderen Straßenseite. Ich plaudere mit ihrer Cousine Marta, die zu einer Stippvisite vorbeigekommen ist. Wiederum dreht sich die Unterhaltung schnell um das Thema Lebensmittel, Geld und Kleidung. Ich frage sie, warum bei so viel Knappheit kaum jemand, den ich bisher getroffen habe, sein eigenes Gemüse anbaut, eigene Tierzucht betreibt oder zumindest einige Hühner im Hinterhof hält, um sich mit Eiern zu versorgen.

»Kubaner sind faul«, erwidert sie.

Sie führt an, dass Fidel Castro sein Volk zu Almosenempfängern konditioniert habe. Und das lähme die Eigeninitiative.

»Alle meckern«, erklärt sie, »doch keiner ändert etwas. Lieber meckern sie weiter über zu viel Arbeit und zu wenig Nahrung.«

Ich greife zurück auf mein rudimentäres Wissen und gebe zu bedenken, dass Fidel Castro, einer der cleversten Führer in der Welt der Diktatoren, sich vermutlich genau angesehen hat, wie andere arme Länder Umsatz machen, nämlich mit Hirn und Muskeln zu jeweils unterschiedlichen Proportionen. Er hat festgestellt, dass der Tourismus mit 100 Prozent Hirn und wenig Arbeitseinsatz als sauberstes und lukrativstes Business schnell Geld in die Staatskassen spült. Zweimal am Tag landet ein Flieger mit Kanadiern, Deutschen oder Italienern, die ihre Dollars auf den Tisch blättern. Fast genauso schnell, wie sie gekommen sind, verschwinden sie wieder, ohne die kubanischen Gewässer zu sehr mit fremden Keimen in Form von Nachrichten, Meinungen und coolen Jeanshosen zu verseuchen.

Auf diese Art zeigt Castro seinem Volk vielleicht, wie leicht es ist, den Touristen ein zehnfaches Monatsgehalt abzunehmen, indem man ihnen einfach ein Bett und eine Minibar zur Verfügung stellt; es zahlt sich aus, nett zu den Bleichgesichtern zu sein und ihnen den Weg zum nächsten *paladar* zu weisen. Wer weiß? Sogar die Kinder haben es schon kapiert. »*Regálame un dollar? Geef me a dollar?*«, rufen sie, und das Betteln um Dollars geht ihnen genauso leicht von den Lippen, als fragten sie nach der Uhrzeit.

Es funktioniert, weil man in den meisten Teilen der Dollarwelt Mitleid und Sympathie für dieses Land empfindet. Ich habe Geschichten von Passagieren in Reisebussen gehört, die nach Trinidad fahren, dort Kugelschreiber, Kleingeld und Süßigkeiten aus den Fenstern werfen und den Kindern hinter getönten Scheiben dabei zusehen, wie sie vor ihnen im Schmutz kriechen. Ja, warum soll man hart arbeiten und schwitzen, um sich die zusätzliche Tomate oder die

Tasse Reis leisten zu können, wenn man einfach nur seinen kubanischen Verstand benutzen muss?

Das Motto »Verstand statt Muskelkraft« hat Kuba zu einem exzellenten internationalen Ruf in der medizinischen Forschung verholfen, obgleich die besten Ärzte des Landes gerade einmal 25 Dollar im Monat verdienen. Manche Leute fliegen nach Kuba und lassen sich dort zu einem absoluten Niedrigpreis behandeln, den man sonst so nirgendwo auf der Welt bekommen würde.

So gelingt es Castro, sich eine Nation von findigen und intelligenten Menschen zu erziehen, die sich zu Meistern ihres Fachgebiets entwickeln, sei es nun als Gelegenheitshändler oder als Herzchirurg. Doch wenn es in dieser Strategie einen Schwachpunkt gibt, dann offenbart er sich dort, wo Einzelne nach den Sternen greifen und sich an der niedrigen Decke des Kommunismus stoßen.

»Für den Menschen ist es das Natürlichste, nach etwas zu streben und dann dafür belohnt zu werden«, sagt Marta. »Doch hier ist es egal, wie sehr du dich anstrengst, dein Gehalt bleibt gleich. Hier sind alle Menschen gleich. Aber Gleichheit führt nicht zu einem besseren Lebensstandard. Deshalb sehnen sich alle nach Veränderung.« Es ist nicht das erste Mal, dass ich diese Meinung höre, und es wird auch nicht das letzte Mal sein.

Ich hüpfe aufs Fahrrad und fahre auf einer schnurgeraden, zumeist leeren Autostraße bis ans Ende der Halbinsel Varadero, eine Strecke von 20 Kilometern ohne Steigungen. Ja, hier ist es wie am Miami Beach, nur dass es mehr Palmen gibt und etwas mehr Armut für Lokalkolorit sorgt. Auf meiner Karte ist ein riesiger Naturpark mit Möglichkeit zum Zelten eingezeichnet. Ich halte an, um mir eine Pizza zu genehmigen. Die Bedienung ist langsam, kurz angebunden und arrogant: die Krankheit, die der ausländische Dollar ins Land gebracht hat.

Als ich auf der immer noch freien Autostraße weiter gen Norden radle, ändert sich die Landschaft. Die vorher noch in kleinen Ansammlungen errichteten Eigenheime zwischen mittelgroßen Hotels weichen nun weitläufigen Hotelanlagen, die auf einem gepflegten

Hügel thronen. Unglücklicherweise hat eine Wetterfront das Land erreicht; sie sorgt für Gegenwind der Stärke eines Hurrikans, und ich bewege mich trotz heftigen Strampelns so gut wie nicht von der Stelle. Mit einigen Schwierigkeiten biege ich in die Zufahrt zur Hotelanlage Meliá Las Américas, die der *Lonely Planet* nicht nur als »Monument des zeitgenössischen Massentourismus« bezeichnet, sondern auch eines Spazierganges würdig befindet.

Es ist Cocktailstunde, und ich bin bestens vorbereitet. Ich schiebe mein Fahrrad die Marmorauffahrt hinauf, und der Hotelpage, im Dress eines Trommlers der Heilsarmeeblaskapelle, bringt mein Gefährt in einen Abstellraum, wo er es zwischen edlen Gepäckstücken platziert.

Ich ziehe mein allzeit bereites Kleines Schwarzes für die Reise aus der Packtasche. Dieses bemerkenswerte Kleidungsstück lässt sich auf die Größe eines Paars Socken zusammenfalten, trocknet in Sekunden und erfüllt vier Funktionen gleichzeitig: Es eignet sich als Nachthemd, Strandkleid, langer Rock und als betörende Abendrobe. Man muss nur die jeweils passenden Schuhe dazu tragen. Zieht man ein enges schwarzes T-Shirt darüber, wirkt es etwas lässiger. Ohne T-Shirt hat man die korrekte Garderobe für einen Martini mit Mr. Right. Einen Augenblick lang spiele ich mit dem Gedanken, die Nacht hier zu verbringen, aber bei 170 Dollar für ein Einzelzimmer verliert die Vorstellung rasant an Reiz. Familien und Pärchen flanieren durch die Anlage, und manche tragen diesen Gesichtsausdruck eines nach Luft japsenden Fisches auf dem Trockenen, den sie wohl immer bei ihrem jährlichen Luxusurlaub aufsetzen und der von ihrer festen Entschlossenheit zeugt, sowohl das teure Glas Orangensaft als auch die tägliche Aerobicstunde mit allen Sinnen zu genießen.

Ich gleite an die Bar und tue so, als gehöre ich dazu. Nach einigen Minuten komme nun ich mir vor wie ein Fisch auf dem Trockenen und schleiche mich davon. Neben dem Hotel befindet sich die Dupont-Villa, ein spießiges Monument für europäische Großunternehmer. Der Reiseführer erwähnt etwas von einer Bar im obersten Stockwerk, an der man während der Happy Hour Getränke zum halben Preis bekommen könne. Ganz die opportunistische Radtouristin, mache ich mich gleich mal auf den Weg, um zu sehen, was an der Behauptung dran ist. Wie immer ist mein *Lonely Planet* nicht mehr aktuell.

Mittlerweile habe ich von dem Luxusgebaren der Reichen die Nase voll. Ich gehe zu meinem Fahrrad und ziehe mich schnell um, bevor ich zu meinem einfachen Zimmer auf der nicht so beliebten Seite der Halbinsel zurückkehre. Was vorher Gegenwind war, ist nun ein stürmischer Rückenwind, der mich jäh aus dieser Welt des Hedonismus katapultiert.

La casa de Lolita

Fünf Tage lang habe ich gegen den nicht nachlassenden Sturm in Varadero angekämpft, nun habe ich die Nase voll. Die Kaltfront hat alle vom Strand gefegt bis auf einige unverbesserliche Windanbeter, die sich einfach nicht abschrecken lassen. Als ich mein Rad aus dem geheimen Eingang zu Ariels Haus schiebe, bläst immer noch eine stürmische Brise. Seine Mutter fängt mich ab und flüstert mir zu, ich könne beim nächsten Mal für zehn Dollar bei ihr wohnen, aber ... Pssst!

Ich habe vor, so weit wie möglich an der Küste entlang nach Osten zu radeln, dann einen Abstecher nach Westen zu machen und über Santa Clara, Sancti Spíritus, Cienfuegos und Trinidad wieder nach Havanna zurückzukehren.

Es dauert nicht lange, bis ich merke, dass der Wind, der unsere Bootsfahrt nach Trinidad vereitelt hat, auch an der Nordküste Kubas weht. Es ist ein launisch böiges Lüftchen, das von der Seite zuschlägt, und schon mehrmals meinen Packesel aufs Korn genommen hat, um ihn, und damit auch mich, gegen vorbeifahrende Laster zu schleudern. Ich trete in die Pedale, als ginge es um mein Leben, doch nach einer Stunde Plackerei bin ich erst auf der Höhe des Friedhofes von Cárdenas, einer altmodischen, nicht besonders gefragten Stadt ungefähr 15 Kilometer von meinem Ausgangsort entfernt.

Ich überdenke meine Reiseroute noch einmal. Ein derartiges Problem hatte ich zum letzten Mal an der Nordküste von Schottland, zwischen Bettyhill und Thurso. Nachdem ich einige Male beinahe direkt vor einen vorbeifahrenden Öltankzug geblasen worden wäre, suchte ich damals Schutz an einer Bushaltestelle und dachte bei einem Bananensandwich über die mir noch verbliebenen Möglichkeiten nach. Ein Laster hielt damals, und der Fahrer bot an, mich mitzunehmen. Mein Rad hievte er mit der Ladegabel auf die Ladefläche. Das ersparte mir einen potenziell gefährlichen Abschnitt meiner Reise. Einige hartgesottene Radfahrer mögen über meine mangelnde Entschlusskraft und Ausdauer höhnisch die Nase rümpfen, doch am Ende meines Lebens ist es wohl kaum von Belang, wie ich von Bettyhill nach Thurso gelangte – die Hauptsache ist, dass ich überhaupt dort ankam.

Ja, ich könnte mir also eine Mitfahrgelegenheit suchen. Oder ich könnte etwa 50 Kilometer zurück nach Matanzas fahren, also wieder dorthin, woher ich kam. Hier könnte ich den Zug zum östlichsten Ende des Landes nehmen, dem Oriente, und mich von dort aus auf den Rückweg nach Havanna machen. – Vorausgesetzt, die herrschenden Winde kommen aus nordöstlicher Richtung, erscheint mir dieser Plan logisch.

Mittag. Ein Lastwagen nimmt mich mit nach Varadero. Während der Fahrt verliere ich meine Wasserflasche und die dazugehörige maßgeschneiderte Reißverschluss-Neoprenhülle. Beides fällt mir nichts, dir nichts aus dem Halter und ist verschwunden. Obwohl es nun ein Kinderspiel ist, mit Rückenwind in diese neuen Richtung zu fahren, nutze ich die Gelegenheit und lasse mich von einem zweiten Laster mitnehmen, damit es schneller geht. Der zweite Fahrer schlägt vor, mich an der *autopista* abzusetzen, der Hauptverkehrsstraße mitten durchs Land. Wahrscheinlich würde sich mir dort eine Mitfahrgelegenheit für wenige Dollar bieten, und ich könnte die 30 Dollar für das Bahnticket sparen. Allerdings meint er auch, dass Lastwagenfahrer im Allgemeinen zwar rechtschaffene, edelmütige Mitbürger seien, mich aber der eine oder andere zu einem Tänzchen im Kühlraum auffordern könnte. Ich mache »hmhm« und »aha« und beschließe, den Zug statt den Kühlraum zu nehmen.

Der überaus freundliche Fahrer setzt mich direkt am Bahnhof von Matanzas ab und verzichtet auf jegliche Bezahlung. »Ich habe Geld«, sagt er schlicht und zeigt mir ein dickes Bündel mit 20-Peso-Scheinen.

Im Betonbau der Bahnstation sitzen bereits mehrere Personen und warten auf die Ankunft des Sechs-Uhr-Nachtzuges, der die Strecke nach Santiago de Cuba in zwölf Stunden zurücklegt. Der Fahrpreis beläuft sich auf 27 Pesos, das sind 1,35 Dollar für Kubaner oder 27 Dollar für Ausländer. Das Bahnhofspersonal fragt mich nach meinem Pass und teilt mir mit, dass mein Fahrrad in einem Gepäckwagen transportiert werden müsse. Man versichert mir, der Zug verfüge über einen solchen. Danach soll ich mein Fahrrad und die Taschen zur offiziellen Gepäckaufbewahrung in einem angrenzenden Gebäude bringen.

Als unser Gespräch diesen Punkt erreicht, mischen sich ein Kubaner chinesischer Abstammung und seine kleine Tochter ein. Sie haben unserem Gespräch mit Interesse gelauscht und bieten an, meine Taschen zur Gepäckaufbewahrung zu tragen. Sie leben, so erzählen sie, in Santiago. Ich erzähle ihnen von meinen Reiseplänen und bemerke dann, dass die übliche Einladung, sie dort einmal zu besuchen, nicht ausgesprochen wurde. Dies erstaunt mich gelinde gesagt ein wenig, da ich mich mittlerweile an das *mi casa, tu casa* der Kubaner gewöhnt habe. Santiago muss wohl eine richtig große Stadt sein. Ich kaufe den beiden eine Limonade, und sie nehmen dankbar an.

Die Gepäckaufbewahrungsstelle berechnet mir einen Dollar für jedes Gepäckstück, und so zahle ich unter Protest insgesamt vier Dollar. Der Kubaner nach mir muss natürlich nur ein Zwanzigstel von diesem Preis entlohnen.

Der Zug fährt in den Bahnhof ein, und alle drängeln sich nach vorn. Dann wird klar: Es gibt keinen Gepäckwagen. Das uniformierte Zugpersonal schüttelt den Kopf. »Keinesfalls« könne ich das Rad mitnehmen, ich müsse es zurücklassen. »Das ist unmöglich«, kontere ich, und da mir gerade mal drei Minuten bis zur Abfahrt bleiben, werde ich in meiner Verzweiflung theatralisch. Um die Herrschaften von der Ausweglosigkeit meiner Lage zu überzeugen, führe ich ihnen einfach vor, wie sich das Rad auf halbe Größe zusammenklappen lässt. Dann schiebe ich es schnell in den Zug, bevor noch jemand Einspruch erheben kann. Die Männer hat mein Zauberkunststück dermaßen verblüfft, dass sie eine ganze Sekunde lang mit offenem Mund sprachlos auf der Stelle verharren. Da fährt der Zug auch schon an. Wir sind unterwegs. Das war haarscharf, und ich bin dankbar über meinen kleinen zusammenklappbaren Drahtesel.

Im Zug liegt der mir zugewiesene Platz etwa sieben Waggons entfernt von meinem fest verzurrten Rad. Als ob er meine Gedanken lesen könnte, nähert sich mir ein dunkelhäutiger Sicherheitsbeamter in blauer Uniform und verlangt fünf Dollar für die Bewachung meines Fahrrads und Gepäcks. Allzu bald stellt sich indes heraus, dass ich diejenige bin, die zumeist das Aufpassen übernimmt.

Ich quetsche meine Habe in die Ecke des Waggons und achte dabei darauf, alles, was auch nur im Entferntesten eine Versuchung darstellen könnte, so gut wie möglich zu verstecken, sprich: das ganze Gepäck. Danach lasse ich den Sicherheitsbeamten widerwillig mit seinem unverhofften Gewinn allein und suche meinen Platz. Der Zug ist ein alter, schmuddeliger Viehtransporter mit zerschlissenen Kunststoffsitzen. In der Luft hängt ein leichter Geruch nach Urin, der immer stärker wird, je mehr Waggons ich durchquere. Die gewöhnlich so fröhlichen Kubaner auf den Sitzen kommen mir hohläugig und bleich vor, verschmelzen quasi mit dem staubbedeckten schäbigen Fußboden, den gelben Wänden und dem Gestank von erfolglos mit Desinfektionsmittel gereinigten Toiletten.

Trotz des wenig appetitanregenden Ambientes überfällt mich plötzlich eine Hungerattacke. Der Speisewagen bietet Schokolade, Saft und den *plato del día* (Menü des Tages), einen kleinen Karton mit Reis und Linsen, Schweineleber und einem harten Brötchen. Ich bin so ausgehungert, dass ich mir trotzdem eine Portion kaufe, während mir die Kubaner dabei zuschauen, die Köpfe schütteln und mich *valiente* (mutig) nennen; sie selbst würden das niemals anrühren. Den größten Teil des Essens lasse ich unberührt und buche das Ganze als weitere Geschmackserfahrung ab, die man mal gemacht haben muss.

Ich kehre an meinen Platz zurück. Meine Sitznachbarn sind eine Gruppe argentinischer Rucksacktouristen, ein junger Deutscher namens Michael, der Kubas höchsten Berg, den Pico Turquino, besteigen möchte, und eine seit längerer Zeit durch Lateinamerika reisende Dänin namens Lena.

Alles scheint wunderbar glatt zu laufen, und dann macht es ganz plötzlich WUMM!

Der ganze Waggon erbebt, und der Zug kommt abrupt zum Stehen. Das Licht flackert und erlischt, und ein leichter Benzingeruch weht durch den Gang. Michael, eindeutig der Pfadfinder, springt über seinen Sitznachbarn und macht sich mit zwei mitgebrachten Halogenscheinwerfern sowie einer Taschenlampe auf den Weg, um herauszufinden, was passiert ist. Bei seiner Rückkehr verkündet er die grausige Botschaft: Der Zug hat einen Tanklaster gerammt, der sich aus irgendwelchen Gründen auf die Schienen verirrt hat. Der randvolle Tankwagen wurde sieben Waggons weit nach hinten geschleudert, ich kann das zerdrückte Wrack vom Fenster aus in der Dunkelheit erkennen. Man sagt, der Unfall habe zwei Opfer gefordert, den Lastwagenfahrer und seine Beifahrerin.

»Schauen Sie sich das lieber nicht an«, meint Michael. »Die Fahrerkabine hat sich wie Alufolie um den Zug gewickelt.«

Wir sitzen und warten. Und warten. Und warten. Etwa eine Stunde nach der Kollision dringt plötzlich ein schreckliches klagendes Heulen durch die Nacht.

Im Zug geht das Gerücht um, dass die Frau des Lastwagenfahrers zur Unfallstelle gekommen ist und diesen markerschütternden Klagegesang angestimmt habe. Die tote Beifahrerin soll die heimliche Geliebte des Mannes gewesen sein. Wie meine Mitpassagiere dies herausgefunden haben, weiß ich allerdings nicht, es sei denn, sie haben die Frau selbst gefragt. Vielleicht ziehen sie diesen Schluss aber auch aus der letzten Episode von *la novela*.

Schließlich hört die arme Frau auf zu weinen. Wir warten noch ein Weilchen, und es wird kalt, richtig kalt. Ich unternehme die endlose Wanderung durch acht Waggons zu meinem Fahrrad, um mir die einigen wenigen warmen Kleidungsstücke zu holen, die ich in der Annahme, dass es auf Kuba heiß sein würde, eingepackt habe. Wieder zurück an meinem Platz, zünden sich die argentinischen Rucksacktouristen ihre Zigaretten an. Am liebsten wäre ich aus meinem Sitz gesprungen und hätte sie erwürgt. Schließlich befindet sich ein Tanklaster in der Nähe, und es stinkt immer noch überall nach Benzin.

Doch es ist wieder einmal eine dieser Situationen, in denen man aus Müdigkeit und Apathie einfach nur ergeben dasitzt, innerlich aber vor Wut kocht – wie im Kino, wenn ein Handy klingelt und der Besitzer das Gespräch auch noch annimmt.

Schließlich rollt der Zug wieder an. Ich schlafe ein wenig. Bei Tagesanbruch rollen wir immer noch. Und auch zur Mittagszeit. Erst um halb vier Uhr nachmittags erreichen wir Santiago de Cuba, etwa neun Stunden nach der geplanten Ankunftszeit.

Im Zug plaudere ich mit José, dem stolzen Besitzer einer *casa particular*. Als ich ihm von meiner schmalen Reisekasse berichte, verweist er mich an seine Exfrau Lolita. Sie wohne ein paar Häuser weiter, habe allerdings keine Lizenz. Er erzählt mir, dass sie als Aufwartefrau und Sekretärin im Krankenhaus arbeite und mit dieser Tätigkeit nur wenig Geld verdiene, weshalb ihr mein Zimmergeld eine große Hilfe sein würde. Auch Michael will gerne bei Lolita übernachten. Als wir aber aus dem Zug aussteigen, quatschen einige Vermittler die vielen Rucksackreisenden an und bieten ihnen Unterkunft mit Bett, Frühstück, Mittag- und Abendessen für fünf Dollar an. Selbst mir kommt dieses Angebot zu billig vor. Die argentinische Zündelfraktion wie auch eine Reiseführer schwingende kanadische Hippiefraktion versuchen, José noch weiter runterzuhandeln, mit dem Argument, es gäbe schließlich viele *casas* zur Auswahl.

Ich sehe Michael zögern, denn der augenscheinlich günstige Preis und die Verlockung, mit einer Gruppe Gleichgesinnter herumzuhängen, führen ihn in Versuchung. José meint, er könne einen Pauschalpreis von 13 Dollar für Bett und drei Mahlzeiten anbieten, was sehr wenig ist, egal woher man kommt. Die Argentinier setzen dem 12,50 Dollar entgegen, doch José schüttelt den Kopf. Beide Fraktionen wenden sich daraufhin den Vermittlern zu, und José ist aus dem Rennen. Michael, der Mittzwanziger, beschließt, bei der Gruppe Mittzwanziger zu bleiben. Da ich auf Gruppen etwas allergisch reagiere, schließe ich mich José an, der bereits kopfschüttelnd losmarschiert ist.

»Mir gefällt der Ton nicht, in dem diese Unterhaltung geführt wurde«, sagt er. »Lieber verzichte ich auf das Geld, als mir diese Leute ins Haus zu holen.«

Wir gehen durch die engen, mit Kopfsteinen gepflasterten Straßen von Santiago de Cuba, einer dicht bebauten Stadt im Kolonialstil mit schmalen Häusern, zu denen winzige Treppen mit jeweils drei Stufen führen. Lolita wird erst um 17.00 Uhr nach Hause kommen, deshalb meint José, ich solle im Haus gegenüber auf sie warten, dann geht er. Dieses Haus ist eine *casa particular* mit Lizenz, und im Inneren höre ich die Stimme von Lena, der dänischen Rucksacktouristin aus dem Zug. Die *señora* lächelt übers ganze Gesicht und bietet mir Kaffee und einen Imbiss an. Sie behandelt mich auf eine Weise, die ich schon von vielen anderen Besitzern von lizenzierten und nicht lizenzierten *casas* kenne und die mir bedeutet: *Hier geht es ums Geschäft.*

Punkt fünf Uhr erscheint Lolita, eine füllige dunkelhäutige Frau mit warmherzigen Augen und einem freundlichen Lächeln. Ihr Haus ist winzig klein, ein bröckelndes Relikt aus einer vergangenen Zeit, das in einer Ritze des kolonialen Viertels von Santiago de Cuba überdauert hat. Nach der Strapaze im Zug beschließe ich, dass dieser Ort genau der richtige ist, um innezuhalten und ein wenig länger als einige wenige Stunden auszuruhen, vielleicht ein paar Tage.

Jeden Morgen, an dem ich in Lolitas Haus aufwache, öffne ich zuerst die beiden kleinen Rollläden an der Vordertür und vernehme den wie ein Klagelaut klingenden Ruf »*Tomates … cebolla … ajo*« (Tomaten … Zwiebeln … Knoblauch), und dazu das Klack-Klack von Schubkarren, die durch die engen Straßen geschoben werden.

Jeden Morgen Punkt 7.30 Uhr verlässt Lolita das Haus und geht ihrer Arbeit im Krankenhaus für fünf Dollar im Monat nach. Mit diesem kläglichen Lohn kauft sie Lebensmittel, Reinigungs- und Pflegeprodukte oder Kleidung, aber jeweils nur einen dieser Artikel pro Monat. Bevor sie geht, bereitet sie mir auf einem kleinen Teller das Frühstück zu und stellt es für mich auf den Tisch: Rührei, zwei in einem Spritzer Öl aufgebackene Brötchen und einen Krug frisch gepressten Orangensaft. Ich bin mir darüber im Klaren, dass sie mir ihre Tagesration von einem Brötchen vermacht, und die von ihrem getrennt lebenden Ehemann noch dazu. An den Wänden mit ihren ausgebleichten Tapeten hängen Hochzeitsfotos. Ihren Mann hat sie mit Bildern von sich aus glücklicheren Zeiten überdeckt, die sie mit schwangerem Bauch zeigen, bevor sie die Fehlgeburt erlitt. Als er in einem anderen Teil des Landes arbeitete, hatte ihr Mann beschlossen, sie gleich ganz verlassen. Sie schreibt den Verlust ihres Babys dem Liebeskummer zu, den sie durch diese Trennung erlitt. Solche Dinge akzeptiert man seufzend auf Kuba. Es ist paradox: Einerseits gibt es den engen Zusammenhalt der Familie und andererseits die akzeptierte Launenhaftigkeit der kubanischen Männer. Es existiert sogar ein Name für diese Art *hombre.* Man nennt ihn *picaflor,* was soviel heißt wie »der, der Frauen wie Blumen pflückt«.

Ich frage José später unverblümt danach, und er zuckt nur mit der Schulter.

»So sind die kubanischen Männer«, erwidert er. »*Mucho calor,* jede Menge heißblütiges Testosteron«.

In der winzigen Kammer, die sich Küche nennt, zünde ich Lolitas rostigen Campingkocher an und wärme Wasser zum Duschen auf. Dann warte ich, bis sich der rußigschwarze Rauch verzieht. Aus dem Rohr draußen rinnt etwa alle fünf Tage etwas Wasser. Man fängt es in drei großen Tonnen auf und benutzt es als Reserve für die kommende trockene Woche. Ich stelle mich unter die wasserlose Betondusche, gieße mir mit einer Tasse heißes Wasser über den Kopf und fange das benutze Wasser in einem Eimer wieder auf, damit kein Tropfen verschwendet wird. Lolita hat mir ihr kleines Stück Seife angeboten, doch ich nehme es nicht, denn sie muss damit einen ganzen Monat auskommen. Ein Regierungserlass bestimmt, dass man Toilettenpapier nur in den Dollarläden kaufen kann, weshalb hier Zeitungspapier benutzt wird, das sich im trockenen Becken stapelt.

»*Leer el culo*«, meint Lolita lachend. Ein beliebter kubanischer Witz, der übersetzt etwa bedeutet: »Lesestoff für deinen Hintern.«

Als Lolita in der Arbeit ist, stecke ich meinen Kopf durch den Vorhang zu ihrem Schlafzimmer. Bedrückt betrachte ich die schmale, quietschende Liege auf dem abgesunkenen Boden, dessen einstmals elegante Bodenfliesen im Kolonialstil sich gehoben haben und zerbrochen sind. Sie geben den Blick auf ein großes klaffendes Loch frei.

Auf der Frisierkommode in meinem Zimmer stehen leere Shampoo- und Bodylotion-Flaschen von früheren Gästen.

»Zur Dekoration«, erklärt Lolita schlicht, als ich sie frage, warum sie diese aufbewahre.

An der Wand finden sich Poster mit Parfüm- und Zigaretten- reklamen, die sorgfältig ausgeschnitten und auf einen viereckigen Karton geklebt wurden. Solche Produkte findet man nicht in den nüchternen, oft leeren Läden, in denen Kubaner für gewöhnlich ihre Einkäufe tätigen und dabei vom Dollarland träumen.

Jeden Abend genieße ich das köstlichste vegetarische Essen, das ich seit langer Zeit zu mir genommen habe. Das Gericht an sich ist einfach: Kürbispüree, Reis, Bohnen, geschmorter Kohl, gebra- tene grüne Bananen und vielleicht etwas Quark zum Dessert. Doch die Speise ist aromatisch, köstlich und wunderbar zubereitet, sie schmeckt nach Liebe und nach dem Thymian, der in einer am Zaun hängenden Blechdose wächst.

Ein kleiner Schwarz-Weiß-Fernseher erfüllt das Haus mit Tra- gik und Hoffnung. Zwischen neun und zehn Uhr am Abend hält der Alltag in Kuba inne; die Hausfrauen trocknen sich die Hände am Handtuch ab, und alle lassen sich nieder, um *la novela* zu se- hen – es laufen immer drei oder vier überaus realistische *novelas* auf einem Kanal.

Lolita entschuldigt sich vielmals, dass ihr Haus in einem solch arm- seligen Zustand ist, und doch strahlt das kleine Haus so viel Zunei- gung und Wärme aus. Und vor allem gibt es Lolita, diese rundliche, warmherzige und lächelnde Frau, die unermüdlich gegen die Armut kämpft und ihr nahezu fließendes Deutsch Abend für Abend übt, eine Sprache, die sie vor vielen Jahren lernte, als Fidel Castro sein Volk nach Russland, Bulgarien und in die ehemalige DDR schickte, um Kubas kommunistische Brüder zu unterstützen. Während sie lernt, träumt sie davon, in Kubas schnell wachsender Tourismusin- dustrie eine Stelle zu finden, und damit eine Arbeit, die ihr eines Ta- ges vielleicht die Freiheit gibt, Lebensmittel und eine dieser großen Shampooflaschen im selben Monat zu kaufen.

Die Geldgräber von Santiago

Um fünf Uhr kommt Lolita wie gewöhnlich von der Arbeit nach Hause. Sie ist erhitzt, musste sie doch zwei Stunden lang in der prallen Sonne stehen und einer vom Fernsehen übertragenen Kundgebung für Elián beiwohnen, den kubanischen Schuljungen, der mit seiner Mutter auf einem Gummifloß nach Florida geflüchtet war. Lolita erzählt, man habe sie und die anderen Angestellten angewiesen, an der Kundgebung teilzunehmen, andernfalls würde man ihnen einen Monat Lohn streichen. In diesem Land, wo ein T-Shirt einen Monatslohn kosten kann, hatten leider nur die aus der ersten Reihe das Glück, eines der allgegenwärtigen »Salvemos a Elián«-T-Shirts zu erhalten.

José nimmt Lena und mich zur Casa de la Trove mit, einer Bar mit Livemusik, wie man sie in vielen kubanischen Städten findet. Die Bar hat zwei Räume, einen für Kubaner und einen für Ausländer. Damit man sich das Duo-Gitarrenduell in der Ausländerbar anhören darf, muss man einen Dollar pro Getränk bezahlen. Nichtsdestotrotz beenden die Musikanten ihr Spiel bereits nach einem Lied und schlendern in den anderen Raum. Unter den anderen bleichgesichtigen Gästen in ihrer schicken windgeschützten, wasserundurchlässigen nervig bunten Reisekleidung fallen wir regelrecht auf.

Als wir wieder auf die Straße hinaustreten, fängt uns ein junger Mann ab, oder besser gesagt, er fängt Lena ab, die mit ihrer tiefen Sonnenbräune und dem buttergelben Haar sehr begehrenswert aussieht. Gesprächig und charmant führt er uns drei zu einer Bude in der Calle Heredia Nummer 262, wo wir für wenig Geld die beste kubanische Pizza bekommen, die ich bisher gegessen habe; der Boden ist knusprig, der Belag schmeckt lecker, obwohl er höchstwahrscheinlich jede Menge Sojaproteine enthält. José gefällt es ganz und gar nicht, dass der Junge unsere Dreisamkeit stört, folgt uns aber höflich und stumm. Natürlich erwartet der junge Mann, dass wir ihm für seine Mühe eine Pizza spendieren.

Nachdem wir unsere Pizzas auf den Stufen gegenüber der Imbissbude verzehrt haben, schlendern wir wieder die Straße hinunter. Wir sind noch keine drei Minuten unterwegs, als Lena plötzlich bemerkt, dass sie ihre kleine Tasche vergessen hat, in der sich ihr Pass, vier Dollar in kubanischen Pesos und einige besondere Erinnerungsstücke befinden, einschließlich eines Buchs und eines Briefs.

Natürlich ist die Tasche schneller weg als ein Kubaner mit einem Gratisticket nach Miami.

Mit unverfrorener Girl Power, unterstützt von einem Fünf-Dollarschein, überredet Lena den Straßenverkäufer gegenüber der Pizzabude, mit seinem Motorradtaxi zur Wohnung des gesprächigen, charmanten jungen Mannes zu fahren, und sich dort einmal nach ihrer Brieftasche umzusehen. Nach einigen Stunden kommt er mit unumstößlichen Beweisen zurück. Ja, auf dem Küchentisch des Kerls habe er eine ausländische Geldbörse liegen sehen, die zu Lenas Beschreibung passe.

Sofort springt Lena auf das Motorrad ihres Informanten, und die beiden machen sich auf den Weg zur Wohnung. Doch anscheinend ist der Junge mitsamt der Brieftasche untergetaucht. Die Gegend, in der er wohnt, habe sie an den Hof eines Schrotthändlers erinnert, erzählt Lena später. Die Wohnung bestehe mehr oder weniger aus vier Wellblechplatten, zusammengestapelt wie ein Kartenhaus.

Die Mutter des Jungen, eine Trinkerin, hatte jede Schuld ihres Sohnes bestritten. Wenigstens ihren Pass wollte Lena zurückhaben, auf das Geld hätte sie ja verzichtet (angesichts dieser Nachbarschaft hätte es wohl die ganze Familie zwei Monate lang ernährt). Die Frau brabbelte unzusammenhängendes Zeug, Lena verließ das Haus mit leeren Händen und musste eine schwerwiegende Entscheidung treffen. Hätte sie die Polizei gerufen, wäre der Junge für 25 Jahre ins Gefängnis gewandert, die Standardstrafe für Raubdelikte gegen Ausländer. Für solch ein grässliches Schicksal wollte sie aber nicht verantwortlich sein und entschied sich deshalb gegen den Anruf.

Die Bekannten des Jungen stimmen ein anderes Lied an. »Ruft die Polizei«, beharrt die Gruppe Kubaner, die sich mittlerweile um den

Pizzaimbiss versammelt hat. »Wenn man ihn damit durchkommen lässt, schlägt er das nächste Mal nur noch unverfrorener zu.«

Solche harten Strafen gäbe es, behaupten sie, um Kubas immer fetter werdende Milchkuh zu schützen: den Tourismus. Nach langem Hin und Her entschließt sich Lena dennoch dagegen, Anzeige zu erstatten. Von der Polizei erhält sie ein Schreiben, das der Einreisebehörde den Vorfall erklärt, damit sie ungehindert umherreisen kann.

Das Leben in Santiago kehrt zum Alltag zurück, man setzt sich wieder auf die Stufen.

Ich beschließe, es langsam angehen zu lassen und noch einige Tage im charaktervollen Ambiente dieser Kolonialstadt zu verweilen, meine Energiereserven aufzutanken und mich in Lolitas herzlicher Gegenwart zu erholen. Sie warnt mich vor den berüchtigten hartnäckigen »Geldgräbern« Santiagos. Offenbar bringt die Stadt so viele Menschen hervor, die sich auf die Kunst des Gelegenheitshandels vorzüglich verstehen, dass mittlerweile an jeder Straßenecke bewaffnete Polizisten patrouillieren.

Ich spaziere die Straße entlang, um mir die von Kugeln durchsiebte Moncada-Kaserne anzusehen. Im Jahr 1953 wurden die hier stationierten Truppen Batistas von 100 Revolutionären unter der Führung Fidel Castros angegriffen. Der Angriff schlug fehl, 68 von Castros Männern wurden grausam zu Tode gefoltert. Der Reiseführertext verspricht, es gäbe Wandgemälde von diesem Gemetzel. Es könnte ja sein, dass jemand unter ausgesprochenem Glücksgefühl leidet. Die Kaserne beherbergt heute eine Schule und ein Museum, und es beunruhigt mich ein wenig, als mir ein kleines Mädchen in Schuluniform unversehens einen Vortrag über diese und andere blutige Denkwürdigkeiten hält.

An einer Straßenecke entdecke ich einen Jungen, der kubanische Brötchen mit weichem weißem Käse verkauft. Sein Handel mit diesem einfachen, aber köstlichen Imbiss blüht. In jeder Hand ein Brötchen, überquere ich die belebte Straße, und als ich die andere Seite erreiche, habe ich sie bereits aufgegessen. Ich mache kehrt, um mir weitere zu kaufen. Während ich in der Schlange warte, nähert sich mir ein Junge etwa im selben Alter wie Lenas Räuber und fragt mich freundlich, woher ich käme. Unwillkürlich fahre ich ihn an, er solle mich in Ruhe lassen. Natürlich fühle ich mich sofort danach schlecht, weil mich Lenas Erfahrung so stark beeinflusst hat, aber eine gewisse Voreingenommenheit gegen kubanische Männer ist eben geblieben.

Ich schlendere weiter zum Hotel Santiago de Cuba, dem postmodernen Stolz der Stadt. Wenn man mit dem Aufzug in den obersten Stock fährt, kann man einen herrlichen Panoramablick auf die Stadt und die umliegenden Berge genießen. Ich schaue hinüber zur dunklen, steinigen Küste, die sich weit in den Westen erstreckt. In diese Richtung gedenke ich in einigen Tagen zu radeln.

Auf meinem Weg zurück in die Innenstadt kehre ich in der örtlichen Coppelia ein, um mir ein Eiskügelchen zu gönnen; wieder mal sitze ich in einem dieser ausgesprochen merkwürdigen Betongärten. Kellner eilen vorbei und verteilen Metalltabletts mit ein, zwei und drei Kugeln Eis in der einzigen Geschmacksrichtung, die es heute gibt: Melone. Das Eis ist ein wässriges Bällchen weißer Matsch, von dem selbst die Kubaner zugeben, dass es *más o menos* ist, also so là là.

Von Trommelklängen angezogen, wandere ich eine enge Straße hinauf. Der stete Rhythmus führt mich zu einem Museum, in dem eine Tanztruppe für ihre abendliche Vorstellung übt. Zu afrokaribischen Rhythmen wirbeln Männer mit nackter Brust und Lendenschurz ihre Tanzpartnerinnen im Hof herum, deren lange Röcke und Rüschchenblusen eher an die alpenländische denn an die kubanische Kultur erinnern. Während einer Pause kommen einige der Tänzer auf mich zu; sie stellen mir die typisch männlichen Macho-Fragen eines Latinos bei der ersten Begegnung: *De dónde eres?* Woher kommst du? *Casada?* Bist du verheiratet? – *Porque no?* Warum nicht? – *Tienes familia?* Hast du Kinder? – *Porque no?* Warum nicht? Und so weiter. Zwei der *muchachos* sprechen ausgezeichnet englisch: Vladimir, ein *negro* (liebenswert gemeinter Spitzname für Schwarze), der eine coole orangefarbene Sonnenbrille und ein schwarzes T-Shirt mit Glitzermotiv trägt, und Carlos, ein *moreno* (liebenswert gemeinter Spitzname für einen Mann mit kaffeebrauner Haut), der zum strahlend weißen T-Shirt Jeans ohne Löcher mit einer ausgefallenen Gürtelschnalle trägt. Die Klamotten der Jungs hätten mir eine Vorwarnung sein sollen, denn sie deuten auf deren Erfahrung in Sachen Geldgräberei hin. Echte Profis eben.

Ich frage sie, wo ich einen guten Mojito erhalten könne. Sie sagen, ich solle sie um sieben Uhr auf dem Platz treffen, dann würden sie mich zu einem Lokal bringen, in dem man auch gut und billig essen kann. Ich denke an das Mahl, das Lolita mir zubereiten wird, und sage ihnen, dass ich essen werde, bevor ich ausgehe. Dann empfehle ihnen, dasselbe zu tun, da ich ihnen kein Abendessen spendieren werde, dafür aber jedem einen Mojito.

Sie sehen mich entsetzt an und versichern mir, sie würden nie und nimmer von mir erwarten, sie zu etwas einzuladen; das täten manche *cubanos* zwar, aber das wäre ja wohl »so was von respektlos«.

Profis durch und durch. Versteht sich.

Zusammen verlassen wir das Museum der darstellenden Kunst und machen auf dem Weg nach Hause bei einem Ein-Dollar-Eisladen halt, weil sie mir versprechen, dass das Eis hier viel besser schmecke als in der Coppelia. Die Schlange vor der Tür teilt sich wie das Rote Meer, als ich mich mit meinen heiligen Dollars nähere. Man lässt mich vor der Schlange ein, was mir ein ausgesprochen unangenehmes Gefühl verursacht. Ich kaufe meinen Begleitern eine Portion Eiscreme, die tatsächlich etwas besser schmeckt als das Eis in der Coppelia, doch längst nicht so gut wie Erdbeereis von Häagen Dazs. Wir kommen an der Bude mit den leckeren Pizzas vorbei, und ich kaufe jedem eine. Sie machen bereits ihren Schnitt, und ich merke es nicht einmal.

Als ich bei Lolitas Zwergenheim ankomme, wartet Lena schon auf mich. Einige dänische Rucksacktouristen haben sich ihr angeschlossen, und wir vereinbaren, uns allesamt mit meinen neu gefundenen Freunden um sieben Uhr im Park zu treffen. Da ich schon so lange allein reise, sehe ich voraus, dass diese Gruppenerfahrung recht mühsam werden könnte. Andererseits habe ich seit einem Monat keine Konversation mehr in meiner Muttersprache geführt, weshalb mir das Gemeinschaftserlebnis in diesem Augenblick als nette Idee erscheint. Lolita hat mir eines ihrer köstlichen einfachen vegetarischen Gerichte zubereitet, und Lena beschließt, zum Essen zu bleiben, statt in ihre lizenzierte *casa* auf der anderen Straßenseite zurückzukehren. Sie gibt Lolita drei Dollar, und ich bin mir sicher, dass diese das Geld sinnvoll und sofort zu nutzen weiß.

Erst um 19.30 Uhr kommen wir im Park an, in dem Glauben, die Jungs wären vielleicht schon gegangen. Natürlich haben sie gewartet.

»Keine Sorge«, hatte Lolita uns schon vorher beruhigt. »Wenn ein Kubaner sagt, er ist da, dann wird er auch da sein.«

Irgendwie ist unsere Gruppe auf die stolze Größe von zwölf Personen angewachsen, darunter sechs Leutchen aus Dänemark, zwei aus Holland und zwei aus Kanada.

Vladimir und Carlos sind eindeutig sehr geschickt darin, eine Gruppe von *extranjeros* (Ausländern) zu bearbeiten. Sie geleiten uns zu einem stallähnlichen Lokal, in dem man essen und trinken kann, das aber stark an eine ziemlich durchschnittliche Bierkneipe erinnert, einschließlich der müden Kellner, harten Stühle und schlechten Akustik. Trotz ihrer Versprechungen gibt es hier keinen Mojito, dafür schales Bier und Saft in kleinen Trinkpäckchen mit Strohhalm. Unsere kubanischen Begleiter setzen sich an den Kopf des Tisches, und man ordert die Getränke. Auf dem Weg zum Restaurant haben wir irgendwie zwei leicht bekleidete *muchachas* aufgelesen, offensichtlich Freundinnen von Vladimir und Carlos. Sie verfügen über das gleiche PR-Talent wie die beiden Männer und widmen sich insbesondere dem steifen, langweiligen dänischen Pärchen, das sich aufführt, als habe es sich noch nie in Riechweite einer Frau befunden, die mehr als Fußknöchel und Handgelenke entblößt.

Vor Vladimir und Carlos wird je ein Teller gebratenes Hähnchen mit Pommes abgestellt. Sie rufen mich zu sich und wollen den Vogel unbedingt mit mir teilen. Ich sage, dass ich bereits gegessen hätte, und kehre zu meiner passionierten Diskussion mit dem dänischen Molekularbiologen zurück, die sich um die Reproduktion des *plasmodium falciparum,* des Malariaerregers, dreht, das Thema seiner Doktorarbeit. Während ich ganz in diesen sonderbaren Small-Talk-

Flirt vertieft bin, der dem spitzköpfigen Wissenschaftler eindeutig einheizt, unterbricht Vladimir unser angeregtes Gespräch und knallt mir zwei Worte in perfektem höflichem Englisch vor die Nase: »Geld bitte.«

In überraschend einwandfreiem Spanisch erinnere ich ihn an unsere Vereinbarung. Daraufhin täuscht er vor, seine Muttersprache plötzlich vergessen zu haben. Ich werfe einen Blick auf die Rechnung. Der Schaden ist gering, dennoch bin ich angesäuert, fühle mich beleidigt. Dabei geht es mir gar nicht ums Geld, sondern ums Prinzip. Prinzip?

Der größte Teil in mir schreit, dass Prinzipien hier fehl am Platze seien. Prinzipien sind ein Luxus, den sich nur die *Begüterten* leisten können. Unser kleiner Streit spricht sich indes am Tisch herum, und plötzlich gehen bei allen Ausländern unnötigerweise die roten Alarmleuchten an. Zwar sind sie zu höflich, um unsere Begleiter abzuwimmeln, doch lassen sie diese fortan nicht mehr aus den wachsamen Augen, beobachten jede ihrer Bewegungen, wie die Küstenwache einen Kubaner, der sich mit Schwimmflügeln am Strand von La Altura aufhält.

Einige Zeit später, mit etwas Abstand, kann ich verstehen, dass eine Wohlstandsgesellschaft es sich leisten kann, hehre Ziele wie Ehrlichkeit, Integrität und das Credo »Andere Leute nutzt man nicht aus« auf die Fahnen zu schreiben. Wir nennen diese Dinge Grundregeln des menschlichen Anstands. In einem armen Land lautet das Motto allerdings anders: »Wenn du geben kannst, dann hast du auch zu geben.«

Vladimir, von den Ereignissen völlig unberührt, als gehöre so etwas eben zum Beruf des Geldgräbers dazu, kündigt fröhlich an, die Gruppe in eine Disco zu führen. Die beiden *chicas* kichern vergnügt, die mit Armreifen behängten Arme um die Hälse der beiden Kanadier geschlungen. Die Dänen regen sich lautstark über diesen Vorschlag auf und geben kund, sie gäben diesen vier Opportunisten keinen müden Dollar mehr, wobei es ihnen augenscheinlich piepegal ist, dass die Kubaner vermutlich jedes Wort verstehen. Lena, eindeutig angeheitert von der mittlerweile leeren Flasche Rum auf dem Tisch, schlägt einen Löffel an ihr Glas und verschafft sich Gehör. Sie gibt einem ellenlangen Monolog zum Besten, wie sehr wir unseren Aufenthalt als Gäste dieses Landes genössen, wie sehr wir Spaß mit unseren Gastgebern hätten, und es wirklich sehr schade wäre, diese Kameradschaftlichkeit zu zerstören …

»Warum zeigen wir unseren neu gewonnenen Freunden nicht, aus welchem Holz wir geschnitzt sind?«, fragt sie. »Wenn wir die vier Eintrittsgelder unter uns Zwölfen aufteilen, dann macht das nicht einmal einen Dollar pro Person.«

Natürlich möchte keiner als fieser Geizknopf gelten, und so torkelt die gesamte Gruppe wie ein entgleisender Zug aus der Bar und trabt beschwingt im Windschatten von Vladimir, dem Rattenfänger von Santiago, in Richtung Disco.

Doch nicht mal seine magischen Fähigkeiten können unsere bunt gemischte Multikulti-Gruppe dazu bringen, sich einstimmig für eines der angesteuerten Lokale zu entscheiden. In der nächsten Stunde latschen wir auf seinen Fersen von Club zu Club. Einigen ist die Musik nicht recht, andere hacken auf der Vermessenheit unserer kubanischen Begleiter herum, wieder andere beschweren sich über den Weltfrieden im Allgemeinen, weshalb wir niemals auch nur über die Türschwelle eines einzigen Etablissements treten und stattdessen laute Diskussionen in verschiedenen Sprachen vor den Eingängen führen. Wenn ich Vladimir wäre, ich hätte uns schon längst an der nächsten Laterne ausgesetzt. Doch für einen Kubaner ist ein Ausländer die Eintrittskarte in diese Clubs, deshalb kann ich verstehen, warum er und seine Leute so sehr an diesem Abendprogramm festhalten. Innerlich fragen sie sich vermutlich, von welchem merkwürdigen Stern wir eigentlich gefallen sind.

Mir ist dieses gedankenlose Gruppengebaren schließlich zu bunt, ich trolle mich und gehe die dunklen Straßen entlang in Richtung *casa*. Unterwegs werde ich von einer Gruppe betrunkener Kubaner eingekreist, die mich bedrängen, stehenden Fußes mit ihnen nach Hause zu kommen. Einer der Männer, ein dunkelhäutiger Muskelprotz, behauptet beharrlich, er gehöre Kubas Nationalmannschaft im Boxen an und trainiere gerade für die Olympischen Spiele. Er erfreut und verfolgt mich mit dieser Geschichte bis zu den Stufen von Lolitas Haus und lässt erst dann locker, als sich das kleine Guckloch in der Tür öffnet; Lolitas Gesicht erscheint und hält Ausschau nach dieser Plaudertasche, die da vor ihrem Haus um zwei Uhr morgens so einen Lärm veranstaltet.

»*Cuidado.* Sei vorsichtig«, warnt sie mich als ich endlich allein mit ihr und sicher im Haus bin, und reibt sich dabei mit dem Zeigefinger über ihren Handrücken, die kubanische Geste für schwarze Haut.

Sie meint, fast immer, wenn es in Santiago Ärger gäbe, sei jemand mit schwarzer Haut darin verwickelt. Sie rollt die Augen, als ich ihr von dem Olympiateilnehmer erzähle.

»*Mentiras.* Lügen«, meint sie aufbrausend. »Sie laden dich in ihr Haus ein, und am nächsten Tag sind alle deine Sachen verschwunden.«

Ich erzähle ihr von dem Abend mit Vladimir, und sie erzählt mir eine traurige Geschichte über eine Touristin, die mit einer Gruppe Kubaner ausgegangen ist. Sie aßen und tranken gemeinsam, und als das Mädchen mal auf die Toilette musste, ließ sie vertrauensselig ihre Handtasche auf dem Tisch zurück. Bei ihrer Rückkehr waren ihre *amigos* verschwunden und hatten ihr genau an der Stelle ihrer Tasche eine in Bier aufgeweichte Rechnung zurückgelassen.

»Da fühlt man sich doch echt veräppelt und angeschissen, nicht wahr?«, meint Lena, als ich ihr die Geschichte am nächsten Morgen erzähle. Sie scheint müde und ein wenig aufgebracht nach ihrem Ausflug in die Stadt. »Diese dummen Dänen!«, schimpft sie über ihrer Banane. »Ständig haben sie sich über die Musik beschwert und wollten woandershin … so ignorant und typisch dänisch …« Als ich sie frage, wie die Nacht mit Vlad the Lad zu Ende gegangen sei, berichtet sie, die Gruppe wäre von Disco zu Disco weitergezogen und hätte sich nach und nach aufgelöst. Am Ende war nur noch sie selbst mit den Kubanern durch die Straßen getorkelt.

Der Tag ist noch jung, also beschließe ich, mit dem Rad zum Castillo El Morro zu fahren, einer Festung aus dem 17. Jahrhundert, die etwa zehn Kilometer vor der Stadt an der Küste liegt.

Die Burg sollte Santiago vor Piraten schützen. Eine *carretera turística* (Touristenstraße) windet sich entlang der Bucht und bietet einen herrlichen Blick auf heruntergekommene Fabriken und rauchende Schornsteine am fernen Ufer. Ich komme in Marina Punta Gorda an, einem Ort am Meer, an dem es eine Pier nebst einer netten Bar gibt. Von hier aus geht auch die Fähre nach Cayo Granma, einer kleinen Märcheninsel, die geschützt vor der Karibik in einer Bucht liegt.

Während ich an der Bar im Freien sitze und meinen Saft schlürfe, legt eine hübsch bemalte Fähre am Pier an.

»Touristenfähre, drei Dollar«, sagt der Mann an der Bar. Ich frage nach dem Anleger für die Nichttouristenfähre, mit der die Überfahrt laut Reiseführer zehn Centavos kosten soll. Man deutet auf eine unbefestigte Straße, von der aus man eine kleine Plattform-Fähre sehen kann. Unermüdlich pendelt sie tuckernd zwischen den drei Punkten ihrer dreieckförmigen Route hin und her, um die Insel mit dem Festland zu verbinden. Als sie anlegt, rolle ich mein Rad an Deck. Beim Zwischenstopp am Anleger vom Castillo El Morro kommt zu meiner Überraschung Lena an Bord. Sie war von Santiago per Autostopp hierher gekommen.

Cayo Granma ist eine kleine konische Insel, die in der Bucht von Santiago im Wasser schwimmt wie Eiswürfel in einer Limonade. Ein höhlenartiger Tunnel führt von einer Seite zur anderen, und rechts thront eine Kirche auf einer Anhöhe. Ein Weg aus Kopfsteinpflaster schlängelt sich rund um die Insel, gesäumt von idyllischen Häusern und Blumengärten. Wir steigen aus und machen uns auf den Weg zu einem Lokal in der Nähe, das sich an die Seite eines Hügels schmiegt. Zuvor haben uns allerdings einige charmante *cubanos* auf dem Boot zu einem Essen in ihrem Haus eingeladen. Für zehn Dollar könnten wir Hummer speisen, sagen sie.

Da sie etwa 1000 Prozent Gewinn bei diesem Geschäft machen würden, sind sie entsprechend hartnäckig. Auf Kuba erhält man viele Einladungen zu verschiedenen Aktivitäten, die, obwohl natürlich gut gemeint, alle das gleiche Ziel haben, nämlich einem die Dollars aus der Tasche zu leiern. Manchmal ist es besser abzulehnen. Wir ziehen uns so elegant wie möglich aus der Affäre und laufen einfach weiter Richtung Restaurant.

Auf der Speisekarte stehen Hamburger und Brathähnchen, und es bietet sich uns ein atemberaubender 270-Grad-Blick über die gesamte Bucht und auf das Festland. Lena und ich setzen uns an einen Tisch, nippen an unserem Saft und blicken hinaus auf die glitzernde Decke aus blauem Wasser. Ich denke, hier ist es schön.

Hier ist es schön.

Oftmals verfalle ich in Selbstgespräche, die jeder arme Mensch in Hörweite mitbekommt. Sie drehen sich immer im Kreis und behandeln die Frage, ob man wirklich jemals irgendwo *ankommen* kann. Ist es wirklich möglich, das Nirwana zu erreichen und dort zu verweilen? Wahrscheinlich. Doch laut verschiedener Meditationsratgeber bedarf es dafür einiger Mühe und auch einer Umstellung des Lebens. Vielleicht reicht aber auch nur ein Loslassen?

Ich habe viele Menschen kennengelernt, die ihren Traum in weit abgelegenen Orten auf dieser Welt leben. Viele haben sich idyllische Kokons gebaut, doch nur wenige strahlen diese Heiterkeit aus, diese gelassene innere *Ruhe,* die zeigt, dass man wirklich irgendwo *angekommen* ist. – Trotz aller Entbehrungen findet man diese besondere Ruhe bei den Kubanern.

Wie kann das sein, in einem Land, das US-Dollars und demokratische Freiheit entbehrt? Ich habe lange darüber nachgedacht.

Fast ebenso groß wie die Furcht vor Erniedrigung ist die Angst vor dem Tod in unserer westlichen Kultur. Eine natürliche Ursache vorausgesetzt, stirbt man, wenn eines unserer Grundbedürfnisse nicht erfüllt ist: Nahrungsmangel, Mangel an einer Unterkunft, fehlende medizinische Behandlung. Um den Tod hinauszuzögern, muss der westliche Durchschnittsmensch arbeiten und kann das Geld dann gegen Essen, Unterkunft, Krankenversicherung und so weiter eintauschen. So ist er für alle Ewigkeit in der gesellschaftlichen Tretmühle gefangen, nur um diese drei Grundbedürfnisse zu befriedigen. »Der Durchschnittsmensch lebt also in einem Zustand stiller Verzweiflung«, hat mal jemand in betrunkenem Zustand treffend Thoreau fehlinterpretiert.

In Kuba sind die Grundbedürfnisse der Menschen abgedeckt: Lebensmittel werden durch die Rationalisierungsmaßnahmen zugeteilt, fast jeder hat ein Dach über seinem Kopf geerbt, das ihm Schutz und Unterkunft bietet, und der Gesundheit wird durch das fast beitragsfreie Gesundheitssystem Sorge getragen. Obwohl also ein Kubaner nicht viel zum Leben hat, ist es doch unwahrscheinlich, dass er verhungern, durch Mangel an einer Bleibe vor Kälte sterben oder aufgrund fehlender gesundheitlicher Versorgung dahinsiechen wird. Deshalb besitzt er diese innere Ruhe.

Mein Freund Joel, der sechs Jahre am Strand von Costa Rica gelebt hat, glaubt, dass für die meisten von uns das Nirwana so schlüpfrig ist wie ein Aal. Man könne sich schon glücklich schätzen, wenn man einen dieser Momente der Ruhe im Strudel des Lebens erleben darf, in dem man sozusagen auf Wolken schwebt … zum Beispiel, wenn man auf einem Berg sitzt und dabei zusieht, wie die Sonne aufgeht, wenn man sich im ruhigen Meer treiben lässt, wenn man in einer lebensfrohen fremden Stadt spazieren geht, wenn man das Geschirr abwäscht, nachdem man eine selbst gemachte Lasagne gegessen hat, die genau richtig war, nicht zu matschig und nicht zu trocken – flüchtige Momente, in denen man sich erlaubt, innezuhalten und zu denken: Hier ist es schön.

Als ich auf dieser Terrasse mit Meeresblick sitze, an einem Tisch mit karierter Plastiktischdecke und *pollo asado* auf dem Teller, und die Sonne scheint, als hätte es nie Regen gegeben, da denke ich: *Hier ist es schön.* Um meinen Tagesausflug ins Nirwana ein wenig zu verlängern, bestelle ich mir eine zweite Portion Hühnchen.

Eine junge Frau kommt auf uns zu. Sie hält einen runden Plastikgegenstand und eine Anleitung in den Händen. Der Plastikgegenstand stellt sich als randvoll gefüllter Tablettenspender für die Antibabypille heraus. »Können Sie mir sagen, wie das hier funktioniert?«, fragt sie in gestelztem Englisch.

Ein Freund aus den Vereinigten Staaten hat ihr fünf dieser Behälter geschickt. Lena liest die Anleitung und erklärt es ihr dann in hervorragendem Spanisch.

Die junge *muchacha* ist groß und schlank, ihre kleinen runden Brüste drücken sich in dem schlecht sitzenden BH durch das enge Top. Sie ist eine erst 20-jährige Blume, die darauf wartet, von einem reichen weißen Mitfünfziger-*gringo* während seines Urlaubs gepflückt zu werden. Wahrscheinlich wird dies dann aber doch ein machohafter Don Juan übernehmen, der sie und die gemeinsamen Kinder schließlich für ihre Schwester verlassen wird.

»Fünf Monate keine Babys«, versichere ich dem Mädchen in meinem besten Spanisch. Sie lächelt und spricht mit uns in deutlichem, korrektem Englisch, als würde sie aus einem Schulbuch vorlesen. »Ich würde mich glücklich schätzen, Ihnen mein Land zu zeigen, dessen wichtigste Industriezweige Zucker, Kaffee und Tourismus sind …« Wir lassen sie üben.

Ich mache mich auf den Rückweg zum Castillo El Morro. Dort werde ich mit dem Satz konfrontiert: *»Los Cubanos son grandes.«* Die Kubaner sind groß. Ich wende den Kopf ab, aber das Bild hat sich unglücklicherweise bereits in mein Gehirn gegraben: der schlaffe schwarze Wurm, der aus den Hosen des jungen *negro* heraushängt.

Lässig und ungezwungen hockt er am Boden, die weißen Zähne entblößt. Während ich mein Rad an einem Baum vor dem Eingang der Burg festschließe, kommt der Typ auf mich zu und versucht, mir Zigarren zu verkaufen. Als er damit keinen Erfolg hat, zieht er seine eigene »Montecristo« hervor, damit ich sie bewundern kann. Ich seufze und sage ihm, er soll gefälligst die Touristen mit weißerer Hautfarbe nerven, die eben in dem Mietwagen an der Straße halten.

»Die haben mehr Geld als ich«, argumentiere ich.

Erzählt man jemandem aus einem englischsprachigen Land eine solche Geschichte über nackte Tatsachen, wird dieser Jemand aller Wahrscheinlichkeit nach kichern und vorschlagen, man hätte auf den Anblick mit ausgiebigem Gelächter, einem Tritt in die Knie oder einer Geste, als würde man durch ein Vergrößerungsglas schauen, reagieren sollen, um dem Typen auf angemessene Weise den Wind aus den Segeln zu nehmen. Mir ist das auf meinen Reisen allein schon einige Male passiert, und ich habe nie so humorvoll darauf reagieren können. Bei mir machte sich immer unwillkürlich Übelkeit breit, gemischt mit einem Hauch von Beunruhigung.

Warum? Weil man nie wissen kann, mit welchem Verrückten man es zu tun hat. Die Kubaner, denen ich diesen Vorfall schildere, sind alle gleichermaßen angewidert.

»Das ist krank!«, zischen sie und tippen sich mit dem Finger an die Stirn. Eine solch unziemliche Zurschaustellung würde den Schuldigen normalerweise fünf oder sechs Jahre ins Gefängnis bringen. Der Zigarrenjunge hat Glück, und das verdankt er meiner Großzügigkeit.

Dennoch kann dieser Zwischenfall den Eindruck vom Castillo El Morro nicht trüben. Anfangs verspürte ich zwar keine große Lust, mir diese Sehenswürdigkeit anzuschauen, denn Burgen und Steine hatte ich in Großbritannien so viele gesehen, dass es für ein Leben reicht.

Doch als ich die Zugbrücke überquere, erstarre ich in Ehrfurcht. Castillo El Morro ist ein riesiges Bauwerk mit dicken Mauern hoch über der Karibik. Von seinen Türmen aus hat man einen wundervollen Blick auf Santiagos von Bergen gesäumte Bucht. Mehrere miteinander verbundene Zimmer und Terrassen geben der Festung den Eindruck eines überdimensionalen alten Lachkabinetts, in dem man die Gänge hoch- und runterlaufen kann und Verstecken spielt. Von ganz oben kann ich bis hinüber nach Cayo Granma sehen, davor hüpft das unermüdliche kleine Fährboot im Wasser auf und ab und bahnt sich seinen Weg zur Insel – auf, dann wieder ab, auf und wieder ab.

Ich wende meinen Kopf und betrachte die Küste der Sierra Maestra, deren schwarzer Kiesweg sich nach Westen schlängelt. In ein oder zwei Tagen werde ich mich wohl dorthin aufmachen. Ja, es ist an der Zeit, die Geldgräber, Flitzer und *la casa de Lolita* zu verlassen.

Die Küste der Sierra Maestra

An meinem letzten Tag in Santiago laufe ich mit Lena durch die Straßen und schaue mir einige lizenzierte *casas* für »das nächste Mal« an. Lolita ist zwar äußerst gastfreundlich, dennoch sehnt sich jeder einzelne Knochen in meinem Körper nach ein wenig mehr Komfort – und nach einer heißen Dusche, bei der das Wasser aus einem Loch in der Wand kommt statt aus einem Loch in einem Eimer. In einer engen Straße fällt uns ein Haus mit offener Tür ins Auge, die Dachterrasse ist voller Blumen und wirkt sehr einladend. Das Haus hat mehrere Zimmer, jedes kann man für 20 Dollar mieten. Eine quer über die Terrasse gespannte Hängematte lädt zum Verweilen ein. Im Wohnzimmer zeigen eine kurvenreiche *chica* und ein gertenschlanker *chico* einem schwedischen Rucksacktouristen einige Salsaschritte. Er ist völlig konzentriert, während mir etwas unliebenswürdige Gedanken in meinen unvollkommenen Sinn kommen: Irgendwie erinnert das Hüfte-Po-Schwenken im wiegenden Salsaschritt bei einem weißen Mann westlicher Prägung an den Watschelgang einer Ente. Die flüssigen Bewegungen der Latinos scheinen dagegen in direkter Verbindung zu ihrer Lebenseinstellung zu stehen.

Ich erzähle Titín, dem Sohn des Pärchens, von meinen Plänen, am nächsten Tag die Küste entlangzuradeln. Daraufhin gibt er mir die Adresse seiner Tante Milagro. Sie lebt nur etwa 18 Kilometer außerhalb Santiagos, was mir einen angenehm faulen ersten Tag ermöglicht, bevor ich mich auf die lange, kurvenreiche Küstenstraße der Sierra Maestra begebe. Sie ist erst 1999 fertiggestellt worden und war zuvor wegen der Bauarbeiten nicht befahrbar.

Wir schlendern zurück zu unseren *casas,* setzen uns auf die Stufen und essen in Scheiben geschnittene grüne Mangos mit Salz. Lena erzählt mir, sie gedenke ihren neuen Freund aus Dänemark in Baracoa am Ostzipfel des Landes zu treffen. Man hat zwei Möglichkeiten, dorthin zu gelangen: Entweder nimmt man die landschaftlich reizvolle Straße durch die hügeligen Anhöhen eines Berges namens

Alto de Cotilla, die sich schlängelt und windet wie ein glitschiger Aal, oder man nimmt von Santiago de Cuba aus den überbuchten Flieger.

Nachdem ich mir die Lobeshymnen über diesen Ort in meinem Reiseführer durchgelesen und Lenas Ausführungen über ihr bevorstehendes Rendezvous gelauscht habe, mache ich mir gedanklich eine Notiz, Baracoa eines Tages mit meinem Liebsten aufzusuchen. Während wir über unseren Reiseplänen brüten, kommt ein großer *negro* mit einer Gitarre vorbei. Ich springe auf und frage, ob ich sie mir mal leihen könne. Das Instrument besteht aus kaum mehr als einem Holzgerippe und rostigen Saiten, doch sein Besitzer träumt davon, mit seinen Freunden ein paar Songs aufzunehmen und berühmt zu werden.

Ich gebe mein beschränktes Repertoire zum Besten; er singt dazu schmachtend auf Spanisch und fragt mich dann, ob ich ihm ein paar neue Saiten kaufen könnte. Da die Läden bereits geschlossen haben und ich bei Tagesanbruch die Stadt verlassen werde, ist das einfach unmöglich. Vielleicht will ich aber auch, dass es unmöglich ist.

Es ist Vormittag, ich packe und esse dann zum letzten Mal ein herzerwärmendes Frühstück bei Lolita. Ich werfe noch einen Blick auf ihre Hochzeitsfotos. Die weiße Spitze ihres Kleides hat etwa 25 Dollar gekostet, der Empfang in einem örtlichen Lokal 200 Dollar. *Demasiado* (zu viel), sagt José. Fast zwei Jahre haben sie auf die Hochzeit gespart, nichts Ungewöhnliches, denn das ist wohl überall auf der Welt so. Überall haben die Menschen ähnliche Träume – und Schulden, nur die Höhe fällt unterschiedlich aus.

Den Schildern folgend, die mir den Weg zur Sierra Maestra weisen, radle ich aus der Stadt. Als mich der Hunger überfällt, halte ich am erstbesten Strand. Dort befindet sich auch ein kleiner *campismo* mit Betonhütten, deren Anblick mir mittlerweile recht vertraut ist. Ich sehe einen Baum, mache mich darunter breit und packe mein Frühstück aus. Der Wächter des verlassenen *campismo*, ein junger Mann, schlendert herüber, um sich zu vergewissern, dass ich auch keinen Ärger mache. Er setzt sich neben mich. Einige Kinder kommen her-

beigelaufen und wollen Kugelschreiber von mir. Selbst in den Rand-
gebieten der Stadt wird man von Geldgräberei nicht mehr verschont,
sie greift sogar hier an der Küste schleichend, aber stetig um sich.

Die Küstenstraße der Sierra Maestra bahnt sich als spektakulär
schwarzes Band zwischen Geröllhängen auf der einen und Kies-
stränden auf der anderen Seite ihren gewundenen Weg. Kaum sitze
ich wieder auf dem Rad, da rolle ich auch schon in das Städtchen
Boca de Dos Ríos, übersetzt »Mund der zwei Flüsse«, und suche
nach dem Haus von Titíns Tante Milagro.

Das ist nicht schwer, denn der Ort besitzt nur etwa fünf Häuser. Sie lebt mit ihrer 16-jährigen Nichte Nayra, einem stillen Mädchen, das unter angeborener Arthritis in den Knien leidet, in einem
würfelartigen Steinbau neben einem grauen Kiesstrand. Manchmal
kann Nayra nicht laufen. Dann reibt Milagro ihre Knie mit Men-
tholgel ein und versucht, sie auf diese Weise warm zu halten. Die
Salbe ist teuer, und ihre Familie in Santiago mit dem Dachterras-
senhaus und hüftschwingenden Gästen aus Schweden hilft ihr, dafür
aufzukommen. Obwohl ich mir zur Regel gemacht habe, auf Reisen
kein Fleisch zu essen, überredet mich Milagro zu einem köstlichen
res (Steak), das sie in einer riesigen Menge Zwiebeln und Knoblauch
auf dem rußschwarzen Rost ihres Brennstoffofens brät. Mein plötz-
licher Heißhunger auf Fleisch beunruhigt mich etwas, fühle ich mich
doch wie Dracula vor seinem Opfer. Das Fleisch ist *escondida*, das
Tier wurde im Hof von irgendjemandem geschlachtet und dann unter Freunden verteilt, was sich den offiziell sanktionierten und sub-
ventionierten Rationen der örtlichen *bodega* widersetzt. Milagro gibt
mir noch einmal Nachschlag.

»Komm, komm! Essen, essen!«, weist sie mich an.

Später helfe ich Nayra bei ihren Hausaufgaben. Eine besteht darin,
über *valores* oder Werte zu schreiben. Die Seiten ihres zerknitterten
Übungsbuchs sind voll mit zögerlichen, schrägen Krakeln, und während ich sie umblättere, lese ich die Überschriften: Ehrlichkeit; Integrität; Autorität.

Die Worte springen mich förmlich an. Als Nayra laut vorliest, füllt
sie das Haus mit Worten düsterer Weisheit, sogar das Meer schweigt

dazu. Ehrlichkeit. Integrität. Autorität. Meine Aufgaben damals waren Lesen, Schreiben, Rechnen. Irgendwie scheine ich in meiner frühkindlichen Erziehung etwas verpasst zu haben.

Milagro kommt ins Zimmer und reibt Nayra die Knie ein. Es ist ein wenig kühl, und ich stelle fest, dass es nur Laken auf den Betten gibt, keine Decken, bis auf ein löchriges Exemplar, das Nayra sich über die Beine legt.

»Niemand hier besitzt eine Decke. Die sind zu teuer«, sagt Milagro.

Ich ziehe eine Decke hervor, die ich letztes Jahr aus einem Flugzeug gestohlen habe; es brauchte statt der vorgesehenen zwei Stunden ganze zwei Tage, um mich nach Hause zu bringen. Die Decke gehört nun zu meiner *Outdoor*-Überlebensausrüstung und könnte ganz leicht die *Indoor*-Überlebensausrüstung dieser Familie im Wert steigern.

Ich mache mich gerade bettfertig, als mir Milagro ein Betthupferl bringt – für süße Träume. Soweit ich feststellen kann, handelt es sich dabei um Zuckerwasser, mit mehr Zucker als Wasser. Ich nippe daran, doch mehr als einen kleinen Schluck bringe ich von der klebrigen Flüssigkeit nicht hinunter. Anschließend geht Milagro hinüber zu Nayra, zieht ihr die Decke über die Knie und gibt ihr liebevoll einen Kuss. Ich rolle mich in meinem Bett zusammen und schließe die Augen. Das Letzte, was ich wahrnehme, ist die dunkle Silhouette von Nayra, die sich unter ihrer Decke zusammenrollt, und das Geräusch von Booten im ruhigen Meer.

Milagro schreibt mir einige Adressen auf, darunter auch eine, bei der es nur heißt: »La China, *la bodega*, El Uvero«.

Ich erwähle das etwa 60 Kilometer entfernte El Uvero zu meinem nächsten Zwischenstopp. Die sieben Dollar, die ich Milagro geben will, lehnt sie zuerst ab. Erst als ich ihr sage, dass sie für Nayra gedacht seien, bedenkt sie mich mit einem widerwillig dankbaren Blick und steckt das Geld ein. Sie will mir schreiben und mitteilen, was sie Nayra davon gekauft hat. Das Mädchen fängt bereits an zu träumen. Es zeigt mir ein Paar zerfledderter Plastiksandalen mit stumpf gewordener Glitzerdekoration und einem gerissenen Riemen. Mit meinem Geld könnte sie sich ein neues Paar kaufen und hätte sogar noch etwas übrig. Ich winke ihnen zum Abschied, und sie bleiben so lange vor dem Haus stehen und sehen mir nach, bis ich aus ihrem Blickfeld verschwunden bin.

Die Straße zieht sich wellenförmig dahin, die kleinen Hügel zu meiner Linken werden allmählich höher und erinnern entfernt an die Unheil prophezeienden Klippen von Westschottland.

»Stell möglichst keine Vergleiche an, die schmälern nur das Erlebnis«, hat mir ein Freund einmal gesagt. Ich hatte gerade die wenig beleuchteten dunklen Berge am Gardasee, Norditalien, mit den beleuchteten Vorstadtstraßen von Canberra, Australien, verglichen, wo ich den größten Teil meiner Kindheit verbracht habe.

Ich halte am Rand einer Steilklippe an, um den Reis und die Bohnen zu essen, die Milagro mir in meine Lunchbox gestopft hat. Während mein Blick über das wogende Meer unter mir streift, grübele ich wenig konkret über meine Zukunft nach. Ich bin mit dem Essen fertig, bevor ich mir über diese im Klaren bin, also verschließe ich meine Lunchbox und schwinge mich wieder aufs Rad.

Eine glückliche Stunde verbringe ich in einem Laden am Fuße der herrlichen Sierra Maestra. Hinter dem Laden erhebt sich das Gebirge wie eine riesige baumbestandene Mauer und lässt die Handvoll Kubaner winzig erscheinen, die sich, begleitet von sanften Salsarhythmen aus dem Rekorder, träge auf dem Platz davor herumfläzen. Der Berg strahlt hell im gleißenden Licht der Nachmittagssonne. Im Vorbeifahren denke noch, ein Foto zu machen, tue es dann aber doch nicht. Das Bild ist in meinem Kopf bereits geknipst und entwickelt, und dort soll es auch bleiben. Oft genug bin ich durch die Landschaft gefahren, und die Linse meiner Kamera klebte mir dabei automatisch und wie angewachsen vor den Augen. Doch in letzter Zeit banne ich immer weniger Erinnerungen auf den Film und speichere sie stattdessen in meinem Kopf.

Ich komme nach El Uvero und weiß, ich habe es hier mit einem besonderen Ort zu tun. El Uvero war Schauplatz einer wichtigen Schlacht von Castros Guerilla-Armee. Das Dorf ist blitzsauber, trotz der unbefestigten, förmlich nach Regen bettelnden Straßen. Ich halte einer Frau, die einen riesigen Sack durch die Gassen schleppt, den Zettel mit der Adresse hin: La China, *la bodega*, El Uvero. Sie zeigt mit dem Finger auf einen unebenen Pfad. Der Pfad führt zu einer offenen Bude mit Regalen, *la bodega*. In den dunklen Winkeln kann ich einen Blumenkohl, andere Kohlköpfe und einige verschrumpelte Möhren entdecken, doch La China ist nicht zu sehen. Ein kleiner Junge taucht auf und bietet mir an, mich zu ihrem Haus zu bringen, das ein Stück weiter unten an dem holprigen Pfad steht. Er führt mich in eine Sackgasse, die Bewohner der dort stehenden kleinen Hütten kommen heraus und umzingeln mich. Ich bin wie gebannt vom Anblick der Blumen überall auf den Veranden und an den Zäunen.

La China kommt schließlich nach Hause; um Punkt fünf hat sie die Arbeit beendet. Schon immer fand ich es höchst seltsam, dass selbst Leute in den entferntesten Winkeln der Welt sich nach dem pedantischen Ticktack der Uhr, dieser infernalischen Erfindung, richten.

Ximuara, wegen ihrer leicht mandelförmigen Augen und dem schwarzen Haar auch liebevoll »La China« genannt, ist halb Chinesin, halb Kubanerin. Sie wurde auf Kuba geboren, was aller Wahrscheinlichkeit nach auf denselben Zufall zurückzuführen ist wie meine Geburt in Australien. Wir beide denken laut über unseren Lebensweg nach: Ihr Vater kam aus dem kommunistischen China, um im kommunistischen Kuba zu arbeiten, und hat dort eine Kubanerin geheiratet. Mein Vater hat sich für ein Studium in Großbritannien, Australien und den USA beworben und landete schließlich in Australien, einfach, weil er aus diesem Land zuerst eine Antwort erhalten hatte. La China hat schließlich ebenfalls einen Kubaner geheiratet. Ich habe mich schließlich mit einem Australier zusammengetan. Sie ist immer noch verheiratet, ich streune immer noch umher.

Laut meinem australischen Pass darf ich nur in meinem Heimatland arbeiten. Oft genug treffe ich an den exotischsten Orten auf Menschen, die mir vorheulen, dass sie noch nie in Australien waren, geschweige denn dort leben und arbeiten dürften. »Man bereist die Welt, nur um festzustellen, dass man das, was man sucht, zu

Hause findet.« – Wer hat das gleich geschrieben? Vielleicht war ich es selbst. Nach fünf Jahren Wanderschaft sehne ich mich allmählich nach meiner Heimat, wo immer das auch sein mag. Meiner Theorie zufolge werde ich sie niemals finden. Ich wurde mit gelber Haut in einem weißen Land geboren und stehe mit jedem Bein in einer anderen Gesellschaft – kulturell gesehen habe ich mich immer leicht schizophren gefühlt.

La China zeigt mir ein verblasstes Foto von ihrem Vater, das mich an die alten Fotos meiner Oma erinnert, auf denen meine Ahnen mit ihren mandelförmigen Augen stets ernst in Richtung Mao blicken.

La Chinas Mann Elizardo, ein hochgewachsener, gut aussehender *cubano,* kommt herein. Er arbeitet auf Booten und hilft oft in den Touristenhotels an der Küste aus. Wir essen. Während ich beim Abwasch helfe, lasse ich mich zu der Bemerkung hinreißen, dass sie und Elizardo sehr glücklich und zufrieden wirken. Sie zuckt die Schultern, winkt ab und sagt »manchmal«.

Ich gehe hinaus und erkunde den Garten. Dort gibt es einige Bananenstauden, einen Avocadobaum, einige Schweine und eine wunderschöne Kokospalme. Sie reckt sich den Himmel wie ein hübscher glatter Geländerpfosten. La China bemerkt, dass ich die Palme bewundere, und pfeift nach dem kleinen Jungen, der mich zu ihrem Haus gebracht hat. Er heißt Carlo und ist der Sohn eines Nachbarn. Behende klettert er die Palme hoch, und kurz darauf plumpsen mehrere große grüne Nüsse auf den Boden. Ich biete ihm einen Peso als Dank, aber er schaut mir zum ersten Mal unverwandt in die Augen und wackelt seinen kleinen Finger hin und her.

»Damit kannst du deiner Schwester ein Eis kaufen«, beharre ich.

Er nimmt die Münze, lässt sie dann aber auf dem Tisch liegen, als er geht. Ich erzähle La China von dieser beeindruckenden Vorstellung von Integrität, die mich nach der Kugelschreiber- und Münzbettelei-Erfahrung mit Kindern gelinde gesagt überrascht.

»Gute Erziehung«, meinte sie nur.

Sie zeigt mir mein Zimmer, das mit dem bequemen Bett unter dem zerrissenen Moskitonetz gemütlich und kuschelig aussieht. Ich möchte mehr über ihr Leben erfahren, doch es gibt wenig mehr zu berichten als das, was im Moment geschieht. Kubaner leben von Augenblick zu Augenblick. Daher kommt die Zukunft ihnen wohl auch nicht so angsteinflößend vor.

Ich schlafe gut und stehe früh auf, um zu packen, wenn ich auch nicht wirklich verstehe, warum ich dieses angenehme Plätzchen nach nur einem Tag verlassen sollte. Was kann ich schon tun, außer zu leben? Carlos kommt vorbei und bietet an, mir das Denkmal der heroischen Schlacht im Dorf zu zeigen. Ich folge ihm und seiner Schwester die staubige Straße hinunter bis zu einem gepflegten Park mit einem massiven viereckigen Monument. In Bronzelettern stehen darauf die Namen der gefallenen Revolutionäre geschrieben. Eine Reihe großer, unglaublich gerader und glatter Palmen flankieren den Kiesweg wie ein Säulengang, der geradewegs ins Paradies führt. Ich verweile einige Minuten, lese die Namen, denke daran, dass auch sie einst aus Fleisch und Blut waren und Möbel, Kinder und vielleicht einen Fernseher besaßen. Jetzt ist ein jeder von ihnen auf die beiden Teile ihres Namens reduziert, die man mit einem mitfühlenden Leerschritt getrennt hat.

Gedankenverloren gehe ich zurück zu meinem vollgepackten Drahtesel. La China gibt mir die Adresse eines Freundes, der 70 Kilometer entfernt in einem Küstenort namens Marea del Portillo lebt. Ich denke, das kann ich schaffen, wenn ich's versuche.

Ich versuche es und schaffe es auch. Marea del Portillo besteht aus zwei Touristenhotels auf einem kleinen, aber gepflegten Anwesen in einer stillen Bucht. Mittlerweile fiebert förmlich jede Faser meines Körpers nach einer heißen Dusche und nichtkubanischem Essen wie einem Cäsar-Salat mit frischen Anchovis und Blaukäsedressing. Eines der Hotels, das Farallón del Caribe, wurde auf Stephen Psallidas Website empfohlen, über die ich eines Abends im Internet gestolpert bin: »55 Dollar *all inclusive,* so viel wie du essen und trinken kannst, und dazu noch ein Trip zu einem Korallenriff mit Grillabend – das ist nicht schlecht!«

Das Farallón del Caribe thront auf einem der kleineren Hügel einer Hügelkette und lockt mich durch seine ultramoderne Fassade und den schwebenden Swimmingpool an. Wenn man auf einer der unteren Stufen steht, die in den Pool führen, dann verschmilzt das Wasser des Pools scheinbar mit dem ruhigen Meer in der Bucht. Ich radle die Betonauffahrt hinauf. Am marmornen Rezeptionsschalter werde ich von ernsten kubanischen Concierges in gut gestärkten Uniformen empfangen.

»60 Dollar, kein Nachlass.«

Ich verweile einen Augenblick auf den Stufen und versuche, mich zu entscheiden. Seit Langem habe ich nicht mehr so viel Geld für ein Hotelzimmer ausgegeben, seit Jahren, wenn man's genau nimmt. Andererseits kann ich mir eine Nacht im Luxus durchaus leisten; ich trage eine lächerlich hohe Menge Bargeld mit mir rum. Natürlich könnte ich aber auch La Chinas Bekannten aufsuchen und im Dorf unten ein weiteres Eimerbad nehmen.

Grübelnd sitze ich auf den Stufen, als eine Gruppe professionell aussehender Radfahrer die Auffahrt heraufrauscht. Sie sind morgens um fünf Uhr losgefahren und haben die ganze weite Strecke von Manzanillo zurückgelegt, das in weiter Ferne hinter den Bergen liegt. Sie haben auch die meisten der Zimmer gebucht. Ein Transporter wird gleich mit ihrem Gepäck folgen. Während ich noch darüber nachsinne, wann ich zum letzten Mal ohne meine Überlebensausrüstung gefahren bin, betrachten sie leicht verwirrt mein kleinrädriges Fahrrad und fragen sich, welchen Grund es geben kann, sich derart anzustrengen. Zum x-ten Male in meiner noch nicht lange währenden Radfahrerkarriere erkläre ich, dass die Übersetzung der Gangschaltung es mit der ihrer großen Räder durchaus aufnehmen könne, doch sie haben nur noch Dusche und Bar im Sinn. Ich beschließe, es ihnen nachzutun.

Von dem attraktivsten Mann, der mir seit Langem begegnet ist, werde ich auf mein Zimmer geführt.

Roberto, ein tief gebräunter ehemaliger Zuckerrohrschneider, spielt den Gastgeber für die Flugzeugladungen käsig weißer deutscher, kanadischer und französischer Rucksacktouristen, die hier in dieser opulenten Verrechnungsstelle mit ihren Dollars essen, trinken und in der Sonne braten. Er hat Aussehen und Körperbau eines

Leinwandhelden mit Latinoeinschlag, eines Charlton Heston mit Paprika im Herzen, eines Kirk Douglas, aber ohne ewige Monologe. Das Anziehendste an ihm ist, dass ihm jegliche Eitelkeit, die durch solche genetische Anlagen oft entsteht, komplett zu fehlen scheint.

Unter Mühen gelingt es mir schließlich, den Blick von seinem Körper zu lösen, und ich schiebe mein Rad in das geräumige Zimmer. Dort erwarten mich genauso strahlend weiße Kacheln wie Robertos Zähne, gefaltetes Toilettenpapier und weiße Handtücher, die so kratzig sind wie Schleifpapier.

Zu durstig, um gleich zu duschen und in bequemere Kleidung zu wechseln, gehe ich hinunter an die Bar und kippe vier Piña Coladas in einem Zug hinunter. Die ersten drei schütte ich so schnell in mich hinein, dass sie kaum meinen Gaumen berühren. Dann gehe ich hinüber zum Büfett. Es erinnert mich an das Letzte Abendmahl, weil der ewig lange Tisch ächzt und stöhnt unter der Last der Brote, Käsesorten, unter geräuchertem Fleisch, berghohen Salaten, Obst, Wurst und Dessert und erst in weiter Ferne endet, an der Stelle, an der eine kubanische Band in der Hoffnung auf den einen oder anderen zusätzlichen Dollar *Guantanamera* spielt. Ich fülle meinen Teller vier- oder fünfmal, zwischen den Gängen stopfe ich mir die Taschen mit Marmelade- und Ketchuppäckchen voll. Ich mache mir in Gedanken eine Notiz, das nächste Mal in meiner Fahrradjacke zum Essen zu erscheinen, damit ich mir ein Mohnbrötchenbaguette in jeden Ärmel schieben kann. Nach kurzer Zeit bin ich diejenige, die ächzt und stöhnt. Ich weiß, ich muss mich schnellstens hinlegen, sonst explodiere ich wie ein überhitztes Soufflé.

Ich watschle zum Pool, wo bereits mehrere Sonnenliegen in Erwartung der abendlichen Unterhaltung aufgereiht sind. Die Weiße-Turnschuh-Brigade hat sich bereits darauf niedergelassen. Ich plaudere mit einigen nicht weiter bemerkenswerten Jungs aus Dresden, die ihr alljährliches Ritual durchziehen: eine Gruppenreise nach Kuba buchen, eine Woche lang auf einer Sonnenliege sitzen, so viele *All-inclusive*-Piña-Coladas trinken, bis man abgefüllt ist, und dann ins Wohlstandsheimatland zurückkehren. Fidel Castros Inbegriff von einem perfekten Touristen.

Typische Straßenszene in Kuba

Zimmer mit Ausblick

Maroder Charme kubanischer Hausfassaden

Che Guevara ist allgegenwärtig.

Auf dem Weg nach Manzanillo

Kubas grünes Hinterland

Stolzer Besitzer der begehrten Fahr-
radmarke *Chinese Flying Pigeon*

Glücklich am Etappenziel

Auf Einkaufstour – Trinkwasser für die Familie

Haus mit großartiger Strandlage in Holguín

Erste Hilfe für mein Fahrrad – das Pedal wurde ersetzt.

Überwältigende Gastfreundschaft

Langusten bis zum Abwinken bei den Cayos de San Felipe

»Ladies und Jellymen, willkommen auf Kuba! Mögen Sie Kuba? Oooookeeeee! Hat jeder eine Bingokarte? Heute Abend gewinnen Sie diese Flasche Havana Club Rum! Oooookeeeee!«

Plötzlich habe ich das Bedürfnis, von hier zu verschwinden. Die schlanke kubanische Animateurin mit unfassbar großen Goldohrringen und glänzenden pinkfarbenen Lippen hüpft herum und spuckt ins Mikrofon, sobald sie ihr gutes Spanisch in einigermaßen gutes Englisch übersetzen muss. Ich ergreife die Flucht und mache einen Mondscheinspaziergang im Garten. An einem Aussichtspunkt treffe ich auf Roberto und seinen Vorgesetzten Nelson. Die beiden sind in ihren Uniformen prächtig anzusehen. Ich versuche ihnen zu erklären, warum ein Mädchen, das 60 Dollar für ein Hotelzimmer zahlt, ein Zelt und einen Campingkocher mit sich herumschleppt, und im nächsten Dorf Ausschau nach einem Eimerbad hält. Nelson meint, er könne Touristen mit und ohne Geld unterscheiden.

»Reiche Touristen kommen nicht mit Rad, Zelt und Campingkocher und überlegen nicht zaghaft zwei Stunden lang, ob sie sich das Hotelzimmer leisten können, schließt er fälschlicher- und doch verständlicherweise, wie ich denke. Er lädt mich ein, bei ihm und seiner Familie in Pilón zu wohnen. Ich sage, ich werde darüber nachdenken. Wenn Roberto sein Nachbar ist, werde ich sein Angebot ganz bestimmt annehmen.

Ich gehe zurück auf mein Zimmer, wasche sämtliche Kleidung und hänge sie im Zimmer zum Trocknen auf. Meine luxuriöse Unterkunft ähnelt nun dem von besonders schlampigen Mädchen bewohnten Schlafsaal eines Internats. Ich schlafe und träume, zähle Apfelkuchen, die über Mohnbaguettes-Zäune springen und von einer Flut aus Piña Colada weggespült werden.

Mit verklebten Augen wache ich am nächsten Morgen auf. Ich stolpere zum Büfett und spähe aus, was ich noch so alles heimlich in meine Satteltaschen stopfen könnte. Im Speisesaal sitzen jede Menge Deutsche, ihre käsig weiße Haut ist nun leicht gerötet, und die Berge von Käse, Wurst und Brezeln auf ihren Tellern lassen nicht darauf schließen, dass wir uns fern ihrer Heimat befinden.

Ich nehme mir etwas zu essen und gehe nach draußen, um vor dem Hotel auf den kleinen Minibus zu warten, der mich und fünfzig andere zu dem Korallenriff mit anschließendem Grillen und Wassersportspaß bringen soll – *all inclusive*. Die Bustüren gleiten auf, und ich trete in das gepolsterte Innere. Die Türen schließen sich mit einem »Gdunk«, das mich an die Münchener U-Bahn erinnert, und wir düsen die Autostraße entlang. Hie und da huscht ein anderer Minibus vorbei. Ich denke darüber nach, wie seltsam es doch ist, hinter den getönten Scheiben zu sitzen und nicht draußen, zwei Meter tiefer, auf dem Rad zu strampeln. Ich stelle außerdem fest, dass ich null Ahnung habe, wo wir hinfahren, ein merkwürdiges Gefühl, das sofort verschwindet, als ich wieder ohne die getönten Fenster und im Kontakt mit Straße, Sonne, Wind und Regen unterwegs bin.

Schließlich halten wir an einer Bucht, in der ein Boot wartet. Plötzlich schlägt mir das Herz bis in den Hals und droht mich zu ersticken: Zu meinem großen Entsetzen scheint eines der Crewmitglieder Elizardo zu sein, La Chinas Mann aus El Uvero. Ihm habe ich noch von meinem einfachen Leben auf Reisen berichtet und armselige, nicht gerade großzügige fünf Dollar für seine großzügige Gastfreundschaft hinterlassen. Elizardo, der mir auf der Suche nach einer billigen Bleibe die Adresse eines Freundes in ebendieser Stadt gab, über der das Farallón del Caribe thront.

Jetzt stehe ich kurz davor, als Lügnerin entlarvt und gedemütigt zu werden, als Schwindlerin, die einen auf armes Schwein macht, nur um dann im teuersten Hotel Kubas abzusteigen. Elizardo? Bist du das wirklich?

Ich treffe so viele Leute auf meinen Reisen, die Gesichter schweben an mir vorbei wie die Landschaft in einem fahrenden Zug, oft bleiben sie nicht in meinem Gedächtnis hängen. Ich weiß noch, wie peinlich es mir war, als ich als Halbchinesin zwei chinesische Studenten an meiner Universität nicht auseinanderhalten konnte.

Ich kann mir also nicht völlig sicher sein, ob der Mann im Boot tatsächlich Elizardo ist. Vielleicht ist er es, doch wenn ich ihn ignoriere, fühlt er sich womöglich gekränkt und fragt gar nicht erst: »Erinnerst du dich an mich?«

Vielleicht ist es aber auch nicht Elizardo, schließlich gibt es viele Kubaner mit schwarzen Bärten und lockigem schwarzem Haar, genau wie es viele Chinesinnen mit mandelförmigen Augen und glattem schwarzem Haar gibt. Unfähig, dieses Rätsel zu lösen, und unendlich verlegen schweige ich vor mich hin.

Eine Ewigkeit warte ich an Deck des sanft schaukelnden Bootes, obwohl ich mir nach diesem albtraumhaften Törn mit dem schlechtesten Seemann der Welt geschworen habe, nicht einmal mehr die kleine Fußzehe auf ein Boot zu setzen. Schließlich sind wir auf dem Weg zur Insel. Bei der Ankunft stelle ich verblüfft fest: Hier sieht es aus wie in der Fernsehserie *Gilligans Insel:* perfekter Sand, Palmen, die sich genau an der richtigen Stelle biegen, um Schatten zu spenden, und gepflegte Wege zum Lustwandeln. Am Strand zwischen einigen in Reih und Glied aufgestellten Sonnenliegen mit Meeresblick finde ich einen Platz für mein Handtuch. Kajaks, Windsurfbretter und Wasserski tanzen im Wasser auf und ab und warten auf die hoch geachteten Gäste. Das Mittagessen besteht aus einem deutschen Festmahl mit Schinken, Hamburgern, Bratwürstchen und Salat. Ich leihe mir Schnorchel und Taucherbrille und plansche hinaus zum Riff, immer darauf achtend, dass ich noch in Rufentfernung zum Strand bin. Große violette Fächer breiten sich am Seeboden aus, bewegen sich im Wellengang hin und her. Hie und da schießen Fische hindurch. Nicht schlecht.

Um zwei Uhr nachmittags springe ich in den Bus und mache mich – zurück im Hotel – für die Abreise bereit. Ich habe meine 60-Dollar-Ausschweifung und Abkehr vom Pfad der Enthaltsamkeit voll ausgeschöpft. Während ich die Abfahrt hinunterrolle, kommt mir eine fröhliche Gruppe Schweizer auf ihren Rädern entgegen. Sie haben innerhalb eines Tages die 180 Kilometer von Santiago de Cuba bis hierher zurückgelegt, eine Strecke, für die ich drei Tage brauchte. Ich spreche kurz mit ihnen, wir vergleichen die Größe unserer Räder, und ich gebe vor, an ihrer täglichen Durchschnittsgeschwindigkeit und ihrem Fahrrhythmus interessiert zu sein. Dann mache ich mich auf den Weg zu meinem Eimerbad in Pilón.

Der schönste Mann Kubas

Als ich Milagros Adresse in Santiago de Cuba bekommen hatte, wusste ich noch nicht, dass von nun an meine Reise einen völlig neuen Verlauf nehmen sollte. Was als typische Radwanderreise mit dem Ziel begann, jeden Tag einen bestimmten Abschnitt der Insel zu durchqueren, hat sich nun zu einer Aneinanderreihung von unregelmäßigen Etappen und spontan angenommenen Mitfahrgelegenheiten entwickelt. Bei der momentanen Form des Reisens genügt es, bis zur nächsten Straßenecke zu fahren, wo sich bestimmt eine neue Gelegenheit eröffnen wird. Mein nächstes Reiseziel heißt Pilón und liegt nur 12 Kilometer weit entfernt. Nelson, der Portier vor dem eleganten Hotel Fallarón del Caribe, hat mir seine Adresse gegeben und mich dazu eingeladen, die Nacht bei seiner Familie zu verbringen.

Ich habe mich von der Aufrichtigkeit seines Angebotes überzeugt, indem ich ihn auf drei verschiedene Arten gefragt habe, ob ich ihm damit auch nicht zur Last fiele. Meine Mutter hat immer die typische Dinnereinladung der Mittelklasse parodiert: »Sie müssen unbedingt irgendwann einmal vorbeikommen ... (aber um Himmels willen nicht in diesem Leben).«

Alle drei Fragen werden bejaht. Ich habe natürlich in Costa Rica gelernt, dass es nichts bringt, sich eine Einladung fünfmal bestätigen zu lassen. Wenn der Zeitpunkt, sie anzunehmen, dann gekommen ist, weilt der Gastgeber womöglich gerade außerhalb der Stadt oder ist selbst irgendwo eingeladen. Ich kann mich noch an die Aufforderung eines Freundes erinnern, mit ihm in seinem Heimkino eine DVD anzusehen. Als ich ein Date ausmachen wollte, war er nie da, nicht in Hörweite, in einer anderen Stadt, im Ausland ...

»Er mag dich nicht. Finde dich einfach damit ab«, lautete der hilfreiche Rat meines Kollegen, so unverblümt und direkt, wie es eben nur Holländer sein können. Weiser Rat, aber warum fand ich es so schwer, ihn anzunehmen? Mein holländischer Kollege hatte mit dem Heimweh der Exilanten zu kämpfen. Er war wie eine Forelle in der

Südsee und füllte sich mit Alkohol und superstarken Antidepressiva ab, um im Paradies überleben zu können.

Als ich Lolita zum Thema Aufrichtigkeit befragte, sagte sie mir: »Wenn Kubaner ja sagen, dann meinen sie es auch, ob nun dabei ein Dollar für sie abfällt oder nicht. *Sin interés.* Ohne Verpflichtung zur Gegenleistung.«

Ja, trotz Geldgräberei scheint der Durchschnittskubaner aus gutem Holz geschnitzt. Die eigene wirtschaftliche Misere hält ihn nicht davon ab, anderen zu helfen und sich gastfreundlich zu zeigen. Es kann sein, dass ich die einzige Person auf diesem Planeten bin, die meint, die Kubaner seien besser dran als der Rest von uns. Sie sind aufrichtig, weil ihr Leben nicht vom Kommerz geprägt ist, der tiefe Spuren an unserer Menschlichkeit hinterlassen hat. Ich höre immer wieder Berichte von Gottesanbetern und religiösen Typen über den Verfall der Familie in der westlichen Gesellschaft. Ich gehe zwar nicht in die Kirche, doch seit einiger Zeit dämmert mir, was sie damit meinen könnten.

Nachdem ich eine Strecke von 12 Kilometern zurückgelegt habe, rolle ich an eine Tankstelle. Ich treffe auf eine Horde junger kubanischer *chicos,* die offensichtlich nichts mit sich anzufangen wissen und mir eine halbe Stunde lang versuchen weiszumachen, Nelson lebe 20 Kilometer weiter entfernt an der Autostraße. Irgendwann erscheint dann ein taubstummer Mann aus dem düsteren Verschlag und führt mich zum Gartentor von Nelsons Haus.

Nelson, der im Polohemd genauso schnieke aussieht wie in der gestärkten Uniform des Fünf-Sterne-Hotels, bittet mich herein. Ich lasse mich in seinem bescheidenen Wohnzimmer nieder, einem einzelnen Zimmer mit Kochnische und vier einfachen Stühlen, die gesellig auf dem glänzenden Steinboden stehen, und einem Vorhang, hinter dem sich das zweite Zimmer des Hauses verbirgt. Ein warmer Wind bläst durch vier unregelmäßige rechteckige Löcher; sie geben den Blick auf den Hinterhof, die Dusche, das Plumpsklo und ein halbes Dutzend unter der Wäscheleine versammelte Ferkel frei. Nelsons zwei kleine Kinder toben um die Stühle, und seine schüchterne Ehefrau bewahrt mir gegenüber respektvoll Distanz. Sie kocht Reis mit Bohnen und besteht darauf, dass ich an dem einzigen gedeckten Platz zuerst esse. Auch hier wird wieder ein großer Aufwand um die Ausländer betrieben, wie ich auf meiner Reise ja schon wiederholte Male erfahren durfte. Ich fühle mich immer noch privilegiert, und es ist mir peinlich.

Während ich in schlechtem Spanisch meine Lebensgeschichte erzähle, taucht auch Roberto auf, der blendende Portier vom Hotel Farallón del Caribe. Hier, in der entspannten Atmosphäre von Nelsons Wohnzimmer, erkenne ich erst, wie gut dieser Mann tatsächlich aussieht. Er hat das klar definierte Profil eines klassischen Filmhelden, doch mit glatter, malzfarbener Haut und weichen, schokoladenbraunen Augen. Mit seinen erst 24 Jahren war er bereits zweimal verheiratet, doch aus beiden Ehen sind auf wundersame Weise keine Kinder hervorgegangen und auf noch wundersamere Weise hat er gerade keine Beziehung. Nelson ist es ähnlich ergangen; er hat schon drei Ehen hinter sich, doch aus jeder ging mindestens ein Kind hervor. Roberto erklärt mir, dass kubanische Männer eine Neigung zur »Unstetigkeit« hätten.

Wir sitzen herum und plaudern über dieselben, nicht zu tiefschürfenden Themen, über die ich auch sonst so auf meiner Reise zu sprechen pflege. Wir haben nicht viel Gesprächsstoff, denn die meisten Menschen hier erleben einen unkomplizierten Alltag und Beruf, und daran wird sich auch nichts ändern. Es gibt nur Wenige, die privilegiert genug sind, aus einer ungewöhnlichen Vergangenheit in eine außergewöhnliche Zukunft zu blicken.

Als es für den süßen Roberto Zeit ist zu gehen, wandern wir zusammen bis an das Gartentor. Er geht durch das Tor, und ich schließe es hinter ihm. Wir schütteln uns durch ein Loch im Gitter die Hände, und dann kommt der Moment der Wahrheit – wir verharren beide klopfenden Herzens am Rande einer Entscheidung. Die Zeit verrinnt, und wir wissen, hielten wir die Hand des anderen nur ein Augenblick länger fest, als es platonisch zu rechtfertigen ist, würde ich ihm zu seinem Haus folgen. Wir würden noch ein wenig über belanglose Dinge plaudern, dann in ein unbequemes kaltes Bett mit Blick auf die rissige Zimmerdecke steigen und uns dort ein flüchtiges

Gefühl von Wärme, Liebe und gegenseitiger Dankbarkeit vermitteln, bis die auf den Boden strahlende Morgensonne uns wieder trennen würde. Ich lasse seine Hand los.

Als ich wieder ins Haus gehe, ist Nelson schon dabei, meine Schlafstätte herzurichten. Ich gehe durch den Vorhang, der die Zimmer voneinander trennt, und finde ein Doppelbett, auf dem er meine Decke bereits säuberlich zurückgefaltet hat. Auf der anderen Seite des Zimmers kuscheln sich Nelson, seine Frau, seine Tochter und das Baby in ein schmaleres Bett. Ich bringe sie nicht von diesem Arrangement ab, und wenn ich mich auf den Kopf stelle. Also krieche ich ins Ehebett und kann vor lauter unehelichen Gefühlen nicht einschlafen. Ich kann hören, wie sie im Bett nebenan herumwühlen.

»*Coño!*«

»Heißt das vielleicht so viel wie *puta?*«, frage ich, ohne eine Antwort zu erwarten.

Ich weiß genau, dass *coño* mehr als »Luder« oder »Zicke« bedeutet. Es handelt sich um den am häufigsten verwendeten Fluch auf Kuba, immer dann, wenn man sich den Zeh stößt, seinen Kaffee verschüttet, wenn man feststellt, dass man sich hoffnungslos verspätet hat oder sich mit dem Hammer auf den Finger schlägt. Mit diesem von einem Kichern untermalten Wort schließe ich meine Augen und schlafe ein.

Am Morgen wache ich auf und bereite unter den amüsierten Blicken vierer Beobachter ein weiteres Frühstück für tourerprobte Profiradwanderer vor: Brötchen mit zerquetschten Bananen. Ich drücke Nelsons Frau einen Fünf-Dollarschein in die Hand. Sie versucht, ihn mir zurückzugeben, doch ich bestehe darauf, ihr *un regalito* (ein kleines Geschenk) zu machen. Sie lächelt und nimmt es an.

Mein nächster Halt ist in Niquero, ein Küstenort, den ich nach einer angenehmen Fahrt über einen langsam ansteigenden Hügel mit anschließender rasanter Talfahrt hinunter bis zum Meeresspiegel erreiche. Das Städtchen wird in keinem Reiseführer erwähnt, den ich zu Gesicht bekommen habe, doch es sieht schon vielversprechend aus, als ich nur die von Bäumen gesäumte Strandpromenade betrete. Ich habe vor, hier kurz Rast zu machen und dann weiter über die Halbinsel bis zur südwestlichen Spitze des Landes und einem Ort namens Cabo Cruz zu radeln. La China in El Uvero hat mir die Adresse von dort lebenden Freunden gegeben, und so halte ich mit meinem Vorderrad konsequent Kurs auf diesen Ort.

An einer Straßenecke in Niquero steht ein noch nicht eröffnetes Touristenhotel. Einige Pferde, Fahrräder und Fußgänger trotten, rollen und schlurfen gemächlich über die Hauptstraße. In der Ortsmitte befindet sich ein rechteckig angelegter Platz aus teurem, rissigem Bitumen, der wohl schon eine Ewigkeit auf einen Brunnen, ein Basketballfeld oder einen Parkplatz wartet. Auf der gegenüberliegenden Seite bieten Händler an drei Ständen Pizza feil, daneben stehen einige Verkäufer, die mit »Saft im Schlauchbeutel« auf zufällig vorbeiziehende Käufer warten.

Ich werfe im Geiste eine Münze und entscheide mich für den Stand, an dem eine schwer mit Halsketten behängte *señora* steht. Ich habe Glück. Hier erhalte ich die wahrhaft beste Pizza, die ich bis jetzt auf Kuba gegessen habe. Die Kruste ist knusprig, der Teig ist leicht wie bei einer perfekten Focaccia, hat aber eine Festigkeit, die auf ein gutes Mehl schließen lässt. Die Soße schmeckt nach echten Tomaten und frischen Kräutern, der Käse ist gerade richtig, nicht zu dick und nicht zu fettig.

Da esse ich doch glatt noch eine. Und noch eine, die ich bei einem Mitstreiter kaufe, von deren Geschmack ich aber enttäuscht werde. Weil mir jetzt von der vielen Pizza glatt schlecht geworden ist, kippe ich dem Ganzen noch einen Schlauchbeutel Saft hinterher, wobei mir völlig egal ist, woher das Wasser für dessen Zubereitung wohl stammen mag. Dann suche in einem klimatisierten Dollarladen Zuflucht vor der Hitze.

Ich stehe hinten im Laden und überlege, welche von den beiden angebotenen Gebäcksorten mit Vanillegeschmack, die runden oder die rechteckigen Kekse, ich mir kaufen soll, als die plumpe, gut angezogene Dame zu meiner Rechten sich mir zuwendet und mich anlächelt.

»Eres italiana?«, will sie wissen. Sind Sie Italienerin?

Sie plaudert mit mir wie jemand, für den das lockere Gespräch mit Ausländern nichts Neues darstellt. Sie heißt Julia und erzählt mir von ihrem reichen *esposo* aus der italienischsprachigen Schweiz. Alle zwei bis drei Monate fliegt er über den Atlantik, um mit seiner kubanischen Frau und seiner achtjährigen Tochter Merengue zu tanzen. Sie lädt mich zu sich nach Hause ein, wo sie, ihre Mutter, ihr Bruder und ihre Tochter dank ihres *esposo* unter relativ wohlhabenden Umständen zusammen leben. Ein teures Fernsehgerät der Marke Goldstar steht im Wohnzimmer, der brandneue Kühlschrank besitzt sogar eine Abtauautomatik, im Kleiderschrank hängt eine Designerjacke von Escada, und auf ihrer Frisierkommode stehen Parfümflaschen, Shampoos, Seifenartikel und Cremetiegel aus dem Duty-Free-Shop. Wir reden über ihren Alltag, der sich um das eine Thema dreht: Warten, Warten … Warten auf den Ehemann, Warten auf Veränderung. So klingen also die Beschwerden aus der Bevölkerungsschicht, der es besser geht als den Nachbarn auf der anderen Seite des Zauns. Es ist klar, das teure Fernsehgerät oder die Möglichkeit, mehrere Shampoos zu kaufen, ist kein Ersatz für freie Wahlen.

Sie zeigen mir ein langsam vergilbendes Heft, das zum Gedenken an Fidel Castros erste Landung an der Küste der Stadt herausgegeben wurde. Damals soll er am Strand Folgendes verkündet haben: »Ich bin hier, um Kuba zu befreien.«

Es herrscht ein böiger Wind, der durch die morschen Fenster des Hauses fegt. Julia und ihr Bruder bitten mich inständig, bei ihnen zu übernachten, und weisen mich besorgt darauf hin, dass der Wind meine Fahrt nach Cabo Cruz zu einem schwierigen und gefährlichen Unterfangen mache. Etwas in mir möchte diesen nicht Rad fahrenden Menschen zustimmen, und so begleite ich sie beim Einkauf für unser Abendessen.

Zuerst statten wir einem staatlichen Bauernhof einen Besuch ab, auf dem man Kopfsalat direkt aus dem Boden zu einem Stückpreis von einem Peso kaufen kann. Dann wandern wir durch heruntergekommene Hintergassen zu einem geheimen Fischhändler. In dieser

Stadt scheint jeder zu wissen, dass Julia mit einem reichen Ausländer verheiratet ist, daher steht am Anfang eines jeden Einkaufs reges Verhandeln. Wir verlassen diese Gegend mit einem riesigen Fisch namens *pargo,* den Julia für 3,50 Dollar erworben hat, ein Preis, den sie ein wenig »zu hoch« empfindet. Sie lehnt es ab, mich den Fisch bezahlen zu lassen.

Ich sitze in einem Stuhl auf der Veranda und sehe einem Freund von Julia dabei zu, wie er gleich einem Goldgräber im Reis nach Steinen sucht, nur dass er die »Nuggets« wegwirft und den »Flusssand« zurückbehält. Der Geruch von gebratenem Fisch mit Zwiebeln erfüllt das kleine Haus. Julia schaufelt mir einen ganzen Berg Essen auf den Teller.

An diesem Abend zeigt sie mir einen Stapel Fotos, auf denen zu sehen ist, wie sie und ihr europäischer Ehemann Christian in Italien, Paris und in den Schweizer Alpen den Freuden des Jetsets frönen. Mal steht sie vor einem Hotel, mal schwimmt sie im Pool, mal posiert sie vor einem polierten roten Auto, doch immer wirkt sie glücklich und zufrieden.

Julia geht um Punkt 22.00 Uhr ins Bett. Ich klettere auf die andere Seite ihres Bettes und liege dort, wo ihr *esposo* in zwei Wochen seinen reisemüden Kopf auf die Kissen fallen lassen wird. Ich lasse meinen Blick auf ihrer dunklen Haarpracht ruhen, atme den fremden Duft von französischem Parfüm und nicke langsam ein.

Am nächsten Morgen haben sich alle Familienmitglieder versammelt und sehen mir beim Beladen meines Fahrrads zu. Ihr Interesse an mir scheint an diesem Morgen viel größer als noch am Abend zuvor. Nacheinander versuchen sie, mich davon zu überzeugen, dass Julias Ehe mit ihrem *extranjero* ganz wunderbar verlaufe – und sei Julias Bruder nicht ein perfekter Ehemann, fände ich ihn nicht auch *guapo* (gut aussehend)?

Ich drehe mich um und werfe einen blinzelnden Blick auf den schüchternen, ernsthaften Jungen, der ungewöhnlich unbeeindruckt vom typischen *picaflor*-Getue seiner kubanischen Landsmänner zu sein scheint. Sie sehen mich hoffnungsvoll an. Er sieht mich hoffnungsvoll an. Ich belade weiter mein Fahrrad.

Julia gibt mir eines der Fotos, auf dem sie in Italien strahlend und sonnengebräunt an einen Sportwagen lehnt und dabei genauso hübsch aussieht wie die sittsamen chinesischen Mädchen, die von den in asiatischen Feinkostläden hängenden Kalendern lächeln. Sie fragt, ob ich ihr mithilfe des Fotos einen Freund in Australien besorgen könnte.

Ich halte inne und frage etwas naiv nach ihrem *sugar daddy* aus der italienischen Schweiz. »Oh, nein«, betont sie und schüttelt energisch ihren Kopf. »Ich bin frei, völlig frei.« Sie versichert mir, er habe eine Frau in der Schweiz, aber pssst!, die Frau wisse nichts von seiner kubanischen *chica* und *chicleta*. Ihre Beziehung sei *escondida*, also geheim, und trägt damit für die Kubaner denselben Beinamen wie eine große, saftige, illegal erworbene Languste.

Ich bin traurig. Traurig über das Los der Ehefrau in der Schweiz, die ihren Mann mit Zuckergebäck und Lammbraten verwöhnt und nichts von der Frau auf der anderen Seite der Erdkugel ahnt, die für ihn Reis mit Bohnen und gebratenem *pargo* zubereitet.

Ich gebe Julia fünf Dollar und lasse sie und ihre Familie winkend auf der Türschwelle ihres Hauses zurück. Dort warten sie auf Mr. Euro, der in zwei Wochen kommen wird.

Erwischt

Es existieren zahlreiche Zeitungsartikel darüber, dass das Übernachten in den Häusern von normalen Kubanern illegal sei, doch nachdem ich fast einen Monat lang den Regeln die lange Nase gezeigt habe, bin ich mir sicher, dass keiner aufpasst und es auch keinen wirklich interessiert. Ich werde sogar ein wenig unvorsichtig und frech.

Die Vorschriften für ausländische Reisende auf Kuba besagen offiziell, man müsse in einem Hotel übernachten, in dem man unter Fidels Beobachtung steht, man dürfe auf keinen Fall in eines dieser netten kleinen alten Taxis steigen und solle mindestens eine Armeslänge Abstand zu den Einheimischen halten. Die Vorschriften für Kubaner im Umgang mit Fremden sind etwas undurchsichtig. Vorschrift *número uno* allerdings besagt, dass man unter keinen Umständen an Miami denken dürfe. Die einzige Möglichkeit für Kubaner, auf die andere Seite des Ozeans zu reisen, besteht in der offiziellen Einladung eines Ausländers. Dieser muss einen Brief an die kubanischen Behörden schicken und, versteht sich, sowohl über die finanziellen Mittel als auch den festen Willen verfügen, seinen exotischen Gast vollständig zu versorgen. Während ich dieses Buch schreibe, sind die USA das einzige Land, das es seinem Volk untersagt, Kuba zu besuchen oder, um genauer zu sein, es seinen Bürgern nicht gestattet, harte Währung in diesem Land auszugeben.

Aber auf unnachahmlich amerikanische Art findet sich überall dort, wo man Geld verdienen kann, auch ein Weg. So landet der bleiche Hintern des amerikanischen Reisenden eben über den Umweg einer bei vielen eifrigen Reiseveranstaltern gern angebotenen *All-inclusive*-Pauschalreise auf einer Strandliege auf Kuba. Es ist den meisten nicht bekannt, dass die kubanische Einwanderungsbehörde bei der Ein- und Ausreise lediglich ein Stück Papier und nicht den Reisepass abstempelt. Jedem, der es so will, ist es deshalb ein Leichtes, das Land über einen Nachbarstaat wie zum Beispiel Costa Rica zu besuchen.

Mit diesem Regelwirrwarr im Hinterkopf, das den Duden vor Neid erblassen lassen würde, mache ich mich auf den Weg nach Cabo Cruz: ein Reiseziel, das für seine attraktive Lage am äußersten südwestlichen Zipfel der Provinz Granma berühmt ist. In meiner Lenkertasche befindet sich eine weitere Adresse, die mir La China mit ihrem dichten Netzwerk an Verwandten und Bekannten aufgeschrieben hat. Ich beginne meine Reise auf der Küstenstraße und freue mich auf neue Bekannte mit lächelnden Gesichtern, die mich wie ich es mittlerweile gewohnt bin, mit offenen Armen willkommen heißen.

Die Straße führt an einem schönen flachen Strand namens Playa Las Coloradas vorbei. Hier landete Fidel Castro am 2. Dezember 1956 mit einer Gruppe von 82 Männern und einem Schiff namens *Granma*. In der Nähe befindet sich ein *campismo* mit Blick auf den Strand, eine Anlage mit blauen Betonhütten und engen Verbindungspfaden. Mit dem sicheren Wissen, dass ich mich bald in einem echten kubanischen Haus und nicht in einer Touristenfalle mit Fertighütten vergnügen werde, radle ich flugs an der Anlage vorbei.

Die Strecke verläuft an einem Park entlang, der irgendeine von einem gähnenden Angestellten bewachte Sehenswürdigkeit zu bieten hat. Ich düse daran vorbei, ohne diese näher zu betrachten. Je mehr ich mich dem Landzipfel nähere, desto schlechter wird die Straße: ein kleines Schlagloch hier, dann ein größeres und schließlich noch eines. Sie zieren die Straße wie die ersten dicken Regentropfen vor einem Platzregen, und bald balanciere ich mit dem Fahrrad auf schmalen Stegen zwischen riesigen Kratern.

Um den Schwierigkeitsgrad noch etwas zu erhöhen, steigt und fällt die Straße nun wie der Schwanz einer Schlange. Mehr als einmal quäle ich mich einen steilen Anstieg hinauf, um auf der anderen Seite der Anhöhe mit dem Vorderrad in einem Krater zu landen. Ich habe das Gefühl, dieser schwierige Anfahrtsweg allein macht Cabo Cruz zu einem erstrebenswerten Ziel, und ich komme mir vor wie eine Pilgerin ins Gelobte Land oder zum Heiligen Gral.

Da erscheint ein Haus auf der Bildfläche. Und noch eines. Ich komme in ein winziges Dorf, das auf einer Klippe über dem tosenden

Ozean thront. Auf meiner Karte sieht das Ganze aus wie eine ins Meer ragende Pizzascheibe. Ich fahre die steil nach unten abfallende Straße hinunter, passiere noch einige weitere bunt angemalte Minihütten, kubanische Varianten eines Knusperhäuschens, und halte auf den Leuchtturm zu. Ich erreiche ein geducktes Betongebäude, das bis auf einen kleinen Laden leer steht. Im Inneren stoße ich auf ein Sortiment *cream cookies*, Postkarten und einen Kühlschrank voller Erfrischungsgetränke. Die hübsche *cubana* hinter dem Tresen bittet mich darum, ihr einige praktische Redewendungen in ihr zerfleddertes Heft zu schreiben: »Kann ich Ihnen helfen?« – »Das kostet fünf Cent« …

Ich schlendere nach draußen, setze mich an die Pier und esse *congri* von Julia. Einige magere Möwen umkreisen in der Hoffnung auf Überreste meinen Picknickplatz, und ich denke darüber nach, welche Veränderungen sich Julias Familie von einer Heirat mit ihrem Sohn erhoffen könnte. Vielleicht würden sie sich darüber freuen, über Nacht zu einer Familie mit zwei Fernsehern und zwei Kühlschränken aufgestiegen zu sein? Weniger begeistert wären sie allerdings ob der Tatsache, dass sie dann noch mehr für ihren frischen Fisch zahlen müssten.

Der Leuchtturm befindet sich kurz vor der Spitze der Landzunge, auf die ein felsiger Pfad führt, der schließlich in einer schmuddelig aussehenden Sumpflandschaft endet. Ich frage den Leuchtturmwärter, was genau sich hinter der Lichtung gegenüber befände. Ich möchte bis ans Ende der Straße gelangen, an den allerletzten Punkt, ein Wunsch, von dem viele Radfahrer besessen sind.

Ich frage: »Lohnt sich die Fahrt dorthin?« Ich bin nicht sicher, ob ich meine Füße wirklich in unergründliche Wasserlachen tauchen möchte.

Er hebt und senkt die Hand mit einer gleichmütigen Geste in Form einer Sinuskurve.

»*Más o menos*«, entgegnet er. Mehr oder weniger.

Ich fahre zurück, hänge an der Pier herum und beobachte, wie Fischerboote kommen, gehen oder auf den Wellen tanzen. Ich genieße es am äußersten Zipfel von Kuba und erinnere mich an meine

Gefühle am äußersten südwestlichen Zipfel von Großbritannien – Land's End.

Ich bin entspannt, habe ich doch einen Schlafplatz mit interessanten Gesprächspartnern und gutem Essen. Es ist keine Eile geboten, doch nach einer Weile mache ich mir ein wenig Sorgen über meine zunehmende Lethargie. Deshalb stehe ich auf und mache mich auf den Weg, meinen zukünftigen Gastgeber Roberto ausfindig zu machen. Jemand führt mich zu seiner winzigen Blechhütte auf einer Anhöhe.

Ich klopfe, die Tür öffnet sich und gibt den Blick auf die Familienmitglieder frei. Sie blinzeln mich an wie Höhlenbewohner, die zum ersten Mal in ihrem Leben Besuch von einem Staubsaugervertreter erhalten.

Ich erkläre ihnen, wie und warum ich hier gelandet sei, und sie hören mir skeptisch zu. Dann bitten sie mich herein. Solche Erklärungen hat man in einem Hotel nicht nötig, doch obgleich es etwas unangenehm sein kann, ziehe ich diese Art des Kennenlernens vor. Jedes Mal, wenn ich nur mit einer hingekritzelten Adresse in der Hand an eine Tür klopfe, weiß ich, dass ich vermutlich der erste und letzte Ausländer auf ihrer Schwelle sein werde, und diese Authentizität begeistert mich.

Roberto ist Fischer. Er ist groß, und seine Haut ist von Wind, Sonne und Salzwasser gegerbt. Seine muskulöse Frau Hortensia sieht aus, als könne sie ihm bei schweren Arbeiten durchaus das Wasser reichen. Dies sind große, stolze Menschen. Sie erzählen mir, dass Roberto bis zu 900 Dollar im Monat mit dem Verkauf von Fisch auf dem Schwarzmarkt machen kann. Mit diesem für Kuba phänomenalen Einkommen ernährt er seine fünfköpfige Familie.

Ich parke mein Gefährt in ihrem Wohnzimmer und schlendere den Hügel hinunter in den Ort, um dort einige Fotos zu schießen. Eines der kleinen Töchterchen hält meine Hand so fest, als wären unsere Handflächen miteinander verwachsen. Wir sitzen Seite an Seite auf der Betonmauer am Strand und sehen aus wie zwei ungleiche Schwestern. In einfachem Spanisch unterhalten wir uns über den Alltag in Cabo Cruz, der für diese kleine *chica* aus Fisch und dem

Schulgebäude auf der anderen Straßenseite besteht. Ihre Stimme klingt kindlich hell und laut.

Wir genießen den entspannten Augenblick, da sehen wir ihre ältere Schwester mit sehr besorgtem Gesichtsausdruck den Hügel herunterlaufen. Im Haus säße ein Polizist, der mit mir reden wolle.

Auweia.

Wir stapfen wieder den Hügel hinauf. Als wir am Haus angekommen sind, habe ich mir bereits die gesamte Konfrontation mit dem Polizisten ausgemalt. In meiner Fantasie entspann sich eine freundliche und ruhige Unterhaltung, die er mit einem Lächeln beendete, den Finger an seinen Hut legte und sich trollte. Aus den Augen, aus dem Sinn. Doch ich werde jäh in die Wirklichkeit zurückkatapultiert. Der Mann in Uniform auf seinem Stuhl kommt ohne Umschweife zur Sache.

»Sie können hier nicht bleiben.«

»Warum nicht?«

»Man hat vor einigen Tagen Behälter voller Drogen vor der Küste um Pilón gefunden.«

Ein Blick auf die Karte zeigt, dass sich Cabo Cruz in direkter Linie zum östlich gelegenen Jamaika befindet. Eine ziemlich einleuchtende Route für einen Drogenkurier, und zweifellos befinde ich mich schon seit meiner Ankunft als blinkendes Lichtlein auf dem polizeilichen Drogenradar.

»Hören Sie, ich rauche nicht, ich schnüffle nicht, und ich bin ganz gewiss kein Rauschgiftdealer«, protestiere ich. »Ich möchte nur für eine Nacht mein Zelt genau hier in Robertos und Hortensias Vordergarten aufstellen.«

»Das geht nicht. Ihnen könnte da draußen alles Mögliche passieren, und dann wären wir dafür verantwortlich.«

Er rät mir, zum *campismo* an der Playa las Coloradas zurückzufahren. Dort gäbe es »passende und angemessene Übernachtungsmöglichkeit für Touristen«.

Er ist freundlich, kein Frage. Die Regierung hat bestimmt, dass Touristen wie Könige behandelt werden müssen. Ausländer sind die

Dollarquelle des Landes, und es ist alles zu tun, damit diese nicht versiegt.

»Aber ich übernehme selbst die Verantwortung für mich«, erwidere ich mit Nachdruck.

Er schüttelt den Kopf. Ich habe mal irgendwo gehört, dass man als Ausländer nur beharrlich genug sein müsse, dann würde sogar ein kubanischer Polizist irgendwann das Handtuch werfen.

Aber dieser nicht.

Ich vergewissere mich, dass weder Roberto noch Hortensia Ärger bekommen, weil sie mich in ihr Haus gelassen haben. Ein kubanischer Geschäftsmann aus Miami erklärt mir später die Situation. Einheimische, die Ausländern illegalerweise Gastfreundschaft gewähren, können Besuch von den örtlichen Behörden bekommen, das heißt von den Nachbarn, nur um ihnen deutlich zu machen, wer hier die dickere Zigarre raucht.

Ich gehe und zwar schleunigst. Es ist fast sieben Uhr, und die Sonne geht schon unter, was die Fahrt über diese gottverdammte Straße mit den vielen Schlaglöchern nicht eben einfacher macht. Hortensia und Roberto bitten mich inständig, noch einige Minuten zu warten, während sie wütend etwas Fisch für mich braten. Sie stopfen meine Lunchbox bis zum Rand mit *congri* voll und quetschen den Fisch noch obendrauf. Ich verstaue die Dose in meiner Packtasche und kann mich gar nicht mehr richtig bedanken, weil ich so schnell davoneilen muss.

Ich kehre zurück zu dem ausgestorbenen *campismo*, dem ich vor Stunden innerlich noch eine lange Nase gezeigt habe. Er sieht aus wie ein amerikanisches Motel 6, und gemäß dem Slogan dieser Hotelkette *»We'll leave the light on for you«* scheint auch für mich noch ein Lichtchen zu brennen.

Es ist gerade noch genug Tageslicht für einen schnellen Strandspaziergang vorhanden, dann legt sich die Dunkelheit über das Land wie eine schwarze Decke. Ich radle zurück auf der Suche nach einem *jefe* (Chef). Die Häuser säumen wie Punkte die Straße, und in einem stoße ich auf ein junges Mädchen mit einem Baby. Eigentlich hätte sie Dienst, doch hat sie sich entschlossen, den Abend frei zu nehmen.

Sie schließt mir fröhlich eine Hütte auf, kassiert meine fünf Dollar und verschwindet wieder in der Dunkelheit.

Ich schiebe das Fahrrad in meine kleine stickige Zelle mit ihrer kalten Dusche, Schiebefenstern aus Aluminium und großer Glastür. Es gibt keine Vorhänge. Dieser *campismo* gilt als touristentauglich, also ist er sauber und vorzeigbar, der Boden ist gefliest, neben der Dusche steht eine Toilette mit Spülung. Im Zimmer befinden sie zwei Stockbetten für insgesamt vier Personen. Darauf liegen hauchdünne Matratzen. Die schwarzen vorhanglosen Augen der Fenster geben mir das Gefühl, dass ich wie ein Leuchtfeuer in die Nacht hinausstrahle und damit irgendeinen riesigen ungebetenen Gast mit zwei oder mehreren Beinen anlocke. Ich nehme eine Matratze vom Bett und stelle sie vor die Glastür, um so vor den Blicken eingebildeter Spanner geschützt zu sein.

Ich setze mich auf das Bett und öffne die kleine Lunchbox mit *congri* und gebratenem Fisch. Beides ist dank meiner hastigen Abreise noch warm. Es schmeckt köstlich, und bei jedem Bissen denke ich an Roberto, Hortensia und an das kleine Mädchen, das meine Hand nicht mehr losließ.

Ich erwache im Sonnenlicht und erblicke sogleich einige Ameisentruppen, die quer durch mein Zimmer zum Abfalleimer mit den Fischresten marschieren. Auf dem *campismo* herrscht Todesstille. Ich packe langsam meine Siebensachen zusammen und mache mich auf den Weg. An der Rezeption frage ich den Mann hinter dem Tresen, ob er meinen Dankesbrief an Roberto und Hortensia weiterleiten könnte. Die beiden wohnen zwar auf der anderen Seite des Hügels in einiger Entfernung zum *campismo*, doch er erklärt mir, seine Frau fahre mehrmals unter der Woche nach Cabo Cruz zur Arbeit und könnte den Brief gerne abgeben.

Ich mache noch einen letzten Spaziergang am Strand, auf dem Fidel Castro einst wandelte, und radle dann langsam wieder zurück nach Niquero.

Nach einer kurzen Stippvisite bei Julia gehen wir gemeinsam zum Dorfplatz, denn ich möchte unbedingt noch ein paar von den traumhaften Pizzen kaufen und *fongos,* kurze, süße Bananen, die man roh oder gekocht genießen kann. Dieses Mal ist Julia irgendwie distanziert, als wenn sie für meinen ersten Besuch alle Register gezogen und nicht erwartet hätte, mich noch einmal wiederzusehen. Ein Kubaner hatte mal zu mir gesagt: »Du wirst vermutlich nicht schreiben. Alle Ausländer versprechen das und tun es nie. Sie schreiben nicht, und sie kommen auch nicht zurück.«

Ich kann mich noch an meine zauberhafte Reise mit meinem Ex nach Bali erinnern. Wir waren fest davon überzeugt, wieder hinzufahren und einen dort ansässigen Reiseführer mit seiner Familie zu besuchen. Wir hatten Fotos von den Kindern gemacht und versprochen, sie zu schicken. Das Versprechen haben wir nie eingelöst.

Einige Jahre später, als mein Leben ein wenig strukturierter war, gelang es mir, ein zweites Mal an einige Orte in Irland zu fahren. Nun sah ich sie mit völlig neuen Augen. Der Boden unter meinen Füßen war zwar derselbe, doch ich war es, die ihn anders wahrnahm. Ich fand es tröstlich, dass einige Menschen immer noch an den Orten lebten, an denen ich sie Jahre zuvor kennengelernt hatte, wie mein Freund Eddie in Cahersiveen oder der exzentrische Peter in seiner Herberge in Waterville. Dieser Teil meiner Welt war noch intakt.

Menschen mit weniger Besitz genießen auch weniger Luxus – und Luxus macht unzufrieden und treibt einen dazu, wegzuziehen. Ihre Welt mag zwar auf ihre unmittelbare Umgebung beschränkt sein, doch ihre Wurzeln haben sich deshalb nur tiefer in den Boden gegraben. Solche Wurzeln sind bei Menschen in einer schnelllebigen Wegwerfgesellschaft wenig oder gar nicht ausgeprägt. In ehemaligen Kolonialländern wie Amerika oder Australien hängt dieser Mangel auch mit deren Kolonialgeschichte zusammen – die Menschen dort haben keine Urgeschichte, keine Verwurzelung über Generationen hinweg. Vielleicht kommen mir deshalb Kubaner oder Nicaraguaner so vertraut und gastfreundlich vor – als seien es alte Freunde der Familie.

Nach meiner Reise schlug ich wieder in Amerika auf und betrat eines der Geschäfte wie den Megamart mit seinen 26 Regalen voller Waren. Ich fühlte mich wie ein Tourist auf dem Mars ohne Karte.

Vermutlich das letzte Mal verabschiede ich mich von Julia. Sie gibt mir die Adresse eines Freundes in Holguín, dann wiederholt sie ihre Bitte an mich, ihr einen australischen Freund zu »besorgen«. Sie wartet nicht einmal, bis ich meine Pizza und die *fongos* in den Packtaschen verstaut habe, sondern dreht sich um und geht. Ich radle davon und sehe ihre Gestalt in meinem Rückspiegel kleiner und kleiner werden.

Hinter mir: eine wartende Frau. Vor mir: der etwa 35 Kilometer nördlich gelegene Küstenort Media Luna – Halbmond.

Ein Zimmer für 55 Cent

Ich bin seit einer Woche ohne einen Tag der Ruhe mit dem Fahrrad unterwegs gewesen, da bemerke ich, dass etwas mit mir nicht stimmt. Schon um zwei Uhr nachmittags komme ich nur noch schwerfällig vom Fleck, trotz üppigem Frühstück. Dieses Phänomen habe ich auch schon vor vier Jahren auf meiner Fahrradreise durch Großbritannien erlebt. Am äußersten Zipfel Schottlands befiel mich plötzlich ein Schmerz in der Magengegend – mal stärker, mal schwächer. Dann und wann verschwand er überraschend wieder, weshalb ich es nicht für nötig hielt, etwas dagegen zu unternehmen. Es ging mir blendend und von einer Minute auf die andere dreckig.

Als ich schließlich in Inverness ankam, trieb mich dieses stets vorhandene unterschwellige Schmerzgefühl schließlich in ein Krankenhaus. Dort wartete ich mehrere Stunden, nur um am Ende ohne eindeutige Diagnose wieder entlassen zu werden. Der junge Assistenzarzt schien faszinierter von meinem Reisebericht als von meinen Symptomen, obwohl ich diesen in der komprimierten Form des *Reader's Digest* mit zusammengebissenen Zähnen zum Besten gegeben hatte. Zum ersten Mal nervte mich das Interesse eines anderen an meinen Reiseabenteuern.

Ich hörte einen anderen Arzt sagen, die beste Medizin sei manchmal eine Dosis Zeit. Wenn er soweit sei, widme sich der Körper schon den Dingen, keinen Augenblick früher. Diese Aussage mochte einen Placeboeffekt gehabt haben – bald darauf hatten sich meine Magenbeschwerden erledigt. Das bemerkte ich allerdings erst nach einiger Zeit, denn ich hatte glatt vergessen, an die Schmerzen zu denken.

Der Weg nach Media Luna ist beschwerlich, und ich habe Gegenwind. Ich quale mich Stuck um Stuck auf halber Flamme vorwärts und erreiche tatsächlich mein Ziel. Eigentlich möchte ich noch weiter fahren, doch ich habe eine Magengrippe im Gepäck.

Das kleine Hotel an der Hauptstraße ist von den Teilnehmern einer Konferenz in Beschlag genommen. Ich betrachte den bröckelnden Verschlag namens Hotel und frage mich, um was für eine Konferenz es sich wohl handeln mag. Der Besitzer informiert mich über Hütten am Strand.

Zunächst verweigert man mir auf altbekannte Weise die Unterbringung (»Alles voll!«), doch mein Bitten und Betteln löst bei dem sehr gut aussehenden, aber leider völlig humorlosen Wärter ein schweres Seufzen und viel Kratzen am unrasierten Kinn aus. Mehrere Male wiederholt er seine Litanei von den Nicht-an-Ausländer-zu-vermietenden-Hütten. Schließlich habe ich ihn weich geklopft. Er erinnert mich an das Scheusal im Film *Reservoir Dogs – Wilde Hunde*, das eine Vorliebe für abgeschnittene Ohren hat, und drifte für einen Augenblick zu Gedanken über das Leben im Allgemeinen ab. Der Schauspieler aus dem Film hängt vermutlich gerade irgendwo an einem Pool und fragt sich, ob er nun einen Bagel mit Lachs oder Kaviar bestellen soll, während sein kubanischer Doppelgänger in einer Betonhütte sein Dasein fristet und darüber nachdenkt, ob er einer ausländischen Weltenbummlerin auf einem Fahrrad wohl eine Hütte vermieten darf.

Die Anlage besteht aus einem heruntergekommenen Betonblock. Darin sind zwei feuchte »Suiten« untergebracht, von denen jede über eine nicht funktionierende Dusche verfügt. Die Standardrate für eine Übernachtung beträgt 11,30 Pesos, also ungefähr 55 Cent. Bei genauerer Betrachtung des Zimmers kommt mir der Gedanke: Das Einzige, was hier noch fehlt, ist ein Foltertisch in der Mitte des Raumes. Am Strand gibt es ähnlich tragische Nur-Dach-Häuser, die in einem wenig schmeichelhaften Neonlicht erstrahlen und für 16,30 Pesos, also 80 Cent pro Nacht, zu haben sind.

Zunächst zeigt mir der Wärter in bester Absicht die preisgünstigsten Unterkünfte der Hotelanlage. Nachdem ich mehrere Male auf dem mit Sprüngen im Zickzackmuster verzierten Betonboden hin und her gelaufen bin, komme ich zu dem Entschluss, mir den Luxus eines Nur-Dach-Hauses zu gönnen. Ich animiere mit allen Tricks den Wärter zum Transport meiner Taschen und quartiere mich mit Sack und Pack in meiner neuen Unterkunft ein. Doch ich stelle fest: Es wäre besser gewesen, das günstigere Zimmer zu nehmen. Die

Fenster lassen sich nicht öffnen, an der Wand ist eine Klimaanlage installiert, die ununterbrochen ihren Hundeatem ausstößt, und das WC ohne Toilettensitz stinkt erbärmlich. Er zeigt mir, wie man das Licht einschaltet: Man betätige den Schalter an der Wand, begebe sich in die Mitte des Zimmers, ergreife die beiden dort von der Decke baumelnden ausgefransten Kabel und führe sie zusammen. Flackernd erwacht die Lampe zum Leben und erhellt das Zimmer. Das Ausschalten ist einfacher: Man knipst einfach den Schalter aus.

Ich ziehe meinen Badeanzug an und beschließe, zur Feier des Tages ein Bad im Meer bei Sonnenuntergang zu nehmen. Leider blasen umgehend sowohl ein Schwarm Mücken als auch ein Heer Sandfliegen zum Angriff, daher benetze ich gerade einmal meine Füße bis zum Knöchel und gebe mich dann geschlagen. Außerdem hat der kubanische Winter Einzug gehalten. In dieser verlassenen Hotelanlage für Desperados (ein Einheimischer erzählt mir später, dass das kubanische Bewertungssystem dem Hotel null Sterne verliehen habe) treffe ich auf eine Vierergruppe Kubaner. Sie kommen aus Bayamo, einer Stadt, die einige Tage weit entfernt im Nordosten liegt und die ich demnächst auf meinem Weg nach Holguín passieren werde. Die Gruppe besteht aus André, einem Afrokubaner, seinem Nachbarn und zwei kichernden *chicas,* die wohl ebenfalls als Nachbarinnen einzuordnen sind. Sie geben mir prompt ihre Adressen und machen mir klar, dass sie mich in zwei Tagen ebendort erwarten. Sie trinken aus einer Flasche mit starkem Zeugs. Wahrscheinleich werden sie die Einladung schon am nächsten Tag wieder vergessen haben, und sollte ich tatsächlich vor ihrer Tür aufkreuzen, würden sie mich mit völlig entgeisterten Gesichtern anstarren.

Plötzlich kommen sie auf die Idee, sich in ihre alte Rostlaube zu zwängen, die das für Regierungsmitarbeiter ausgegebene Nummernschild trägt, und in ihre Heimatstadt zurückzufahren. Sie laden mich ein mitzukommen. Ich lehne ab.

Als ich zu meiner Hütte zurücklaufe, taucht vor mir plötzlich ein zahnloser Eisverkäufer auf; seinen gekühlten Verkaufstresen hat er direkt vor sein Fahrrad gespannt. Er hat offenbar gut in der Schule aufgepasst, denn er spricht einigermaßen verständlich englisch. Absurderweise gilt seine Leidenschaft nicht etwa verschiedenen Eiscremesorten, sondern er begeistert sich für Werbeslogans, von denen er eine endlose Liste herunterbeten und sogar selber neue erfinden kann.

Auf Kuba besteht die einzige sanktionierte Form der Werbung aus Regierungspropaganda. Doch die Sammlung des Eiscremeverkäufers stammt aus einigen ausländischen Heften, die er hie und da bei seinen Verkaufstouren aufgegabelt hat. Ich frage ihn, warum er keinen Slogan für jede von ihm angebotene Sorte Eis erfindet, und plötzlich geht ein Strahlen über sein Gesicht. Er starrt mich gebannt durch das dicke Glas seines Monokels an, und durch dieses einseitige Fenster erblicke ich einen Menschen, der besser auf den großen Einkaufsmeilen einer Weltstadt aufgehoben wäre, den seine Geburt jedoch in die José Street von Media Luna auf Kuba verschlagen hat.

Später schlendere ich herüber, um herauszufinden, was das Restaurant der Anlage zu bieten hat. Es gibt einen Teller *congri,* einen Teller mit in Scheiben geschnittenen Kochbananen und eine Schüssel Salat. Ich sitze mit drei Frauen am Tisch, die im Auftrag der Regierung die Moskitoaktivität der Region erforschen sollen. Eine von ihnen zeigt mir ein kleines, mit einem Korken verschlossenes Reagenzglas. Es enthält ein Prachtexemplar von einem Moskito. Die vor ihnen auf dem Tisch ausgebreiteten Dokumente sehen wortreich und hochtechnisch aus. Ich ziehe eine Pizza aus meinem Vorrat, lasse sie mir vom Koch netterweise noch einmal warm machen und biete auch meinen Tischnachbarinnen etwas davon an.

Nach dem Essen kehre ich in meine Betonhütte zurück und bemerke, wie stickig die Unterkunft wegen der fest verschlossenen Fenster ist. Ich suche nach dem Wärter und frage ihn, ob ich den alten wackeligen Ventilator aus einem der billigeren Zimmer leihen könnte. Er setzt eine unglückliche Miene auf. Der Ventilator sei eigentlich nur für dieses eine Zimmer vorgesehen. Ich erkläre ihm, dass er ihn um Punkt 8 Uhr am nächsten Morgen zurückbekommen würde, also noch vor dem Eintreffen seines Vorgesetzten. Er gibt nach, doch er ist ganz und gar nicht begeistert von dieser Missachtung der Regeln. Ich inspiziere die Laken. Dem Anschein und Geruch nach sind sie sauber. Zum geräuschvollen Klang des Turboventilators schlafe ich ein.

Nachts weckt mich plötzlich ein Rascheln. Es handelt sich um die Art von Geräusch, das einen dazu veranlasst, die Augen zu öffnen und die Dunkelheit nach etwas abzusuchen, was man eigentlich nicht finden möchte.

Das Geräusch verstummt, dann höre ich es wieder. Ich greife nach der Taschenlampe unter meinem Kopfkissen und leuchte damit im Zimmer herum. Das Rascheln erstirbt. Ich schließe meine Augen. Es raschelt. Ich halte die Taschenlampe in die Ecke, aus der das Rascheln kommt, doch ich kann nichts erkennen. Froh darüber, dass ich mein Einkaufsnetz mit dem Proviant oben an den Schaukelstuhl gehängt habe, schließe ich beruhigt die Augen.

Am Morgen sehe ich mehr. Der nächtliche Dieb hat einen Drahtseilakt allerhöchster Güte vollzogen. Alle *fongos* im Netz wurden fein säuberlich geöffnet, ihr Inhalt wurde bis auf den letzten Krümel weggeputzt. Alles andere blieb unberührt. Wenn ich diese miese Ratte erwische, verkaufe ich sie an den Zirkus.

Ich lege dem Wärter die Last der Beweise vor; er fährt sich mit der Hand über die unrasierten Koteletten, zuckt mit den Schultern und meint: »*Eso es Cuba*«. So ist Kuba.

Ein scharfer Wind fegt mir auf der Straße nach Norden entgegen, und es fällt mir schwer, die Pedale zu bewegen. Ich halte nach einem stillen Örtchen Ausschau und suche konkret ein Haus, in dem ich kurz die Toilette benutzen kann. Ich bin mir nicht ganz sicher, welche unbewussten Schwingungen mein Gehirn bei der Selektion einsetzt, doch der Anblick eines freundlichen Gesichts im Vorgarten gehört sicher zu den als positiv bewerteten Kriterien. In einem kleinen Ort namens San Ramón komme ich an einem Haus mit einem seitlich angrenzenden Obstgärtchen vorbei, vor dem ein großer Junge, auf eine Schaufel gelehnt, ein Päuschen macht. Er lächelt und winkt mir zu. Bremsen, angehalten und umgedreht.

Amauris zeigt mir die »Toilette« des Hauses, die nichts weiter als die Familiendusche ist. Er bedeutet mir mit seinen Gesten, ich solle

genau zielen. Dann holt er einen Eimer Wasser für meine Hinter-
lassenschaft. Vorab haben wir noch anhand verschiedener Handbewegungen und Pschschsch-Laute geklärt, ob es sich bei meinem
Anliegen um ein kleines oder ein größeres Geschäft handele. Ich
danke meinem Schicksal, dass es sich nicht um etwas Größeres handelt.

In der Zwischenzeit hat sich munter die gesamte Familie versammelt. Man schafft einige kleine Hocker in den Garten und bedeutet
mir, mich auf einem davon niederzulassen. Die liebenswerte *abuelita* (Großmutter) setzt sich dazu und bietet mir einen *bocadito* (kleinen Imbiss) an, getoastetes Brot mit Salat und einen ausgebackenen
Mehlfladen. Ich nehme das Angebot mit verschämtem Dank an und
setzte kurzzeitig ein paar Hauptregeln außer Kraft: Esse nie im Leben in Fett ausgebackene Speisen, Backwaren aus Weizenmehl oder
sahnige Nahrungsmittel. Diese einfachen Regeln stammen von einer
Freundin, die Ernährungswissenschaften studiert. »Wenn du unterwegs bist, hast du keinen Platz für Diätpläne«, sagte sie damals zu
mir. »Eine Regel hingegen wiegt nichts.«

Meine ketzerische Missachtung der strengen Diätvorschriften
schmeckt fast noch besser als der köstlich pikante, knusprige Mehlfladen selbst. Ich erzähle, wie schwierig es sei, Nahrungsmittel für Radfahrer, also Bananen und Brötchen, zu bekommen, und man drückt
mir umgehend sechs reife halbmondförmige Früchte aus eigenem
Anbau und drei Brötchen in die Hand. Ablehnung unmöglich! Wenigstens gelingt es mir, Amauris einen Dollar für seine Großmutter
in die Hand zu drücken. Ihr Aussehen erinnert mich an meine ver-
storbene Nanna: dieselben Pigmentflecken auf der Wange, dieselben
grauen Haarsträhnchen, die sich dem Färben widersetzt haben.

Sie bitten mich, im März wiederzukommen. Das süßliche Aroma
von dicken, fermentierenden Mangos liegt dann in der Luft, und ich
kann mit Amauris in die Disco gehen. Mir fallen einige dekorative
Chromleisten an seinen Arbeitsschuhen auf, die dem Ganzen einen
Touch von London *underground* geben, und das ganz ohne teure Doc
Martens. Als ehemaliges *fashion victim* kann ich die Coolness eines
solchen Accessoires sehr wohl einschätzen und denke sogleich, wie

absurd es ist, dass wir, die Privilegierten, so viel Geld für Modetrends ausgeben.

Einen Augenblick überlege ich, ob ich mein Zelt unter ihrem paradiesischen Mangobaum aufstellen sollte, doch dann zwinge ich mich, weiterzufahren.

Nicht einmal zehn Kilometer weiter halte ich in einem adretten Städtchen namens Campechuela. Ich genehmige mir eine Pizza und eine Tüte geschälter Erdnüsse. Die Tüte ist aus einer Buchseite gerollt und stammt aus einem Gesundheitsratgeber für Schwangere. Die Pizza ist in einige Seiten aus einem Russisch-Spanisch-Wörterbuch eingewickelt.

»Sie haben also kein Interesse daran, Russisch zu lernen?«, frage ich den Typen, der mir die Pizza verkauft.

Meine freche Frage löst unter der sich wie immer um mich und mein Fahrrad versammelten Zuschauermenge lautes Gelächter aus.

Kuba ist immer noch ein kommunistisches Land, und im Großen und Ganzen sind die Menschen stolz auf ihre Traditionen und auf ihre Regierung, auch wenn schon einmal darüber gemurmelt wird, dass sich die Dinge ändern müssten. Dieser Jungunternehmer betrachtet jedoch das Erlernen der Sprache seiner russischen Ex-Genossen weder als lukrativ noch als sinnvoll. Bei ihm stehen die Menschen auch Schlange, aber wenigstens warten sie auf seine Pizza.

Während ich warte, treten mindestens drei Leute auf mich zu und stellen mir die üblichen Fragen. »Sind Sie verheiratet?« »Haben Sie Kinder?«

Auf beides lautet die Antwort »Nein«.

»Warum nicht?«

Ich zucke mit den Schultern.

Ich esse meine Erdnüsse und werde von mehreren Paaren unter halb geschlossenen Augenlidern beäugt. Keiner scheint es hier besonders eilig zu haben. Als die letzten Nüsse verputzt sind, rolle ich die Tüte auseinander. Mit tiefernster Stimme trage ich ihren Inhalt vor wie einen dieser Zettel, die man in Glückskeksen findet. Es geht um die richtige Ernährung während der Schwangerschaft. Die Zuschauer lächeln und kichern vor sich hin.

Sie sind alle Teil einer Familie, eine Familie, die gemeinsam über einen so lahmen Witz lachen kann – *la familia, la familia de Fidel*. Da sie nicht an eine Konsumwelt gebunden sind, ist die Familie den Kubanern das einzig Wichtige und Erstrebenswerte. Egal wie arm oder desillusioniert, verzweifelt oder aufgeklärt, fast jeder Kubaner hat jemanden, der zu Hause auf ihn wartet, sei es seine eigene Familie oder die eines anderen. Fast jeder Kubaner fühlt sich zugehörig, weiß, beim gemeinsamen Essen hat er seinen Platz am Tisch, sein Fehlen wird bemerkt und bedauert.

Wäre am Ende Kuba und nicht Australien das Land der Zufriedenen?

Ein scheinbar heiliger Ort

Manzanillo, Manzanillo. *Mahn-zahn-nie-jo!*
Das Städtchen Manzanillo hat aus einem ganz simplen Grund eine besondere Bedeutung für mich: Es trägt denselben Namen wie der Ort meines holländischen Lovers in Costa Rica. Mein *jungle boy*, wie ich ihn liebevoll nenne, wohnt in einer Rundhütte unter dem Dach des Regenwaldes an der karibischen Küste. Wenn der Morgen dämmert, bietet sich vor den großen, unverhängten Fensterfronten des Schlafzimmers ein bewegliches Panoramabild aus Affen, Papageien und Faultieren, die von dicht an dicht wachsenden Lianen und moosbewachsenen Baumstämmen hängen. An jedem neuen Morgen ertönt die unverwechselbare Stimme des Dschungels: Affen schreien ihr kehliges »Krahk-Krahk-Krahk«, Vögel rufen »Pio-Pio-Piooo«, Millionen stechender Viecher stimmen in ein lautes Brummkonzert, während Palmwedel in der Größe von Surfboards mit scharfem Rascheln von der morgendlichen Jagd eines hungrigen Raubtieres künden. Ein kurzer, zehnminütiger Spaziergang führt zu einem wellenumspülten und mit Kokosnüssen übersäten Strand. Man kann tropische Blumen pflanzen, eine kleine Runde im lauwarmen Ozean schwimmen und sich danach in der Hängematte einige Bildbände in niederländischer Sprache zu Gemüte führen. Ansonsten gibt es nicht viel zu tun.
Manzanillo, Manzanillo.
Ich fotografiere den Namen auf Reklametafeln und Straßenschildern. Mit großen Lettern ist außerdem die Botschaft »*Manzanillo en Combate*« auf patriotischen Postern zu lesen, »Manzanillo im Krieg«. Es dauert lange, doch dann habe ich den Selbstauslöser eingestellt und mich neben dem Ortsschild positioniert. »Manzanillo, Manzanillo«, singe ich aus tiefer Brust.
Manzanillo entpuppt sich als abgetakelte und schon leicht angeschlagene alte Hafenstadt mit einem langen Malecón direkt an der Bucht. Ein salziger Modergeruch von lang vergessenen Tagen weht

durch die Straßen. Die engen Gassen führen einen steilen Hügel hinauf, auf dessen Rücken eine lange, langsam ansteigende Treppe zur Gedenkstätte für Celia Sánchez Mandulay führt. Celia war Fidel Castros Muse und Geliebte und lebte während der Revolution in Manzanillo. Hier half sie bei der Mobilmachung der Bevölkerung für die im Aufbau befindliche Armee in der Sierra Maestra. Nach dem Krieg zählte sie weiterhin zu den engsten Vertrauten Castros und wurde zu einer der führenden Persönlichkeiten der kubanischen Frauenbewegung. Die gefliese Treppe ist von bunten Keramiken unterbrochen, und am Ende der Stufen sieht man ein Keramikrelief mit großen gelben Sonnenblumen und weißen Friedenstauben.

La China aus El Uvero hat mir die schwer verständliche Adresse ihres Bruders in Manzanillo gegeben. Wie immer, wenn ich meine auf dem Kopf stehende und im Wind einer zugigen Straßenecke flatternde Karte konsultiere, kommt jemand zu mir herüber und bietet mir seine Hilfe an. Sehr häufig lehne ich höflich ab, denn schließlich möchte ich meinen mangelnden Orientierungssinn und meine Fähigkeiten im Kartenlesen schulen.

Dieses Mal hält ein Mann namens José neben mir. Er stellt mir die üblichen Fragen, ich gebe die üblichen Antworten. Er lädt mich zu sich nach Hause ein und will mich später zu meiner Adresse bringen. Es ist noch früh.

José und María teilen sich ein kleines auf einem Hügel gelegenes Häuschen hinter einem Sportzentrum. Sie sind nicht verheiratet, und zum ersten Mal seit meiner Ankunft auf Kuba stehe ich im Heim eines Paares, und es dringen keine Kinderstimmen aus der Küche an mein Ohr. Beide sind bereits einmal geschieden und leben mittlerweile recht gut von ihrem doppelten und unbelasteten Einkommen. Er verdient 25 Dollar als Chauffeur eines Transportleiters, und ihr Gehalt als Verkäuferin beläuft sich auf 15 Dollar im Monat.

José ist der einzige Kubaner, der eingesteht, dass das Leben auf Kuba angenehm sei. Seine gute Meinung schreibt er ihrer Kinderlosigkeit zu. Das Haus des Paares ist gemütlich eingerichtet, mit Spitzengardinen, Vitrinen und abgewetzten, aber weichen Sofas. Ein kleines, neuwertiges Fernsehgerät steht auf dem Wohnzimmertisch.

Am Eingangstor taucht ein Fahrrad auf. Es handelt sich um Josés Bruder Danilo. Er ist von Geburt an taubstumm, was ihn allerdings nicht daran gehindert hat, einer ganz normalen Arbeit nachzugehen, regelmäßig die 25 Kilometer zu seinem Bruder mit dem Fahrrad zu fahren und jeden Abend zu seiner liebenden Ehefrau zurückzukehren. Er setzt sich, und José erklärt Danilo mit einigen schweigenden, wirkungsvollen Handbewegungen die Geschichte einer kleinen Fahrrad fahrenden Australierin mit dem Gesicht einer *china* in seinem Haus.

Zunächst formt er eine Faust und stößt sie in die Luft, um damit ein Känguru anzudeuten. Seine weit ausgestreckten Arme imitieren mein Flugzeug nach Kuba. Rotierende Fäuste zeigen dem Bruder, wie ich mich fortbewege, nämlich auf dem Fahrrad. Er wischt sich mit der Hand über die Stirn – schwer muss ich in die Pedale treten! Zwei Finger seiner Hand formen eine Art Pyramide, dann schließt José die Augen: Wenn ich sonst nichts finde, schlafe ich im Zelt. Dann wedelt er mit einer Hand in der Luft herum – ich bin einfach aufs Geratewohl unterwegs.

Ich schmücke diesen Bericht mit ähnlichen Handzeichen aus und bin ganz entzückt darüber, dass Danilo mich problemlos versteht. Die Unterhaltung ist zwar stumm, doch wir haben uns viel zu erzählen.

Plötzlich steht Danilo auf und formt mit seinen Händen eine Sanduhr. Er reckt die Daumen in die Luft und macht sich auf den Weg.

Später begleitet mich José auf einem Spaziergang entlang der Strandpromenade. Ich erzähle ihm von meiner Vorliebe für Vanilleeis, und er führt mich prompt in eine Reihe von dunklen, zwielichtigen Bars. Wegen der verschwörerischen Art, wie er das Wort »Vanille« ausspricht, dämmert mir langsam, dass er darunter wohl fälschlicherweise einen üblen Cocktail mit ähnlichem Namen verstanden hat.

Irgendwann kommen wir auf einen gemeinsamen Nenner und machen an einer Coppelia-Eisdiele halt. Die ganze Zeit über frage ich mich, was wohl in Josés Kopf vorgeht, doch der scheue, sanfte Ausdruck auf dem Gesicht von María, seiner *novia* (Braut), die in der Küche auf ihn wartet, kann meinen Anflug von Paranoia etwas bremsen.

Am Abend helfe ich ihr beim Zubereiten des Essens. Es gibt für jeden eine üppige Portion Fleisch, aber ich bleibe bei Reis mit Bohnen und Kohl.

Am nächsten Morgen fragt mich José beim Packen nach einem Souvenir, einem Erinnerungsstück an mich. Weil ich mir vorgenommen habe, von meiner Reise nichts als das Geschenk der Gastfreundschaft mitzunehmen und dafür meinen Dank plus einige Dollars im Land zu lassen, finde ich unter meinen Besitztümern rein gar nichts, was seiner wert wäre.

Ich versuche, ihm meine Philosophie des Minimalismus zu erklären, aber irgendwie klingen meine Ausführungen ziemlich fadenscheinig. Als José nicht hinsieht, stecke ich María einen Fünf-Dollarschein zu. War es das, was er mit einem Souvenir gemeint hat? Ich bin mir nicht sicher.

Ich rolle ans Meer und finde das Haus von La Chinas Bruder Jorge. Es besitzt eine hohe Tür, die einen frischen Anstrich gebrauchen könnte. In der Tür befindet sich ein kleines, fest verschlossenes Fenster. Drei kleine Stufen verbinden den Eingang mit dem Gehweg. Ich klopfe mit einer Münze an das Holz, und in dem kleinen rechteckigen Sichtfenster erscheint ein fröhliches Gesicht mit lachenden Augen, umrahmt von einem schwarzen Lockenmopp. La Chinas Schwägerin Zaida.

Wieder stellt man sich vor, nickt geduldig, lächelt höflich. Die Tür wird entriegelt, und ich gehe ins Haus. Ich schleppe meine Gepäcktaschen in ihr Wohnzimmer und denke darüber nach, wie eine ähnliche Situation wohl in einem anderen Land als Kuba aussehen würde: Man stelle sich vor, ich würde einfach bei jemandem vor der Tür seines Hauses in der Vorstadt auftauchen, in der Hand ein hingekritzelte Adresse auf einem Stück Toilettenpapier ... würde man mich willkommen heißen?

Zaida und Jorges Haus erinnert mich an die »Tardis« aus *Doctor Who*. Genau wie in der als Telefonzelle getarnten Zeitmaschine des

Serienhelden führt eine schmale Tür in einen unerwartet geräumigen Innenraum, in dem eine kirchenartige Stille herrscht. Hohe Säulen, an denen der Putz blättert, führen hinauf zu gewölbten Decken mit verblassten Wandmalereien – eine elegante Ruine. In der Mitte des Hauses fehlt das Dach und lässt so einen improvisierten Innenhof entstehen. Große Stahltonnen zum Sammeln des Regenwassers sollen das auf einmal wöchentlich rationierte städtische Wasser aufstocken.

Mit ihren 36 Jahren ist Zaida bereits Großmutter. Während wir uns unterhalten, lässt sie ihre kleine Enkeltochter auf ihren Knien auf und ab hüpfen. Ihr Leben bestehe aus schwerer Arbeit (sie streicht sich mit dem Finger über die Stirn). Ihr Ehemann sei als Aufseher in der Landwirtschaft für die Ernte und Getreidebestände zuständig und deshalb unter der Woche meistens unterwegs. Sie bereitet mir ein Mahl aus Reis mit Bohnen und etwas gebratenem Fisch.

Ich radle zur Bäckerei auf der anderen Seite des Ortes, stecke meinen Kopf durch die Tür am Seiteneingang und frage nach Brötchen. Vor der Bäckerei fegt ein Frau mit verärgertem Gesichtsausdruck Wasser vom Gehweg. Sie bewegt sich energisch und erwischt auch immer wieder einen von den Kunden, die vor der Bäckerei anstehen und noch ungefähr eine halbe Stunde warten müssen, bis sie öffnet. Auf meine Frage verkündet sie lauthals, Ausländer dürften in der *bodega* kein Brot kaufen. Ein in der Nähe stehender junger Mann kommt zu mir und lädt mich in das gegenüberliegende Haus ein. Er hat früher einmal in der Bäckerei gearbeitet und möchte mir nur seine Familie vorstellen.

Marcos Haus ist wie eine ausgehöhlte Muschel aus Beton, die er mit seiner schwangeren Frau, zwei kleinen Kindern, seiner Tante, Nichte und dem Neffen teilt. All diese Menschen zwängen sich in ein kleines Zimmer. Sie kochen mir einen süßen, schwarzen und gehaltvollen Kaffee, den allgemein gültigen Willkommensgruß auf Kuba. Seine Frau, ein warmherziges und sanftes junges Ding, kramt ein abgegriffenes Schreibheft hervor. Im Radio hat sie gehört, dass viele Menschen im Ausland kubanische Brieffreunde suchen würden. Sie habe sich Adressen notiert und schon viele Briefe geschrieben, doch noch nie eine Antwort erhalten.

Ihr junger Ehemann zwängt sich, den Kopf eingezogen, aus dem Haus und kehrt mit einer Tüte voller warmer Brötchen wieder. Seine ehemaligen Kollegen haben sie ihm geschenkt. Ich möchte sie ihm abkaufen, doch mein Angebot wird rundheraus abgelehnt.

»Ich bitte Sie nur darum, meiner Frau zu schreiben«, sagt er. Er zeigt auf meinen Kugelschreiber und bedeutet mir, dass dies ein viel sinnvolleres Geschenk wäre.

Ich schlendere den langen Weg über den Malecón zurück zu Zaidas Haus, und der nie nachlassende Meereswind fegt durch die Straßen bis hinauf zur Gedenkstätte für Celia Sánchez Manduley. Ich komme an einem kleinen Karren mit Schinkenbrötchen vorbei.

In der kleinen Glasvitrine liegt ein großes saftiges Stück Schinken, und sein rosa Innenleben lässt mir das Wasser im Munde zusammenlaufen. Ich esse zwar normalerweise keinen Schinken, aber der hier sieht verdammt gut aus. Ich kann mir meinen plötzlichen Heißhunger nur als Folge meiner aus Reis, Bohnen und Kohl bestehen Diät der letzten Wochen erklären. Mittlerweile würden vermutlich auch ein paar aufgespießte und panierte Innereien diesen Reflex auslösen, warum dann nicht auch ein saftiges Stück roten Schinkens? Ich erstehe eines der belegten Brötchen und bemerke sinnloserweise noch, dass es teurer ist als die beste Pizza auf Kuba, von der ich in Niquero ganze drei Stück auf einmal verputzt habe. Der Schinken schmeckt salzig, aber pikant. Ich genieße die Mahlzeit, ohne darüber nachzudenken, wie lange der Schinken wohl schon aus der Vitrine geblickt hat.

Jorge wird erst einige Tage später heimkommen, deshalb bittet Zaida mich inständig, noch zu bleiben und ihren Mann kennenzulernen. Doch irgendein unsentimentales Gefühl treibt mich weiter.

Ich habe den Schweiß von hart arbeitenden Menschen, den Glücksgefühle auslösenden Duft frisch gebackenen Brotes gerochen und die sanfte Traurigkeit des Schreins von Celia Mandulay Sánchez gespürt. Jetzt bläst mich ein Windhauch gen Norden und weg von Manzanillo.

Guantanamera

Ich bin noch gar nicht weit geradelt, da verspüre ich ein merkwürdiges Grummeln in der Magengegend. Das Grummeln wächst sich innerhalb von Minuten zu einem Krieg zwischen den Bestandteilen meines Mageninhalts aus, der mir wie ein Messer schmerzhaft in den Unterleib sticht und meine Beine lähmt, als hätte ihnen jemand Eisenschellen angelegt.

Magenverstimmung à la *bocadito?* Ich bin mir fast sicher. Ich verfluche mich, weil ich den Verlockungen des Fleisches in Form von Schinken nachgegeben habe. Die Situation ist umso dramatischer, als ich gegen Windböen ankämpfen muss, die sich mir wie eine Mauer in den Weg stellen. Die Straße ist so schnurgerade wie der einsame Nullarbor Desert Highway in meiner Heimat Australien, nur landschaftlich weitaus weniger reizvoll. Zusammengenommen ergibt sich aus diesen Faktoren ein angemessener Grund, sich nach einer Mitfahrgelegenheit umzusehen. Ich halte am Straßenrand, warte und hoffe inständig, angesichts des in voller Wucht tobenden Kampfgeschehens in meinen Lycra-Radfahrershorts nicht ohnmächtig zu werden.

Ein traktorartiges Vehikel nähert sich mit ratterndem Motorengeräusch. Es kommt langsam vor mir zum Stehen, und sein hamsterbäckiger, schnurrbärtiger Fahrer springt heraus. Am Traktor hängt ein Metallanhänger, an dessen seitlicher Lattenbeplankung säckeweise Reis lehnt. Ich mache mir klar, dass eine Frau in meiner Situation sich ihre Mitfahrgelegenheit nicht aussuchen kann, also lasse ich mich, mein Fahrrad und die Packtaschen vom Fahrer in den Anhänger verfrachten. Ich halte nach einem zuverlässigen Haltegriff Ausschau, finde jedoch keinen. Der Fahrer fragt mich, ob ich etwas gegen einen kleinen Umweg hätte. Er möchte eines der Pakete auf dem Bauernhof eines Freundes abgeben. Da mein Leben seit vier Jahren aus einem einzigen Umweg besteht, kann ich keinen Grund ausmachen, der dagegen spräche.

Als wir im Nähmaschinentakt über den Highway brettern, schwankt und wackelt der Anhänger bedenklich und scheint sich wiederholte Male ganz vom Traktor zu lösen, ganz so, als wäre er mit einem alten, ausgeleierten Gummiband daran befestigt. Ohne einen Blick über den Rand des Anhängers werfen zu können, versuche ich vergeblich, mich an den Reissäcken festzukrallen. Ich komme mir vor wie in irgendeinem Höllengefährt auf einem verlassenen Rummelplatz. Ich spreize die Beine, um mir mehr Stabilität zu verschaffen, sehe zu, wie sowohl mein Fahrrad als auch meine Packtaschen kreuz und quer über den Boden rutschen und schaben, und bin froh darüber, dass ich mir ein schwarzes Fahrrad ausgesucht habe, denn Lack in dieser Farbe lässt sich leicht ausbessern. Bald wird die Fahrt besonders holperig. Offenbar durchqueren wir, wenn nicht einen Acker, dann zumindest ein Feld. Endlich kommen wir zum Stehen. Ich stelle fest, dass ich unterwegs all meine Magenprobleme vergessen habe. Schwungvoll öffne ich die Ladeklappe und begebe mich für den Rest der Fahrt auf den winzigen Beifahrersitz in der Traktorkabine.

Die Aussicht von dort ist besser, aber der Lärm ist ohrenbetäubend. Ich glaube, der stämmige, gut gelaunte Fahrer erzählt mir, seine Frau habe erst eines der Kinder und dann sich selber erstochen, und fragt mich dann, ob ich mit ihm nach Hause kommen möchte.

Ich brülle ihm ein höfliches »Nein danke!« entgegen, nicht nur deswegen, weil ich bereits eine Übernachtungsadresse habe. André aus Bayamo, den ich mit seinen Freunden am Strand des Bananenrattenhotels in Media Luna kennenlernte, hatte mich eingeladen, und ich habe ihr nettes Angebot angenommen, obgleich sie dabei unter Alkoholeinfluss standen.

Der Fahrer setzt mich am Ortseingang von Bayamo ab, und ich überprüfe sämtliche Schrauben an meinem Fahrrad, bevor ich mich der Karte zuwende.

Bayamo ist ein melancholisches Städtchen, bestehend aus mehreren heruntergekommenen Vierteln. Diesem unschönen Anblick scheint die Stadt auch außer einem sehr schönen, schattigen Dorfplatz nichts entgegenzusetzen zu können. André und seine Familie leben am Stadtrand. Sein Heim befindet sich in einer von vielen unbefestigten, engen Straßen, in denen die Häuser ungeschützt in der prallen Sonne brüten. Als ich mir vorsichtig einen Weg durch das Viertel bahne und mich von allen Seiten neugierigen Blicken ausgesetzt fühle, wird mir klar, dass Außenseiter hier noch nie erfolgreiche Geschäfte, weder persönlicher noch professioneller Natur, abgeschlossen haben. Daran wird sich vermutlich auch nie etwas ändern.

Schließlich finde ich Andrés Haus. Es thront wie ein Würfel oben auf einem kleinen doppelstöckigen Gebäude. Mittlerweile stocknüchtern steigt er von oben zu mir hinunter und scheint völlig überrascht zu sein. Ich warne die Leute immer davor, einem Australier Gastfreundschaft anzubieten, weil sie das Angebot in den meisten Fällen auch annehmen. Ich bemerke sein Zögern und sage ihm schnell, ich könne auch woanders übernachten, doch er versichert mir, dass es kein Problem sei, und führt mich nach oben.

Auf diesem engen Raum lebt er zusammen mit seiner Frau María und zwei halbwüchsigen Jungs. Ich darf in einem ihrer Betten schlafen, das mir María prompt mit einem frischen Laken bezieht. Ich sei die erste *extranjera* in ihrem Haus, erklärt André. Das glaube ich ihm fast aufs Wort. Er bittet den ältesten Sohn, mit mir in die Stadt zu gehen und mir die Sehenswürdigkeiten zu zeigen. Nach wie vor herrscht Waffenruhe in meinem Unterleib, und ich nehme die Einladung enthusiastisch an.

Wir laufen die Straße hinunter und nehmen uns dann eine der vorbeiklappernden Pferdekutschen. Als wir die Hauptstraße in die Stadt entlangholpern, wird mir bewusst, dass ich soeben einen Ort betrete, der in keinem Hochglanzreiseführer beschrieben wird. Bayamo ist die vergessene Stadt, voller Schmutz und Verzweiflung, ein riesiger hupender, klingelnder, wiehernder Verkehrsstau mit alten Autos, alten Pferden, verrosteten Fahrrädern, schlammigen Schlaglöchern und Menschen, die mit Bauchläden darin umherwandern.

Ich sitze auf einer Parkbank und unterhalte mich mit Andrés Sohn in geradebrechtem Spanisch. Er geht noch zur Schule und will einmal Ingenieur werden. Der Junge ist nett und höflich, er besteht sogar darauf, die Kutschfahrt zu bezahlen. In diesem Augenblick erwischt mich eine Welle der Übelkeit. Die Magenverstimmung à la *bocadito* probt einen erneuten Aufstand. Ich erkläre dem Jungen, ich müsse umgehend zum Haus zurückgelangen. Ich kann meinen Mageninhalt in der Kutsche kaum noch bei mir behalten.

Als wir das Haus erreicht haben, steht das Essen schon auf dem gedeckten Tisch wie auf einem Schrein für den Ehrengast. Nach zwei Bissen muss ich sanft ablehnen. Ich murmele Entschuldigungen, verbeuge mich mehrmals, finde dann den Weg zu meinem Schlafplatz und falle ins Bett. So bleibe ich jammernd liegen, bis mir die australischen Auferweckungspillen wieder einfallen, die ich auf Reisen immer bei mir habe. Noroxin sollte den verdienten Slogan tragen: »Vernichtet alles außer den Patienten«. Es rettete mir bereits vor vielen Jahren in Nepal den Kopf. Damals hatte ich in einem »Fünf-Sterne-Hotel« in Pokhara gegessen, und danach setzten mich dermaßen starke Magenschmerzen außer Gefecht, dass es dem Fotografen nicht gelang, die für den Wanderpass nötigen Porträtfotos von mir zu schießen; ich war nicht einmal mehr in der Lage, meinen Kopf zu heben. Zwei Tabletten reichten aus, um mich innerhalb von 24 Stunden wieder in den gewohnten singenden, lachenden Scherzkeks zu verwandeln. Ich krame die Medizin hervor und nehme zwei Tabletten.

Mein Schlaf ist unterbrochen und unruhig, ich wache immer wieder auf, weil Fetzen der im Fernsehen laufenden *novela* an mein Ohr dringen. Durch den dünnen Vorhang sehe ich die schwarze Silhouette von André in seinem Lieblingssessel, die wie eine Sonnenfinsternis das helle, vom Fernseher verströmte Licht verdunkelt.

Eine Ewigkeit später öffne ich die Augen. Ich komme mir vor, als hätte ich laaange geschlafen, und muss erst einmal überprüfen, ob ich mich noch auf dieser Welt befinde. Die Magenverstimmung à la *bocadito* hat endgültig ihre Waffen niedergelegt. Ich erhebe mich vorsichtig und bereite mich für die Abreise vor.

»Kommst du zurück nach Kuba, dann kehre zurück an diesen Ort«, singen André und seine Fernsehfamilie.

Es handelt sich um den mir auf Kuba am häufigsten entgegengebrachten Abschiedsgruß. Ich verstaue den Rest meiner Habseligkeiten und möchte André gerne etwas Geld geben, doch unter den ungefähr fünfzehn Augenpaaren der versammelten Nachbarschaft besinne ich mich eines Besseren und erfinde eine Ausrede, um noch einmal die Treppen zum Haus hinaufzupreschen. María befindet sich in der Küche. Ich umarme sie und drücke ihr fünf Dollar in die Hand. Sie protestiert. Ich umarme sie erneut und husche wieder nach unten, wo mein Abschiedskomitee schon auf mich wartet.

»Kommst du zurück nach Kuba, dann kehre zurück an diesen Ort.« Mit einem jähen Gefühl von Traurigkeit und Endgültigkeit wird mir klar, dass ich vermutlich nie wiederkehren werde.

Ich mache mich auf den Weg in Richtung Holguín, die Stadt der seltsamen Kubaner mit goldenem Haar und blauen Augen. Die Straße ist total eben, total lang und total frustrierend. Ein heftiger Gegenwind drückt mir wie ein fetter Finger gegen die Brust, und ich halte mehrere Male erschöpft am Straßenrand an, um mich hinzulegen und alle viere von mir zu strecken.

Während dieser Boxenstopps treffe ich ein Pärchen auf einem Motorrad, das Probleme mit dem Motor hat. Der Mann klopft mit dem Schraubenschlüssel an einem Teil seiner Maschine herum, und wir quatschen ein wenig, bevor sie davonknattern. Eine Weile später treffe ich die beiden erneut, wieder klopfen sie auf einem Teil des Motorrads herum. Es gelingt ihnen zwar, die Maschine zu starten, doch der Motor stirbt schon nach einigen Metern ab.

Nach mehreren solcher Pannen kennen wir unsere jeweiligen Lebensgeschichten. Sie geben mir ihre Adresse, und in einem nachdenklichen Moment wird mir klar, dass sich Freundschaft und Vertrauen nur im Laufe mehrerer Treffen entwickeln kann. Mir fällt ein befreundeter Radwanderer ein, den ich in einer Herberge in Irland kennenlernte. Angeregt und in atemlosen Tempo unterhielten wir uns im Rahmen der Küchentür ganze zwei Stunden lang. Danach hatten wir uns absolut nichts mehr zu sagen, es reichte nicht einmal für eine E-Mail. Es war alles gesagt worden. Hatten wir zu schnell geredet? Wenn man sich langsam herantastet, hat man die Gelegenheit, innezuhalten, über das Gesagte nachzudenken und sich daran zu erfreuen. Dann kann man immer wieder etwas nachreichen.

Dadurch, dass wir alle Themen im Handstreich erschöpft hatten, war unser Gesprächsstoff auch schnell zu Ende. Aber entstehen Freundschaften nicht gerade in Momenten des Innehaltens, und nicht dann, wenn wir aus dem Vollen schöpfen?

Die Straße durchschneidet die flachen Felder und zeigt während der gesamten 75 Kilometer kein einziges Kürvchen. Im grellen Sonnenlicht beginne ich allmählich zu halluzinieren und denke über absurde Vorrichtungen wie einen Tempomaten für Fahrräder nach. Als ich die Ausläufer von Holguín erreiche, habe ich das Ding in Gedanken konstruiert und sogar schon patentieren lassen. Ich schaffe es gerade noch zum Haus von Juan Carlos, einem Freund von Julia aus Niquero, dann geben meine Beine unter mir nach.

Juan Carlos lebt in einem dreieckigen Steinhaus mit Garten und Gartenmauer an der Ecke einer Straße mit Kopfsteinpflaster. Er wohnt dort mit seiner schwangeren zweiten Frau Yame und seiner stabil gebauten Mutter Dulce María. An manchen Tagen gesellt sich auch noch seine Tochter aus erster Ehe dazu. Juan Carlos hat wegen einer Nierenoperation schon zwei Monate nicht arbeiten können, doch die Regierung zahlt ihm die Hälfte seines Gehalts, also ungefähr 100 Pesos im Monat, knapp fünf Dollar. Seine Arbeit als Steward in einem teuren Hotel in Guardalavaca hat offensichtliche Vorteile: Er besitzt einen neuwertigen Farbfernseher, einen Videorekorder, Marken-Tennisschuhe und mehrere moderne Armbanduhren. Doch mir wird schnell klar, dass keiner dieser Konsumartikel essbar ist.

Zum Abendessen ist ein Gericht aus Reis, Bohnen, Eiern und Kohl vorgesehen, dazu gibt es einen winzigen Hähnchenschenkel, den wir einvernehmlich Yame und ihrem hungrigen Ungeborenen zuteilen. Während Juan Carlos ein nettes Schwätzchen mit uns hält, holt er sich eine der beiden leeren Plastikflaschen von der Spüle, die einst mit Speiseöl gefüllt waren. Er drückt sie zusammen und entlockt der Flasche nichts weiter als trockene Luft.

»Wie schade!«, sagt er und stellt sie munter auf die Fensterbank, als würde lediglich ein Keks aus seiner Keksdose fehlen und nicht etwa ein für die Familie so wichtiges Grundnahrungsmittel.

In diesem Augenblick zücke ich einen Zehn-Dollarschein. Gewöhnlich überreiche ich mein Geschenk aus mehreren Gründen erst am Ende eines Aufenthaltes. Ich möchte meine Gastgeber nicht in Verlegenheit bringen, doch in diesem Fall scheint jetzt der richtige und sinnvolle Zeitpunkt zu sein.

»Lynette, wofür soll das sein?«, fragt Juan Carlos. Dulce María wirft mir einen brennenden Blick zu und schweigt eisern. Er lehnt das Geld ab und nimmt es dann doch unter einigem Zureden an.

»Komm mit«, sagt er und ergreift meine Hand. Er nimmt seine Tochter auf den Arm, wir gehen nach draußen und verschließen das Gartentor in der Mauer hinter uns.

Ein paar Türen weiter kommen wir an einem Büro mit der Aufschrift *bufete colectivo* vorbei, einer großen Anwaltskanzlei, in der man sich trauen, scheiden lassen oder einfach einen Streit schlichten lassen kann. Wir machen Witze darüber, dass ich mich mit jedem beliebigen Passanten vermählen und den Rest meines Lebens auf Kuba verbringen könnte. Wer weiß?

Noch immer von diesem Gedanken gefesselt, richte ich meinen Blick über die Straße und sehe ein Schild mit der Aufschrift: »*Hogar de abuelitos desamparadores*«, frei übersetzt »Heim für aussortierte alte Großeltern«. Es handelt sich um ein Altersheim, wo die wenigen Kubaner, denen es aus irgendwelchen Gründen nicht beschieden ist, Teil einer warmherzigen und liebevollen Familie in dieser warmherzigen und liebevollen Gesellschaft zu sein, sich auf ihren letzten Gang vorbereiten können und vielleicht eine Hand finden, die sie auf diesem Gang begleitet. Die Heimbewohner erhalten Taschengeld, gutes Essen, liebevolle Zuwendung und Pflege von freiwilligen, ehrenamtlichen Helfern und machen sogar auf Kosten der Regierung Urlaub an schönen Strandanlagen. Ich denke darüber nach, wie ein solch freigiebiges Angebot in meiner Heimat einen wahren Run auf die Heime auslösen würde und sich die Familien gleich reihenweise ihrer gebrechlichen und inkontinenten Omis und Opis entledigen würden. Hier auf Kuba wird der Heimaufenthalt als schlechte und tragische Alternative zum Leben inmitten einer echten Familie betrachtet, auch wenn man als Heimbewohner umsonst Urlaub machen darf, über ein weiches Kopfkissen verfügt und alle Speisen mit frischem und im Überfluss vorhandenem Speiseöl zubereitet werden.

Ungefähr einen Häuserblock weiter betreten wir einen gepflegten Dollarladen. Juan kauft Öl, eine Packung Spaghetti, eine Dose Tomatensoße und Eiscreme für seine Tochter. Er will mir zeigen, dass mein Geschenk sorgfältig verwendet und nicht verschwendet wird. Darin erinnert er mich an La China in El Uvero und Zaida in Manzanillo. Beide haben darauf bestanden, mir zu schreiben und genau zu berichten, wofür sie das ihnen von mir geschenkte Geld ausgegeben haben. Ich sagte ihnen damals, sie sollten doch bitte davon kaufen, was ihnen gefiele. Dieses Geld hatte für sie eine ganz andere Bedeutung als für mich.

Wieder zurück im Haus, kann Dulce María mit den neuen Zutaten und noch einem Hähnchenschenkel ein Mahl bereiten, von dem wir alle satt werden. Sie schenkt uns einen *pru* ein. Dieses dunkle, fermentierte Gebräu wird aus einer Handvoll Baumrinde und wilden Wurzeln namens *yuca india* bereitet, die man in den umliegenden Wäldern ausgräbt und mehrere Tage lang in einem Eimer Wasser einweicht. Der *pru* fermentiert, dann wird das vollmundige Tonikum abgeseiht und in alten Plastikflaschen gekühlt. Er ist gut für die Verdauung, und im Geschmack erinnert er mich an dunklen Eistee, den man mit duftender Holzspäne gewürzt hat. Dulce María erklärt mir, es handle sich hier um eine regionale Spezialität der alten Frauen vom Oriente; in Havanna könne man so was nicht bekommen. Vor meinen Augen ersteht ein Bild von glänzenden Dosen mit *pru,* die in der Zukunft aus roten Getränkeautomaten kullern.

Dulce ist stämmig gebaut und von 50 harten und kräftezehrenden Lebensjahren gezeichnet, doch sie verfügt über die Willenskraft und Stärke eines Ochsen. Sie erzahlt mir, wie sich ihr Ehemann, des Lebens müde, in einen Brunnen gestürzt und umgebracht hat, als Juan gerade einmal vier Jahre alt war, und ihre schwarzen Augen funkeln. Sie läuft in ein Paar Gummilatschen durch die Wohnung und bewundert die billigen Sandalen, die ich in letzter Minute in Costa Rica zum Schwimmen und für Strandspaziergänge gekauft habe. Ich möchte sie ihr schenken, doch ich brauche sie selber, damit ich nicht wieder, wie einmal in Costa Rica, auf einen Dorn trete und eine Entzündung bekomme. Halbherzig nehme ich mir vor, sie ihr bei meiner Abreise zu schicken.

»Morgen werde ich losgehen und Wasser und Milch besorgen«, sagt sie.

Es ist Abend geworden, und ich schreibe einige Zeilen in mein Tagebuch.

Juan Carlos ruft nach mir und lädt mich ein, mit ihm ein »sehr gutes« Video auf seinem großen Fernseher anzusehen. Dabei handelt es sich um einen Dokumentarfilm über die Schießereien in amerikanischen Schulen. Die Familie ist sehr berührt, als sie die erschütterten und tränenüberströmten Gesichter der Kinder sehen, die erzählen, wie schrecklich es für sie war, mitansehen zu müssen, wie ihre Klassenkameraden von Kugeln durchlöchert wurden. Wahrscheinlich will der Vertreiber des Videos den Glauben der Kubaner stärken, sie gehörten trotz Löchern in den Jeans und einem Brötchen am Tag zu den Glücklichen. Im Haus gibt es nur dieses eine Video.

Ich gehe hinaus und schlendere in der lauen Nacht in Richtung Dorfplatz. Auf den Straßen ist es ruhig. »*Cuidada!* Sei vorsichtig«, bittet Dulce María mich inständig. Sie besteht darauf, auf meine Rückkehr zu warten. Ich beschließe, mein langes schwarzes Kleid ohne Taschen für Schlüssel oder Geld anzuziehen.

Musik dringt von einer Dachterrasse an meine Ohren und zieht mich magisch an. Ein Türsteher steht unten vor dem Nachtclub und teilt mir mit, ich müsse einen Dollar Eintritt zahlen, doch ich habe kein Geld dabei.

»*Sin bolsas, sin problemas.* Keine Taschen, keine Probleme«, erwidere ich und ziehe an beiden Seiten meines Kleides. Er winkt mich durch, und ich gehe die Treppen hinauf.

Auf der Dachterrasse befindet sich eine Disco, in der obskure Rockmusik gespielt wird. Eine Horde angetrunkener junger Studenten umzingelt mich, und man stellt sich mir vor. Einer der Jungs namens Carlos erklärt mir, welch schreckliches Land Kuba sei.

»Man hat keine Wahlfreiheit«, lamentiert er. Sein Vater sei Professor, doch er dürfe seinen Unterricht nicht selber gestalten. Dann zieht Carlos sein klingelndes Mobiltelefon hervor.

Ich kehre zurück auf den Dorfplatz: ein majestätischer, rechteckiger Hof mit Bogengängen im Kolonialstil, in denen sich zahlreiche Dollarläden angesiedelt haben. Der Supermarkt des Viertels ist bis obenhin mit Waren vollgestopft, darunter auch teures Gebäck für 1,50 Dollar die Packung. Eine solche Packung Juan Carlos zu schenken wäre so, als würde ich jemanden in der westlichen Welt eine riesige Schwarzwälder Kirschtorte vom feinsten Bäcker an der teuren Flaniermeile einer großen Stadt mitbringen.

Ich kehre um 22.00 Uhr zurück, und Dulce María hat bereits angefangen, sich um meine Sicherheit zu sorgen. Sie zieht mein Bett hervor, eine weiße Sonnenliege aus Plastik, die sich Juan vom Hotel, in dem er gearbeitet hat, erbettelt, ausgeliehen oder gestohlen hat. Wir ziehen die Liege in die Küche, den einzigen Raum, in dem noch Platz ist, und legen einige Handtücher darauf. Das Bett ist gemacht! Ich habe lange damit zu tun, es mir auf diesem Teil gemütlich zu machen, doch dann nicke ich unter dem lautem Schnarchen von Dulce María aus dem mit einem Vorhang abgetrennten Nebenzimmer schließlich doch ein.

Am nächsten Morgen wache ich auf und sehe die Familie auf Zehenspitzen um mich herumwuseln. Sie bereiten mir mein Lieblingsfrühstück, Brötchen mit Banane. Gerade wird es mit einem heißen Waffeleisen zusammengedrückt. Ich frage mich, ob es diese Speise unter dem Namen »*chinitas*« in die Liste der kubanischen *bocaditos* schaffen könnte. Von den *chinitas* wird man dann erzählen, dass sie vor langer, langer Zeit von einer seltsamen Australierin chinesischer Abstammung auf einem Faltrad eingeführt wurden. Draußen im Hinterhof verlädt Dulce María drei große Plastikkanister in einen Einkaufswagen.

»Wir holen jetzt Wasser«, erklärt sie.

Wir bummeln durch die Straßen, schauen mal hier-, mal dorthin, und Juans rundliche Tochter führt uns an. Dulce María grüßt praktisch jeden, dem sie begegnet. Ich denke an sich begegnende Ameisen. Bei jeder Begegnung betasten sie sich sanft mit den Fühlern und führen dieses Ritual immer und immer wieder aus. Sie hält an, um sich mit einem alten Mann zu unterhalten. Er erzählt von einer Milchquelle für das Kind, die er für sie auftun könnte. Sie überreicht ihm eine leere Plastikflasche.

Schließlich halten wir an einem Laden, der bis auf drei dicke Plastikschläuche und einen gelangweilten Verkäufer hinter einem leeren Tresen völlig leer ist. Die Schläuche verlaufen vom Inneren bis auf die Straße und enthalten Wasser, sauberes, klares Trinkwasser. Das Befüllen eines jeden unserer mitgebrachten voluminösen Plastikkanister kostet nur 20 Centavos. Dulce María beginnt, die Deckel von den Kanistern zu schrauben, und wir fangen an, die Gefäße eines nach dem anderen zu füllen. Als alle drei Kanister voll sind, kann ich den Wagen nicht mehr schieben. Dulce María drückt ihren stattlichen Körper mit voller Kraft gegen den Griff, und der Einkaufswagen bewegt sich vorwärts. Ich helfe ihr schieben, doch angesichts des geringen Drucks auf meine Hände wird mir klar, dass sie meiner Hilfe nicht bedarf. Sie hat diese Aufgabe schon viele Male zuvor allein erledigt.

Auf dem Rückweg treffen wir auf den illegalen Milchmann. Er hat inzwischen ihre Plastikflasche zur Hälfte gefüllt.

»Die werden wir mit Wasser verdünnen«, erklärt Dulce María und klopft dabei auf einen der Kanister. Ich unternehme einen spontanen Einkaufsbummel und bekomme einen Kohlkopf, eine Gurke, vier Brötchen und einige selbst gebackene *biscotti*, welche die verpackte, aus Italien importierte Ware weit in den Schatten stellen. Diese Köstlichkeiten erhalte ich nicht etwa, weil ich sie mir erbettele, sondern weil ich etwas umständlich in meinen Taschen nach Pesos herumwühle und dann versuche, mit Dollars zu zahlen. Doch sie wollen nur Pesos und verkünden lächelnd: »*Un regalo*«, ein Geschenk. Trotz des verführerischen Glanzes des Dollars ist es vielen Kubanern außerhalb Havannas und der Touristenorte viel lieber, in ihrer Landeswährung zu kaufen und zu verkaufen.

Später nimmt mich Dulce María mit zu einem sicheren Spielplatz, auf dem Kinder mit kleinen Plastikfahrrädern herumexperimentieren dürfen und ausprobieren können, was sie sich zu Hause nicht trauen. Ihre Eltern schauen ihnen auf schattigen Bänken dabei zu. Ein Mann kommt vorbei, und ich erkenne schnell, dass er die perfekte Speise für Radfahrer feilbietet: *panqueque*. Dieser feste, geschmackvolle Pfannkuchen erinnert mich an einen Energieriegel mit Erdnussbutter und Honig ohne Verpackung. Dulce María erzählt mir, dass *panqueque* umsonst an Schulkinder verteilt werde, und bietet mir an, mich dorthin mitzunehmen, wo er hergestellt wird. So kann ich mich damit eindecken, bis der Kalorienzähler bricht.

Wir gehen einige Blocks weiter die Straße hinunter, bis wir auf ein Gebäude stoßen, das aussieht wie eine Werkstatt mit zerbrochener Eingangstür. Die Heimat des *panqueque*. Vor dem Haus hockt eine Frau und tippt auf einer Schreibmaschine, daneben ein Mann, der Papiere ausfüllt. Ich befinde mich in der Außenstelle des Unternehmens. Dulce María erklärt ihnen, worauf ich aus bin. Sie zucken mit den Schultern.

»Heute nichts. Es gibt kein Öl, um die Öfen zu feuern.«

Der Mann späht mir neugierig ins Gesicht.

»*Extranjera?*«, fragt er Dulce María. Sie nickt und erklärt, dass ich Kuba mit dem Fahrrad erkunde, und untermalt ihre Ausführungen mit einer Pantomime von Kängurus und Flugzeugen. Er streckt beide Handflächen in die Luft.

»*Espérate, espérate.* Wartet, wartet«, ruft er und verschwindet im Haus. Er kommt mit einem Karton wieder heraus, in dem sich einige *panqueque* befinden. Er bedeutet mir, ich solle so viele nehmen, wie ich mag. Meine Bezahlung lehnt er ab.

»Kubaner mögen es, wenn sie Ausländern so viel wie möglich helfen können«, beschwichtigt mich Dulce María auf dem Heimweg. Denn wegen unserer fetten Beute, die ich nicht bezahlen musste, habe ich ein wenig Gewissensbisse. »Und immer, wenn ein Kubaner behauptet, es gäbe nichts mehr, dann muss man ihm ein bisschen was erklären, um ihn dazu zu bringen, ›*Espérate, espérate*‹ zu rufen. Plötzlich kommt dann doch noch etwas zum Vorschein.«

An diesem Abend beobachten wir weitere Proteste gegen Eliáns Schicksal im Fernsehen. Dieses Mal trägt eine Frau über drei Stunden lang verschiedene Passagen aus den Gesetzbüchern anderer Länder wie Kanada oder Italien bezüglich der Entführung Minderjähriger vor. Ich spiele kurzzeitig mit dem Gedanken, passend zur Gelegenheit mein T-Shirt mit der Aufschrift »Salvemos a Elián« anzuziehen, doch irgendwie wäre das nicht aufrichtig. Was wusste ich schon darüber? Welche Vor- und Nachteile würden einen kubanischen Jungen in den Vereinigten Staaten erwarten, für den elterliche Liebe vielleicht wichtiger ist als der neuste Download von *Tomb Raider?*

Mein dritter Tag in Holguín, und es kribbelt mir schon wieder in den Waden. Noch hüpfe ich jedoch nicht auf mein Fahrrad und nehme mir stattdessen vor, La Loma de la Cruz zu bezwingen, einen frappanten Felsen am nördlichen Rand der Stadt. Dieser seltsame Hügel sieht aus wie der Buckel eines sehr großen Kamels. Das auffälligste Merkmal der Anhöhe ist ein 458 Stufen langer Anstieg. Schnurgerade wie eine Leiter führt er vom Fuße des Berges bis zum Gipfel und ist auch ebenso steil. Eine Straße windet sich sanft um den Hügel und endet oben auf einem Parkplatz.

Der vertikale Anstieg verlangt mir einige Rastpausen auf den wohlmeinend aufgestellten Bänken ab, während derer ich wieder zu Atem komme. Ich denke an Moses, wie er den nämlichen Berg erklomm und wieder hinabstieg. Am Gipfel befindet sich eine von einer Schutzmauer umzäunte Rasenfläche und ein kleiner Souvenirladen. Man hat eine perfekte Aussicht auf Holguín und seine angrenzenden Stadtviertel. Weiter nördlich erkennt man eine Hügelkette, hinter der sich der Touristentummelplatz Guardalavaca befindet.

Eine Horde schnurrbärtiger *trovadores* (Musikanten) spielen für die Touristen in den Reisebussen auf. Regelmäßig schnaufen diese unter einigem Dieselqualm die Straße hinauf und entledigen sich für kurze Zeit ihrer weiß beturnschuhten, mit Kameras behängten Ladung. Dann warten sie geduldig, bis einige Dollars gegen selbst gemachte Ketten aus Apfelkernen getauscht werden, und karren die Horde wieder ins Tal hinunter. Nur ich bleibe zurück wie ein Treibgut aus der gut organisierten, mechanisch funktionierenden Touristenflut. Sobald das Schmachtgesänge schmetternde und Gitarren zupfende Pärchen sich die Monatsmiete erspielt hat, bitte ich sie, mir ihre Gitarre leihen zu dürfen.

Wir sitzen gemeinsam im Schatten und singen ein trauriges Reiselied; ich habe es während meines Aufenthaltes in Costa Rica geschrieben. Die beiden Männer verstehen zwar kein Sterbenswörtchen, doch sie lauschen, als wäre alles sonnenklar. Sie nicken an den traurigen Stellen und lachen an den fröhlichen Stellen, die aber eigentlich trauriger sind als der Rest. In der Musik des *trovador* steckt ebenfalls viel Traurigkeit, und leider stoßen seine sanften Töne bei den Touristen häufig auf zynische und ungeduldige Ohren. Ich bitte einen von ihnen, mir das einzige spanische Lied beizubringen, das ich schon immer spielen wollte: *Guantanamera.*

»Yo soy un hombre sincero
De donde crece la palma
Y antes de morirme
Quiero echar mis versos del alma.«

»Ich bin ein aufrichtiger Mensch
Von da, wo die Palme wächst,
Und bevor ich sterbe, möchte ich
Mir meine Verse von der Seele singen.«

Danach gibt er mir seine Karte: Ernesto Velázquez Serrano, *músico.*

Ernesto hat einen der besten Jobs überhaupt, und ich sage ihm dies rundheraus. Er kann jeden Tag ein paar Stunden Gitarre spielen und mit einer Tätigkeit, die er beherrscht und die ihm Spaß macht, ein Monatsgehalt verdienen. Das ist mehr, als ich in meinen ganzen Leben geschafft habe. Zum Dank für seine Gitarre und als Spende an die Kunst biete ich ihm 25 Pesos an.

»No, no muchacha!« Verlegen und amüsiert schüttelt er den Kopf.

Er deutet auf sein Haus, einen grünen Fleck inmitten einer der Vororte namens Reparto Alcides Pino. Ich besehe mir seine Karte.

Wir laufen zu einem nahegelegenen Restaurant. Mit seiner riesigen *palapa* (Strohdach), der tropischen Aufmachung und den großen dekorativen Holzpapageien sieht es recht eindrucksvoll aus. Aber es handelt sich hier nicht etwa um eine Hotelanlage für Touristen, es ist tatsächlich ein Restaurant für die Einheimischen; das findet man schnell heraus, sobald man es durch die Schwingtüren betritt. Die Pizza ist dieselbe wie die an den Ständen für fünf Pesos: eine schwammartige weiße Scheibe mit rotem Aufstrich und einer zähen gelben Auflage. Meine Spaghetti schmecken schlimmer als ein matschiges Dosenfertiggericht. Doch das Ambiente ist spektakulär, und die Kellner sind geschniegelt und aufmerksam.

Ernesto erzählt mir, dass seine Frau mit einem anderen durchgebrannt sei und er seine drei Kinder alleine großziehen musste. »Das höre ich nicht zum ersten Mal«, denke ich bei mir. Er schenkt mir ein sanftes Lächeln.

»Und wann kommen Sie wieder zurück nach La Loma?«, fragt Ernesto Velázquez Serrano, *músico*.

»Weiß nicht. Vielleicht morgen?«, lüge ich ihn halbherzig an.

Mir fällt die schicke Dänin Charlotte und ihr Tanzlehrer ein. Ich erinnere mich an ihren verschleierten Blick in der Schlange beim Erneuern ihres Visums in Havanna, als sie von diesem kubanischen Liebhaber sprach. Von ihren Plänen, ihren Job in der Lifestyle-Redaktion einer hochrangigen Kopenhagener Zeitung hinzuschmeißen, ihre Dreizimmerwohnung zu verkaufen und ein neues, einfaches Leben mit ihrem Seelengefährten in Havanna zu beginnen.

Ich blicke Ernesto an und denke: Wenn ich ihn so sehe, wie er mich vermutlich sieht, dann könnte ich jetzt dasselbe machen wie Charlotte. Mir wird schlagartig klar, dass Augenblicke wie dieser gar nicht so selten in meinem Leben sind. An jeder Ecke wartet eine Gelegenheit, »Ja« oder »Nein« zu sagen, zu lächeln oder stur geradeaus zu blicken, sich anzufreunden oder blicklos aneinander vorbeizugehen. Eines Tages wachen wir vielleicht auf und fragen uns, warum wir uns damals für »Auf gar keinen Fall« entschieden haben, warum wir unseren Blick einfach weiter geradeaus gerichtet haben, warum wir die Gelegenheit zur Liebe oder wenigstens der tief empfundenen Sympathie nicht genutzt haben.

Warum nur? Doch damals meinte ich die richtige Entscheidung getroffen zu haben.

Die letzte Herberge

Drei Paar Augenbrauen heben sich, als ich munter meine Geschichte erzähle. Oben am Hügel habe ich mit einem Don Juan aus dem Viertel auf der »Schattenseite von La Loma« fünf Stunden lang Liedchen geträllert. Drei Münder öffnen sich und rügen mein Verhalten: »*Violencia ... armas ... mala gente ... drogas ... problemas ...*«

Ich frage mich, ob Juan Carlos und seine Familie jemals die 458 Stufen zur Spitze der höchsten Erhebung in der Stadt hinaufgestiegen sind und auf die ärmeren Viertel hinuntergeschaut haben. Sie leben in der Sonne, Don Juan lebt im Schatten. Doch sowohl die Augenbrauen als auch die Lippen entspannen sich wieder ein wenig, als ich meinen Zuhörern meine zögerliche Version von *Guantanamera* vorspiele.

Yame zieht sich mit Kopfschmerzen nach oben zurück, und Juan fragt mich nach einer Aspirin. Glücklicherweise habe ich eine Handvoll Panadol Extra eingepackt, das zweitbeliebteste Geschenk für Kubaner.

Ich nehme meine lindernde Gabe mit nach oben in das Zimmer meiner Gastgeber und finde Yame mit dem Rücken an der Wand auf dem Bett sitzend. Ihr Kopf liegt an Juans Schulter. Mit einer Hand streicht er ihr über die Stirn, mit der anderen streichelt er ihren riesigen hochschwangeren Bauch. Ihr Ehebett besteht aus einem Stapel alter Matratzen und zerwühlten Laken. Durch das offene Fenster, das mit einem fadenscheinigen Handtuch drapiert ist, bietet sich ein Blick auf den Innenhof mit seiner zerborstenen Betonfläche. Ich setze mich auf einen Hocker und beobachte sie aus respektvoller Entfernung. Sie sehen aus wie zwei verlorene Kinder, die sich fest ancinanderklammern, um zu überleben.

Das Zimmer ist karg und einfach. Es scheint, in einer unfreien und beschränkenden Gesellschaft ist dies der einzige Weg Freiheit und Individualität zu erlangen: ein Kind zu bekommen.

Ich verbringe noch einige weitere Nächte auf meiner Plastikliege mit dem Kopf halb im Ofenrohr. Dann beschließe ich jedoch, der Playa Blanca einen Besuch abzustatten. Diese Strandanlage empfahlen mir zwei deutsche Rucksacktouristen auf der Küstenstraße der Sierra Maestra. Die Anlage befindet sich nördlich von Holguín an der steigungsfreien Straße Richtung Guardalavaca. In dieser touristischsten aller Städte innerhalb der Provinz Oriente kosten Zimmer bis zu 150 Dollar. Schon eine Bucht weiter, in der Playa Blanca, sinken die Übernachtungspreise und Hotelsterne auf Niedrigniveau, und man ist bereits mit fünf Dollar pro Nacht respektive Loch dabei. Ich belade mein Fahrrad mit all meinem Hab und Gut – falls ich nicht mehr wiederkehre – und bin mir schon sicher, dass genau dies der Fall sein wird.

Auf geht's Richtung Norden. Ich bin ungefähr eine halbe Stunde auf der geschmeidig-glatten *carretera* (Autostraße) unterwegs, da holt mich ein anderes Fahrrad ein und zieht dann schneidig an mir vorbei. Bevor es mein Gehirn registriert hat, erkenne ich meinen Überholer nur noch als roten, immer kleiner werdenden Lycrafleck in der Ferne. Seine teuren, wasserfesten Gepäcktaschen vorne und hinten klassifizieren ihn unübersehbar als »Ausländer«. Nicht einmal für einen winzigen Moment hat er angehalten und mir einen Gruß zugesandt. Seltsam.

Einige Zeit später treffe ich denselben Radfahrer wieder. Er hat eindeutig irgendwo Pause gemacht, entweder, um einen platten Reifen zu flicken, oder um sich irgendwo im Verborgenen zu erleichtern. Wiederum holt er mich ein, doch diesmal verlangsamt er sein Tempo – zum Vergleichen unserer Ausrüstung. Wir fahren nebeneinander her und fragen uns gegenseitig aus. Axel ist ein Deutscher auf seiner allerersten Fahrradreise. Er hat sein glänzendes Mountainbike erst vor einem Monat zu Weihnachten gekauft. Ich gehe davon aus, dass er zuvor grußlos an mir vorbeigeschossen ist, weil ihn die Anfängerfrage umtreibt: »Schaffe ich es auch rechtzeitig zu meinem Zielort?«, aber ich kann ihn nicht fragen, weil er kein Englisch und nur geradebrechtes Spanisch spricht. Er hat Kuba bereits fünfmal besucht – so kapiere ich – und jedes Mal in einem der Fünfsternehotels in Guardalavaca übernachtet. Nach zehn Minuten beschließt er, mit mir zu weiterzufahren und sich ebenfalls auf den Weg zur Null-Sterne-Herberge zu machen. Für mich ergibt sich kein großer Unterschied zu meinen vorigen Quartieren, doch für Axel muss dies ein echter Abstieg sein.

Als wir den Hügel erklommen haben, taucht vor uns die Playa Blanca auf. Eine Reihe nett anzusehender, blau gestrichener Hütten säumen den sanft geschwungenen Strand.

Man zeigt uns eine qualitativ hochwertige Hütte speziell für Ausländer, die jeden von uns fünf Dollar kosten würde. Es handelt sich um ein kleines rustikales Häuschen mit Klimaanlage und Farbfernseher. Ein Nachteil besteht darin, dass sich unsere Unterkunft in nächster Nähe zu einem dieser verflixten Generatoren befindet, die rund um die Uhr vor sich hinbrummen, um im nahegelegenen Resort für *las turistas* die Kristalllüster zum Strahlen zu bringen und für warmes Wasser aus den vergoldeten Armaturen der Duschen zu sorgen.

Axel und ich verlieben uns sofort in die kleinen blauen Hütten. Für Kubaner kosten sie zwölf Pesos, Touristen müssen fünf Dollar hinblättern. Wir nehmen uns gegenseitig in Augenschein und stellen fest, dass leider keiner von uns als Cousin von Fidel Castro durchgehen kann. In jeder Hütte ist Platz für sechs Personen auf nicht besonders einladenden Stockbetten. Die großen Löcher an den Wänden hingegen finden vor allem die Moskitos sehr einladend. Das Badezimmer erinnert mich schwer an das in der Bananenrattenabsteige in Media Luna. Es besteht aus einem Betonloch mit einer sitzlosen Toilette sowie einem einzigen abgesägten Rohr, aus dem bei Bedarf ein kräftiger Kaltwasserstrahl schießt und dem Duschenden gegen die Brust brettert.

Ich halte mich nun schon fast ein Jahr in Zentralamerika auf, habe dort gewohnt und verschiedene Länder bereist; ich habe mich an den kargen Standard gewöhnt. Doch Axel aus dem Land »Vorsprung durch Technik« und »Präzisionsfertigung«? Er hat Kuba bisher nur durch getönte, fest verschlossene Fenster und an Poolbars kennengelernt. Ich bin nicht seine Mutter, und daher denke ich auch nicht weiter darüber nach.

Wir trotten über den heißen Sand zum Restaurant der Anlage. Außer einer Gruppe von vier lauten Teenagern sind wir die einzigen Gäste. Sie stammen aus der letzten Hütte in der Reihe und haben eine ganze Wagenladung Verpflegung samt Ghettoblaster mitgebracht. Man setzt uns an einen Tisch im Freien, wo wir von Jorge und David bedient werden. Sie arbeiten heute als Kellner, kümmern sich sonst um den Empfang oder sind als Klempner, Hotelmanager und Kartoffelschäler im Einsatz. Das Essen schmeckt überraschend gut: Es gibt Reis mit Bohnen, eine gebratene Kochbanane und Fisch für ungefähr acht Dollar. Ich merke an, dass der Preis ein wenig ungewöhnlich ist, wenn man sich den Standard der Unterkunft ansieht, und David stimmt mir eifrig zu, denn er ist für die Leitung und Wirtschaftlichkeit der Anlage zuständig. Jede noch so geringfügige Anmerkung wird sorgfältig vermerkt und ausgewertet, so auch mein Vorschlag, dass ein etwas kleinerer als der riesige Haufen Kochbananen auf meinem Teller dazu beitragen könnte, Geld zu sparen und trotzdem gute Qualität zu bieten.

Axel ist enttäuscht, weil sein Essen nicht kochend heiß serviert wird, was angesichts des langen Weges vom Herd durch die große Betonküche bis an unseren Tisch nicht weiter erstaunt. Außerdem hat der Koch hat früh Feierabend gemacht, und Jorge musste das Essen wieder aufwärmen. »Vielleicht tut er dies mithilfe eines Feuerzeugs«, scherzen wir. Beim Essen gesellt sich ein Mann mit Gitarre zu uns und nimmt freudig ein paar Bierchen auf Axels Kosten zu sich.

»*Jinetero*«, zischen Jorge und David missbilligend. Diese Bezeichnung bedeutet »der, der auf dem Rücken der anderen reitet«, also »Schmarotzer«. Auch in diesen Regionen des Landes ist eine solche Art des Geldverdienens nicht sehr hoch angesehen. Doch scheinbar lohnt sie sich – immer mehr Kubaner machen es genau so.

Ich krame meine Mundharmonika hervor, und danach ward sie nicht mehr gesehen. Ich hoffe, sie verhilft irgendjemandem zu einem guten Lebensunterhalt.

Axel teilt mir seinen Ekel über den Zustand des Bades in seiner Hütte mit. Dank der Knappheit von Reinigern ist es sowohl schmutzig als auch übelriechend und bietet einem stattlichen Panoptikum von Kakerlaken und Eidechsen eine Heimat. Am nächsten Morgen bringt ein letzter Tropfen das Fass zum Überlaufen. Axel kommt mit kreidebleichem Gesicht und am ganzen Leib zitternd aus seiner Hütte geschossen und flucht etwas, das wie »Ratten« und »Rattenscheiße in meinem Bett« klingt.

»NIE! ... WIEDER! ... HIER!«, kreischt er hysterisch.

»Wir lernen«, meint David kleinlaut, denn er ist gerade mit dem Beschwerdemanagement des Hotels betraut worden.

Diese Anlage ist bereits seit 30 Jahren ein beliebtes Ferienziel für 7000 kubanische *trabajadores,* also Arbeiter. Die 7000 Gäste werden in zeitlich versetzten Etappen während der Sommermonate einquartiert: Juni, Juli, August. Während dieser Zeit ist der Strand so überfüllt, dass er den Beinamen Playa Perdóneme (Strand »Verzeihung bitte«) erhalten hat. Die Leute rempeln sich fortwährend im Wasser an, und weil sie höflich bleiben wollen, entschuldigen sie sich jedes Mal dafür. Die Anlage scheint außerdem ein beliebter Zufluchtsort für nicht gesellschaftsfähige Affären mit internationalen Gästen zu sein, also für eine *liaison amoureuse* mit dem Beinamen *peligrosa* (gefährlich) zwischen Ausländern und Kubanern.

Ich treffe zwei kubanische Mädchen am Arm von bierbäuchigen, nahezu glatzköpfigen italienischen *novios.*

Die beiden Paare schlendern auf meinen Liegeplatz im Sand zu, während ich Tagebuch schreibe. Nach den üblichen Versuchen, das Eis zu brechen, frage ich das ältere Mädchen, gegen das ich mir blass und unscheinbar vorkomme, ob sie bald heiraten werde.

»Ja, bald«, erwidert sie, entblößt eine Reihe perlweißer Zähne und wirft ihre rabenschwarze Mähne über ihre von Spaghettiträgern gezierten Schultern. »Roberto fährt im Juli mit mir nach Italien.«

Ich bemerke die Reihenfolge der Namen in diesem Satz und lasse sie ihre Adresse in Holguín in mein Tagebuch schreiben, obgleich ich sie nicht darum gebeten habe. Die Männer hingegen bleiben stumm und gucken schuldbewusst aus der Wäsche.

»*Jineteras!*«, lautet wiederum Jorges Urteil, als ich ihm später von meiner Begegnung erzähle.

Katalina, deren Name so romantisch ist wie ihr Anliegen, erklärt mir, dass die Vierergruppe in einer *casa particular* untergebracht sei, in dem die Besitzer offensichtlich ein Auge zudrücken, wenn es um Fisimatenten zwischen Ausländern und Kubanern geht. Diese Handlungen werden von vielen als Prostitution angesehen; ich betrachte sie aber als Opportunismus mit einem Hauch guter altmodischer Liebe. In einiger Entfernung sehe ich eine bebrillte Kanadierin in leidenschaftlicher Umarmung mit einem *negro*. Er lässt seine Hände über ihren Körper wandern. Beide scheren sich nicht im Geringsten darum, was andere darüber denken mögen.

An der »Rezeption« verlangt Axel seinen zweiten Fünfdollarschein zurück; wir haben beide für zwei Tage im Voraus bezahlt. David erblasst. Er hat das Geld bereits an die Buchhaltung weitergegeben, eine Rückerstattung ist nicht möglich.

Ein Ausdruck von Missstimmung und Resignation legt sich über das Gesicht des großen, hier so sparsamen Deutschen.

Wenn er jetzt abreist, hat er die fünf Dollar für die Übernachtung umsonst ausgegeben.

Als am nächsten Morgen der Zeitpunkt seiner Abreise gekommen ist, verschwindet er ohne »Auf Wiedersehen« zu sagen, geschweige denn, mir seine E-Mail-Adresse zu geben. Irgendwie hat er mich mit der Ratte und der Anlage in eine Schublade gesteckt – ich habe solche Schuldgefühle!

Ich verspreche Jorge und David, ihnen statt eines Trinkgeldes ein Englisch-Spanisch-Wörterbuch zu schicken. Es wird Zeit für meine Rückkehr nach Holguín.

Wieder zurück im Haus von Juan Carlos, packe ich zum x-ten Mal meine Sachen. Mittlerweile habe ich eine ganz bestimmte Formel: Sechs Brötchen, drei mit Banane und drei mit Marmelade, werden in meine runde Lunchbox gequetscht, alle Wasserflaschen sind bis zum Rand abgefüllt, und meine gewaschenen Unterhosen trocknen in der Netztasche aus Nylon, die hinten am Fahrrad hängt. Heute hat Juan Carlos wieder seinen ersten Arbeitstag in der Ferienanlage von Guardalavaca. Er rennt zusammen mit seinen Mitarbeitern Richtung *colectivo*-Bus, der schnaufend die Autostraße entlangkriecht. Er freut sich auf großzügige Trinkgelder, die ihn vor der nächsten Speiseöldürre bewahren werden. Dulce María und Yame winken mir zum Abschied und raten mir, nach *amarillos* (Männern in gelben Westen) Ausschau zu halten, denn diese würden Mitfahrgelegenheiten in vorbeifahrenden Lastwagen organisieren.

Ich habe vor, noch mit dem Fahrrad aus der Stadt zu fahren, dann aber schnell eine Mitfahrgelegenheit nach Camagüey zu suchen, einer 250 Kilometer weiter westlich gelegenen Universitätsstadt. Ich weiß nichts über diese Stadt außer der Information aus einem Kasten in meinem Reiseführer, die besagt, dass es sich um eine »schöne Stadt« handele. Eine Besonderheit seien die großen bauchigen Tonkrüge, die heute noch vor manchen Häusern stünden, um das darin gesammelte Regenwasser kühl zu halten.

Danach werde ich mit dem Rad und per Anhalter in die größere Stadt Santa Clara fahren. Dort wohnt eine Freundin von José aus Santiago – vielleicht ist es ja die Geliebte, für die er Lolita verlassen hat.

Ich halte am Stadtrand, wo ein Mann in einer gelben Jacke eifrig Mitfahrgelegenheiten in vorbeikommenden staatlichen Lastwagen Richtung Havanna für 10 bis 15 Pesos organisiert. Wenn man bedenkt, dass es sich um eine spontane Angelegenheit handelt, haben die Kubaner hier ein ziemlich eindrucksvolles System entwickelt, das sich seit 20 Jahren nicht verändert hat. Der *amarillo* weiß, welche Laster wann aufkreuzen, ob sie Expressladungen liefern oder mehrere Stationen anfahren, und er kennt alle »Haltestellen«. So ist ein Personentransportsystem ohne Regeln, Tickets, aufwendige Wartehäuschen oder Bushaltestellen entstanden.

Die Fahrt nach Havanna dauert mindestens zwölf Stunden, und die Wartezeiten für eine solche Mitfahrgelegenheit sind lang. Ich lehne mein Fahrrad an eine Mauer, setzte mich zu den wartenden *cubanos* und versuche, ihre neugierigen Seitenblicke zu ignorieren, eine Reaktion, die ich von mir kenne, wenn ich langsam reisemüde werde.

Ich vertreibe mir die Zeit damit, drei kleinen Jutesäcken zuzusehen, die über den staubigen Gehsteig tanzen. Hie und da stößt eine fleischige rosa Nase mit zwei schleimigen Öffnungen schnüffelnd und grunzend durch die Löcher an den Ecken des Sacks. Ich frage mich, ob diese Kreaturen mehr über ihr Schicksal wissen als ich über meines. In der Nähe stehen zwei junge Ziegenböcke und warten geduldig auf unsere Arche Noah mitten im Landesinneren.

Die Zeit vergeht, Laster fahren vorüber. Ich bin versucht aufzuspringen und einfach in einen der vielen Laster in Richtung Havanna zu klettern, doch eine seltsame Lethargie hält mich zurück, und ich bleibe auf dem Zementblock im Schatten sitzen. Alle halbe Stunde frage ich mich, wie weit ich kommen würde, wenn ich, statt hier zu warten, einfach losradeln würde. Meine Antwort ist immer dieselbe: nicht weit genug.

Schließlich, nachdem wir vier geschlagene Stunden gewartet haben, kommt ein riesiger Tieflader mit quietschenden Bremsen vor uns zum Stehen. Plötzlich gerät die Gruppe in Bewegung, man hört Rufe, die Leute huschen hin und her, alle wollen einen Platz auf dem Laster ergattern. Die *amarillos* versuchen krampfhaft, vorher noch jedem die Gebühr abzunehmen. Fremde Hände hieven mich mitsamt meinem Fahrrad an Bord, und einer lässt es sich nicht nehmen, dabei noch schnell meine Brüste zu begrapschen. Die Menschen gruppieren sich fachmännisch auf der Ladefläche wie Äpfel in einer Kiste, und ich lehne mich an einen Sack Reis, um die bei einer Fahrt durch riesige Schlaglöcher unvermeidlichen Stöße wenigstens ein bisschen abfedern zu können. Ich ziehe Fahrrad und Gepäcktaschen dicht an mich heran und habe Schuldgefühle, weil ich dadurch mehr Platz brauche, aber das scheint keinem außer mir etwas auszumachen. Einige wickeln ihre Köpfe vollständig in Tücher oder Decken und legen sich zum Schlafen. Andere essen und trinken oder halten einfach nur ein munteres Schwätzchen.

Als wir auf den Moment der Abfahrt warten, quetscht sich ein junger *negro* zwischen mich und die Lenkstange meines Fahrrads und fängt an, mit mir zu reden. Er fragt mich ohne Umschweife, ob ich ihm Geld für sein Abendessen geben könne. Er zeigt mir seine Bankkarte und behauptet, das Geld befände sich auf seinem Konto. Er habe einfach vergessen, es abzuheben. Ich lehne ab.

»Kein Problem!« Er zuckt mit den Schultern und lächelt entwaffnend, dann lässt er seine von langen Wimpern gezierten Augen über die attraktiven Kurven meines Fahrrads wandern. Es schrillt laut in meinem Kopf, und das Geräusch stammt nicht von der Klingel meines Fahrrads.

Der erste Teil der Reise ist erträglich und verläuft relativ glatt. Der Laster rast die Straßen entlang wie ein Komet in einem Asteroidengürtel. Immer wieder bricht er aus, um Schlaglöchern auszuweichen, doch gelegentlich stürzt er sich einfach hinein wie eine Ente in den Teich. Hie und da hebt sich die Pritsche und kracht dann mit einem markerschütternden Geräusch und einer Wucht, die einem durch Mark und Bein fährt, zurück in die Ausgangsposition.

»Mähmähmäh!«, meckert der kleine Ziegenbock.

Ich schreie auf, klammere mich an mein Fahrrad und drücke mich noch tiefer in den Reissack. Die Holzlatten auf dem Boden weisen bedenklich große Lücken auf, und die Löcher sind zu breit, als dass ich mich entspannen könnte. Auf diese Art habe ich einen guten Ausblick auf den dicht unter mir vorbeisausenden Straßenbelag. Dann sehe ich, dass mein linkes Pedal in einem der Löcher steckt und sich unkontrolliert im Fahrtwind dreht.

Wir fahren über Dörfer und verlangsamen unsere Fahrt. Jedes Mal erwartet uns eine wimmelnde Menschenmenge in der Absicht, auch noch aufzuspringen. Händler drängen sich um den Laster, und bieten den Reisenden an langen Stangen Kokosmilch in Tüten, grellfarbige Reismilchgetränke, Packungen mit kleinen Snacks, geschälte Erdnüsse und frittierte Scheiben mit undefinierbarem, süßem und klebrigem Inhalt an. Kaum haben Pesos und Snacks in der Luft die Besitzer getauscht, tritt der Fahrer auch schon wieder aufs Gaspedal, der Laster schießt mit einem Ruck nach vorne, während die Händler mit den Armen rudernd und stolpernd nebenherlaufen und einen letzten Handel treiben.

Der junge *negro* mir gegenüber stellt sich als Alfonso vor und beginnt erneut ein Gespräch mit mir. Ich erzähle ihm, dass ich noch nicht für die Fahrt bezahlt hätte, er lacht und gratuliert mir zu meinem Glück. Dann erkläre ich ihm, dass ich meine Reise in Camagüey unterbrechen werde. Er denkt einen Augenblick nach und schüttelt dann den Kopf.

»Fahren Sie die ganze Strecke bis nach Havanna«, rät er mir. »Es ist schwierig, einen Laster mit Expresslieferung wie diesen zu erwischen. Sie sollten nicht aussteigen.«

Das erste Mal auf dieser Reise bin ich verunsichert. Meine goldene Regel besteht darin, stets bei Tageslicht an meinem Reiseziel anzukommen. So bleibt genügend Zeit, im Hellen mein Zelt aufzuschlagen und meinen Kocher anzuzünden oder eine andere Übernachtungsmöglichkeit zu organisieren.

Camagüey kommt, Camagüey geht.

Irgendwie ist es diesem Jungen gelungen, mich davon zu überzeugen, nicht vom Laster zu steigen. »Keine Sorge«, denke ich bei mir, »bald sind wir da. Außerdem habe ich ja schon ein Quartier in Havanna – bei der Schwägerin von Zaida aus Manzanillo. Wenn nötig, nehme ich mir ein Taxi, das mich direkt von der Lastwagenhaltestelle zu ihrer Tür fährt. Mein Fahrrad lässt sich zusammenklappen, also ist das alles kein Problem.«

Ich lehne mich entspannt an den Reissack.

Die Sonne geht unter, und der unablässige Wind wandelt sich von einem warmen berauschenden Lüftchen in eine kühle, Kopfschmerzen verursachende Brise und schließlich zu einem kalten, stürmischen Wind, der mir um die Ohren weht wie der riesige Ventilator in einer Kühlanlage. Die Reisenden rollen sich zusammen und machen sich klein, damit sie in den Nischen und Winkeln der Ladefläche Schutz finden. Scheinbar ohne Angst vor dem Erstickungstod stülpen sie sich gegen den eiskalten Wind Plastiktüten über die Köpfe.

Ich krame immer wieder in meiner Packtasche nach Kleidungsstücken, ziehe alles übereinander, bis nichts mehr geht. Ich bin mir sicher, dass unsere Reise in die Antarktis geht und nicht etwa nach Havanna. Neben mir sitzt eine Frau mit ihrem Kind, und beide zittern in den Armen ihres hemdsärmeligen Ehemanns. Er umarmt dieses wertvolle Bündel Mensch, so gut er kann. Ich beuge mich zu meiner Packtasche, ziehe die Unterlegplane für mein Zelt heraus und biete sie dem Bündel an. Sie danken mir in der Dunkelheit und nennen mich eine *persona buena* (einen guten Menschen). Ich nehme die große, steife Plastiktasche meines Zeltes und wickele sie mir um Kopf und Schultern. Eine Stunde lang hält mich diese Maßnahme warm, dann bläst mir eine kräftige Böe die Tasche aus der Hand. Ich sehe ihr nach, wie sie wie eine Fledermaus auf Drogen durch die Nachtluft flattert.

Mähmähmäh.

Mehrere Leute trinken mittlerweile Rum aus kleinen Flaschen und betäuben damit ihre Nervenenden. Mit jedem die Kehle hinabgleitenden Schluck werden sie launiger und lauter. Wir befinden uns nun irgendwo auf dem Land, doch man sieht weder Mond noch Sterne, und so fühlt es sich an, als bretterten wir direkt in ein schwarzes Loch im Weltall.

Plötzlich leuchten am Horizont schwach zwei helle Punkte auf. Während wir uns nähern, stelle ich mir vor, wir führen direkt auf einen riesigen schwarzen Panther zu. Seine Augen werden größer und größer, bis wir direkt in seine Pupillen starren. Das gelbäugige Tier springt vor und huscht dann zur Seite …

KRAAAAAAAAACH!

Mähmähmäh!

Der Laster schwenkt leicht aus, Funken sprühen, eine Frau schreit auf. Jemand ruft laut. Der Laster wird langsamer und kommt schließlich ganz zum Stehen. Wir alle werden nach vorne geschleudert, dann wieder zurück in unsere Reissäcke und schmutzigen Reifen. Es ist eine Erleichterung, dass der Wind plötzlich verstummt. Wie kleine Kerzen flammen hie und da Feuerzeuge auf, um Zigaretten anzuzünden.

Ich ziehe meine Taschenlampe hervor und besehe mir den Schaden: Ein großer gelber Bus hat den Laster und dabei auch die unglücklicherweise heraushängenden Arme oder Beine einiger Menschen gestreift. Der Schaden ist allerdings gering. Eine hysterisch schluchzende Frau hat eine tiefe Wunde am Arm. Jemand sagt etwas darüber, dass sich hinten auf dem Laster eine Ärztin befände, doch sie hat keine Mittel zur Wundversorgung dabei. Ich klettere mit meinen einzigen in diesem Falle nützlichen Hilfsmitteln, einem Fläschchen antiseptischen Puders und einem kleinen Heftpflaster, zu der Frau hinüber. Ich verteile etwas Puder auf der Wunde und versuche ihr die Situation zu erklären. Die Frau steht eindeutig unter Schock, denn sie brüllt sowohl ihren Ehemann als auch die ganze Welt an. Ein anderer Mann hat eine Schnittwunde am Kopf, doch er scheint in Ordnung zu sein. Während die Frau weiter schluchzt und flucht, krieche ich wieder zurück zu meinem Reissack und höre, wie die Menschen um mich herum »persona buena« murmeln. Wir sitzen in der Dunkelheit, und ich bemerke das erste Mal, seit ich den Laster bestiegen habe, die Milchstraße wunderbar deutlich und klar am Himmel.

Nach ungefähr einer halben Stunde Wartezeit startet der Motor des Lasters. Die Frau hat sich mittlerweile wieder beruhigt. Das Leben legt den ersten Gang ein.

Es ist fast 20 Uhr, als der Laster in einem kleinen Ort haltmacht, damit die Mitfahrenden sich etwas zu essen kaufen können. Ich habe Bedenken, meine Sachen einfach auf der Ladefläche zurückzulassen, doch ich muss dringend auf die Toilette. Ich nutze die Vorteile meines Ausländerstatus und gehe auf einige Leute zu, die in Schaukelstühlen auf einer winzigen Veranda vor einem verfallenen alten Haus sitzen. Sie sagen nichts und nicken in Richtung Tür, während sie weiter schaukeln, schaukeln, schaukeln. Ich betrete für kurze Zeit ihre Welt und laufe auf dem Weg zu einem winzigen Badezimmer durch ihr Haus. Die Toilette verfügt wundersamerweise sogar über eine Spülung. Ich hinterlasse ihnen einen Peso.

Wieder zurück auf der Straße, sehe ich, dass die reicheren Kubaner sich Teller mit Essen von Straßenimbissen genehmigen; die Mehrheit der Mitfahrenden aber kauft einen Snack von den Händlern, die den Laster umschwirren wie Motten das Licht. Ich klettere wieder auf die Ladefläche und krame auf der Suche nach einer meiner drei Kekspackungen in meinen Taschen herum. Ich möchte sie auch den anderen Fahrgästen anbieten, doch jemand hat sie bereits gefunden.

Die Kekse sind weg und auch die sechs Brötchen. Ich erkundige mich unter den Mitfahrenden und stoße auf unschuldige Gesichter.

Ein Mann schüttelt den Kopf. »*Sin vergüenza*«, schilt er die Anwesenden. Die Diebe schämen sich nicht.

Alfonso ist verschwunden. Ich denke daran, wie ich es zuvor abgelehnt habe, ihm ein Essen zu spendieren, und zwinge mich, gar nicht weiter darüber nachzudenken. Einer der Männer im Lastwagen zeigt auf mein Fahrrad, beziehungsweise auf mein linkes Pedal. Es ist verschwunden, vermutlich hat es sich wegen des starken Windes und unter den ständigen Vibrationen gelöst und ist schließlich abgefallen. Ja, das sieht mir im Gegensatz zu den entwendeten Keksen doch eher nach höherer Gewalt aus.

»Sie können bei jedem *ponchero* (Reifenflicker) ein neues bekommen«, verrät mir der Mann hilfsbereit. »Wenn Sie mit nach Havanna kommen, bringe ich sie zur Werkstatt meines Freundes.«

Als ich mein Fahrrad etwas genauer unter die Lupe nehme, stelle ich fest, dass ein Dieb mit flinken Fingern meine Satteltasche geöffnet und sowohl mein Ritchey Cool Tool als auch mein Flickzeug entwendet hat. Vermutlich ist dies passiert, als ich die hysterische Frau verarztet habe.

Das Cool Tool, ein heiß begehrtes Objekt, hat mir ein Freund bei meiner Abreise aus Australien vor vier Jahren zum Abschied geschenkt, doch wenn ich ehrlich bin, habe ich es bis jetzt noch nie benutzt. Ich vermute, der neue Besitzer wird mit diesem einen Werkzeug eine Fahrradreparaturwerkstatt betreiben. Die Kubaner sind sehr erfinderisch. Von Alfonso fehlt jede Spur, und das wird wohl auch so bleiben.

Ich denke zurück an all die Male, während derer ich bei meinen Reisen rund um den Globus versucht habe, Geld zu sparen, weniger großzügig war, als ich hätte sein können, oder sogar nicht ganz ehrlich war. Jedes Mal habe ich für mein Vergehen bezahlt, meistens zehn- oder zwanzigmal mehr, als ich gespart hatte. Das Cool Tool war 20 Dollar wert – ein einziges Essen für Alfonso hätte mich ungefähr 50 Cent gekostet. Die Fahrt auf dem Laster, die ich nicht bezahlt habe, hätte mich ein paar Dollar gekostet. In Costa Rica habe ich einmal erfolgreich versucht, einen Taxifahrer in seinem Preis zu drücken. Danach habe ich meine Tasche im Wagen liegen lassen – darin befanden sich ein gutes Stirnband, meine Schlüssel, eine kleine Taschenlampe und ein kleines Schweizer Taschenmesser. Das Schlimmste an diesen Erfahrungen ist die Tatsache, dass ich anscheinend aus meinem Schaden nicht klug werde. Immer wieder bin ich geizig, um so meiner schlimmsten Angst entgegenzuwirken, nicht mehr genug Geld zu haben und dann als Stadtstreicherin in einer namenlosen, stinkenden Gosse zu sterben.

Der Lastwagen fährt weiter, und ich kuschele mich in meinen Reissack. Ich bin todmüde. Meine Gedanken kreisen nur um die eine Sorge, wie ich mein Fahrrad wieder zum Laufen bringen könnte. Wieder düsen wir durch das tiefste Weltall. Ich kauere mich hinter meinen Packtaschen zusammen und starre auf die schmutzige Ladefläche. Ich bitte alle in der Nähe, dass sie mir es sagen sollen, wenn die Abfahrt nach Santa Clara käme. Meine Mitreisenden tun mehr als das. Ungefähr um 23 Uhr pfeifen, rufen und klopfen sie auf die Fahrerkabine und bedeuten dem Fahrer, dass jemand aussteigen möchte. Zu meinem großen Schrecken hält der Laster aber nicht an. Meine Begleiter zucken einfach mit den Schultern. Vielleicht handelt es sich tatsächlich um einen *directo*, an den sich der Paragrafenreiter hinter dem Steuer hier hält.

Mittlerweile komme ich mir vor wie eine Tüte tiefgefrorener Erbsen, die man aus dem Gefrierfach gezogen und einige Male auf den Küchentisch geschlagen hat. Ich erkundige mich schwach, wie weit es noch bis Havanna sei.

»*Tres horas*«, lautet die Antwort.

Drei Stunden!

So lange werde ich nicht mehr durchhalten. Ich bereite mich auf meinen eisigen Tod vor und verbringe die nächste Stunde damit, mich in meine Zeltplane zu wickeln. Ungefähr anderthalb Stunden später hält der Laster an einer neonhell erleuchteten 24-Stunden-Raststätte mitten in der Walachei. Dieser Ort ist unter dem Namen »*Aguada de Pasajeros*« oder »Wasserstelle für Passagiere« bekannt. Es ist wirklich seltsam, wie kalt und feucht es hier ist; ich fühle mich, als wäre ich in Irland und nicht etwa auf Kuba.

Ich will auf keinen Fall noch eine Sekunde länger in diesem eiskalten Wirbelwind verbringen, und so klettere ich mithilfe eines leicht angetrunkenen jungen Mannes schleunigst von der Ladefläche. Mittlerweile sind alle übriggebliebenen Reisenden vom vielen Rum ziemlich gut betrunken.

Ich zähle meine Packtaschen und mein Zelt: Eins, zwei, drei …, schiebe mein Fahrrad ins Café und lasse mich auf einem Stuhl nieder, um aufzutauen, mich zu sammeln und mich um den Zustand meines nicht fahrbaren Untersatzes zu sorgen. Es ist zwei Uhr morgens. Die Sandwich-Theke ist noch geöffnet, doch die Auslage ist leer. Ich erkläre der stabil gebauten Frau, deren Leibesfülle über die Theke quillt, meine Situation und frage sie, ob ich bis zum Morgen in ihrem Café warten dürfe. Sie bringt mich nach hinten in ihre Kochnische, wo ich mich neben die riesige Kaffeemaschine setzen kann. Diese umarme ich dankbar wie einen Liebhaber und lasse sie nicht mehr los. Ich beobachte die *señora* dabei, wie sie 20-Centavo-Portiönchen Kaffee an die hereintrudelnden Gäste verkauft. Diese Tätigkeit übt sie schon seit zwölf Jahren aus. Sie plaudert mit jedem einzelnen Fremden, als kenne sie ihn wie ihren Bruder, was ja auch nicht völlig abwegig ist.

»Abgesehen von den Ausländern kenne ich jeden Lastwagen, jede Person sowie die ungefähre Zeit, zu der sie hier hereinkommen. Ich weiß sogar, was sie trinken werden und wie viel Zucker sie nehmen«, behauptet sie.

Trotz meines festen Vorsatzes, so etwas auf Kuba nie wieder zu verzehren, nehme ich dankbar ein getoastetes Schinken-Käse-*bocadito* entgegen.

Ich hülle meinen Kopf in die »geliehene« Decke aus dem Flugzeug und schlafe auf dem Plastikstuhl ein. Um alles andere kümmere ich mich *mañana … mañana.*

Das reichste Haus Kubas

Es gelingt mir, mit der Kaffeemaschine im Arm in einen Tiefschlaf zu fallen, und trotz allem, was mir die letzten zwölf Stunden widerfahren ist, träume ich nicht von der höllischen Lastwagenfahrt.

Ich öffne ein Auge und sehe, wie ein Sonnenstrahl des neuen Tages einem Finger gleich über den Boden bis zu der Stelle kriecht, wo ich auf dem Stuhl zusammengesackt bin. Das tröpfchenweise Ein- und Ausgehen von *pasajeros* auf der verzweifelten Suche nach ihrer nächtlichen Koffeininjektion hat sich unter dem sich langsam erhellenden Morgenhimmel zu einem steten Strom ausgewachsen.

Ich wuchte meinen schweren Körper aus dem Plastikstuhl, bedanke mich bei meinen Gastgebern und schiebe mein Fahrrad mit der leeren Kurbel nach draußen. Ich möchte mir den Schaden genauer ansehen. Eine der Gangschaltungen am Lenker hängt frei in der Luft und scheint kaputt zu sein. Ich verfluche mich dafür, dass ich während des Fahrradreparaturseminars vor vier Jahren nur gequatscht habe, und mache mich daran, aufs Geratewohl an all den Teilen zu schrauben, zu fummeln und zu schieben, die aussehen, als ließen sie sich durch Schrauben, blindes Fummeln und Schieben wieder in Ordnung bringen. Ich danke meinem Schicksal, dass der neue Besitzer meines Cool Tools nicht auch noch meinen uncoolen Universal-Schraubenschlüssel mitgenommen hat.

Nachdem ich den Mechanismus irgendwie wieder zusammengebastelt habe, funktioniert er wie durch ein Wunder. Während der letzten zwölf Stunden, in denen das Fahrrad auf der Ladefläche durchgeschüttelt wurde und herumgeschrammt ist, muss sich wohl lediglich eine Feder gelöst haben. Jetzt fehlt nur noch das linke Pedal, und das Fahrrad ist fast wieder einsatzbereit. Ich bitte bei jedem ankommenden Laster, Auto und Mähdrescher um eine Mitfahrgelegenheit in das ungefähr 60 Kilometer weiter östlich liegende Santa Clara, das ich mir nun doch noch zum Ziel gesetzt habe. Doch die meisten Fahrer sind in Richtung Havanna oder eines der umliegenden Dörfer unterwegs. Eine sehr freundliche Vierergruppe bietet mir eine Mitfahrgelegenheit nach Havanna an und klärt mich darüber auf, dass es dort bessere Fahrradwerkstätten gäbe. Da ich jedoch eine sture Radfahrerin bin und meine geplante Route beenden möchte, bin ich noch nicht bereit aufzugeben. Ich möchte erst später nach Havanna zurückkehren.

Ich schiebe das Fahrrad auf die Autostraße und versuche es mit einem wedelnden Dollarschein. Leider kommt nur alle zehn Minuten ein Fahrzeug vorbei. Ich erhöhe auf einen Fünfdollarschein – immer noch hält keiner an. Schließlich erbarmt sich ein Pick-up-Truck mit einem privaten Nummernschild; er verlangt zehn Dollar. Ich zeige ihm die fünf Dollar, er lehnt ab und röhrt mit leerer Ladefläche davon. Geld verändert alles, und Geld verändert auch das Herz Kubas.

Schließlich schiebe ich das Fahrrad wieder zurück auf den Parkplatz. Eine Gruppe von vier Arbeitern in einem Fahrzeug mit blauen staatlichen Nummernschildern bietet mir einen Lift bis Sancti Spíritus, einer Stadt, die nur 83 Kilometer südlich von Santa Clara liegt. Alternativ schlagen sie vor, mich an der Ausfahrt nach Santa Clara abzusetzen. Die Aussicht, an einem ruhigen Sonntag mit einem kaputten Fahrrad in der kochenden Hitze irgendwo festzusitzen, lässt mich zögern. Ich hatte mir fest vorgenommen, nach Santa Clara zu fahren. Meine Pläne jetzt zu ändern ist, als hätte ich in der Wartehalle am Gate auf einen Flug nach Afrika gewartet und würde nun gefragt, ob es mir etwas ausmachen würde, stattdessen nach Schweden zu fliegen. Die Menschen ändern ihre einmal geplante Reiseroute nicht so gerne, und ich bin ärgerlicherweise nicht anders. Dabei hat mich überhaupt nur eine auf ein Stückchen Papier gekritzelte Adresse nach Santa Clara gezogen: das Versprechen, bei einem Unbekannten zu übernachten und vielleicht zum Essen eingeladen zu werden. Ein Ort für meine abgenutzten Reifen und meinen müden Kopf, ein Ort der Geborgenheit. Egal, für wie frei wir uns auch halten mögen, wir brauchen den Kontakt zu anderen Menschen. Wir sehnen uns nach Sicherheit in unseren Entscheidungen. Warum eigentlich nicht Sancti Spíritus? Hat sogar den gleichen Anfangsbuchstaben wie Santa Clara!

Ich nehme an.

Ich quetsche mich zwischen Roberto und seinen Bruder Mauricio auf den Vordersitz – die anderen Arbeiter nehmen hinten Platz –, und dann geht zurück es auf die Autostraße, auf der ich vor einigen Stunden fast erfroren wäre. Nun, im hellen Tageslicht, sehe ich nur einen fröhlichen, sonnigen *camino* (Weg) zum fröhlichen, sonnigen Sancti Spíritus. Wir halten an einer hochmodernen Tankstelle, deren Verkaufsraum dank einer Klimaanlage bis auf die für Kühlregale benötigten Temperaturen heruntergekühlt wird. Hier kann ich mir eine Batterie für meine Kamera kaufen – zum US-Preis, versteht sich. Ich habe Gewissensbisse, weil ich fast zehn Dollar dafür hinblättere, während Roberto im Hintergrund auf mich wartet. Das ist ein halbes Monatsgehalt für einen Arzt und doppelt so viel, wie Lolita im Monat verdient.

Da ich kein vernünftiges Frühstück zu mir genommen habe, kaufe ich mir eine Packung Zuckerkekse in Bärenform. Das ist zwar eine nicht besonders gesunde Art, seinen Tag zu beginnen, doch mir hängt der Magen in den Kniekehlen. Wir nähern uns der Ausfahrt für Santa Clara. Roberto sieht mich an und bedeutet mir, dass ich hier aussteigen und auf eine weitere Mitfahrgelegenheit warten könne. In der Gesellschaft meiner neu gewonnenen Freunde fühle ich mich vorübergehend sicher, deshalb beschließe ich, im Auto zu bleiben.

Wir unterhalten uns. Roberto lebt in Havanna mit seinem Bruder, beiden Ehefrauen und den Kindern. Sie befinden sich auf dem Weg nach Sancti Spíritus, um im Krankenhaus »Papierkram« zu erledigen, was ungefähr eine oder zwei Stunden dauern wird. Dann geht es wieder zurück nach Havanna. Die beiden anderen Arbeiter sind offensichtlich nur zum Vergnügen dabei; vielleicht machen sie mit ihren Kumpeln einen Sonntagsausflug und haben die Gelegenheit ergriffen, sich auf Staatskosten eine Auszeit von ihren Familien und der Alltagsroutine zu gönnen.

Nach nur zwei Stunden erreichen wir Sancti Spíritus. Roberto beschließt, mich zuerst zu einem *ponchero* zu führen – für das Pedal.

Wir fahren auf einer engen Nebenstraße zu einem kleinen Haus. Er bedeutet mir, im Auto zu bleiben und erklärt, ein Blick würde genügen, um mich als Ausländerin zu erkennen. Der Preis sei dann dreimal so hoch.

»Dann verlangen die zehn Dollar oder mehr!«, ruft er.

Die Männer verschwinden mit meinem Fahrrad hinter dem Haus. Nach einigen Minuten kommen sie wieder zurück, und auf der Kurbel steckt jetzt ein altes abgewetztes Plastikpedal. Der *ponchero* hat es von seinem eigenen Huffy abmontiert. Kostenpunkt? Vier Dollar oder 80 Pesos. Der Preis ist absurd hoch, und ich werde niemals erfahren, ob meine Retter oder der *ponchero* bei diesem Pferdehandel einen Gewinn gemacht haben. Später löst die Geschichte von dem »billig« erstandenen Gebrauchtpedal bei vielen Kubanern Kopfschütteln aus. Neu hätte es nicht mehr als 30 Pesos gekostet!

»Sin vergüenza!«, rufen sie und sind sich einig. Nur Menschen ohne Skrupel würden so weit gehen, jemandem einen falschen Preis zu nennen, ob nun Ausländer oder nicht.

Wenigstens ist nun mein Problem gelöst. Ich zahle Roberto die vier Dollar und gebe ihm noch zwei für seine Mühe. Für ihn spricht, dass er mich aufgeregt daran hindert, noch mehr Scheine für ihn abzuzählen.

Roberto setzt mich an der ersten *casa particular* ab, die auf einem Schild freie Zimmer bietet. Er gibt mir seine Adresse in Havanna, und ich versichere ihm, vorbeizukommen. Doch ich denke: »Eher nicht, du opportunistischer Bastard.«

Natürlich kann ich mir jetzt genau überlegen, dass es die miesen vier Dollar nicht wert sind, sich weiter darüber aufzuregen. Die Männer haben mich gerettet, sie haben mich mitgenommen und hierhergebracht, sie haben mir geholfen. Sie sind arm, ich bin reich. Sie hatten die seltene Gelegenheit, ein paar Dollars für ihre Familien zu verdienen, und sie haben sie genutzt. Doch irgendwie stolpere ich immer wieder über diesen Luxus namens Prinzip. Vielleicht bilde ich mir ein, ich sei eine von ihnen, würde genauso atmen wie die Kubaner und gerade mal so wie sie über die Runden kommen. Ich nehme an ihren alltäglichen Problemen und Sorgen Anteil – wenn auch etwas selektiv –, und aus dieser Haltung heraus habe ich auch ein Problem damit, einen zu hohen Preis für etwas zu bezahlen.

Immer noch im eingebildeten Einheimischenmodus klopfe ich an die Tür der Casa Los Espejos. Es ist eindeutig die wohlhabendste *casa particular,* die ich bis jetzt gesehen habe. Drinnen sieht es aus wie in jedem Mittelklassehaushalt der reicheren Industrienationen. Die Küche ist hochelegant, nach jeder dritten weißen Fliese kommt eine Dekorationsfliese, und auf der Arbeitsfläche steht eine beachtliche Anzahl verschiedener Elektrogeräte: Mixer, Mikrowelle, Fritteuse, Küchenmaschine – und ich sehe nicht eines, auf dem nicht das Schild des Herstellers, Braun, prangt.

Die Besitzerin, eine große Frau mit makellos rot lackierten Fingernägeln, begrüßt mich mit einem breiten Lippenstiftlächeln, während sie große Hähnchenschenkel in ein Gerät legt. Als sie den Deckel schließt und auf einen der aufleuchtenden Knöpfe drückt, gibt das Gerät ein lautes Zischgeräusch von sich. Das allseits beliebte und bekannte kubanische Kochutensil, der große, von vielen Einsätzen auf dem Kohleherd schwarz angelaufene und zerbeulte Blechtopf, ist nirgends zu sehen.

Die Gastgeberin vermietet fünf Gästezimmer im ersten Stock und führt ein kleines *paladar* (Restaurant) im Wohnzimmer der Familie im Erdgeschoss. Die Tische sind anheimelnd mit Spitzendeckchen, feinen Gläsern, gemütlichen Stühlen und Kerzen dekoriert, und die Wände sind mit Messingzierrat bedeckt. Eine riesige Stereoanlage dominiert die Theke, und das Licht von Kristalllüstern und vergoldeten Lampen scheint auf zahlreiche Kunstgegenstände, die auf polierten Stellflächen zur Schau stehen. Als ich hereinkomme, macht sich gerade eine Gruppe von sechs italienischen Touristen über einen Hummer her.

Vier der fünf Gästezimmer für 25 Dollar sind wie fast das ganze Jahr über besetzt. Ich rechne mir aus, dass sie mindestens 200 bis 300 Dollar am Tag einnehmen. Ich handele sie auf 15 Dollar für Übernachtung mit Halbpension herunter und betone, dass mir Reis und Bohnen mit Salat und vielleicht einer gebratenen Kochbanane völlig ausreichen. Sie erklärt sich einverstanden, doch von diesem Zeitpunkt an ist ganz offensichtlich, dass ich nur den allernötigsten Service erhalte.

Ich habe einen solchen Hunger, dass ich mich zu einem Mittagessen mit frittiertem Hühnchen überreden lasse, bevor ich mich noch umziehe oder mein Gepäck ablade. Man setzt mich an einen Einzeltisch. Die sechs Italiener sind mittlerweile bei Kaffee und Tiramisu angekommen und unterhalten sich laut. Ich nicke den Gästen am Nachbartisch zu, einer kubanischen *muchacha*, vielleicht gerade einmal zwanzig Jahre alt (besonders fallen mir die beiden reifen Melonen auf, die fast aus ihrem engen schwarzen Oberteil rutschen), und ihrem schleimigen, ergrauten *esposo de Italia*, einem Herrn in den Fünfzigern, der gebeugt über seinem Glas Wein sitzt. Die Körpersprache der jungen Frau ist faszinierend. Mit ihrer Art zu sprechen und zu gestikulieren strahlt sie Selbstbewusstsein aus, ihre Zähne blitzen, und ihre Augen strahlen vor materieller Zufriedenheit. Er hingegen sieht aus wie ein Mann, der heimlich Sex hat, aber nicht will, dass es irgendjemand erfährt. Er scheint unter meinem Blick in sich zusammenzuschrumpfen und fast in seinem Sitz zu verschwinden.

»Wir verbringen das halbe Jahr auf Kuba und die andere Hälfte in Italien«, erzählt sie mir mit ihrer piepsigen Stimme, die einer Windorgel gleicht. Sie wirft einen verliebten Blick auf ihren Romeo. Der lächelt schuldbewusst und versinkt noch tiefer in seinen Stuhl, bis er nur noch eine ganz kleine Gestalt ist, die sich auf der Sitzfläche windet. Ich lasse den armen Mann in Ruhe und widme mich wieder meiner Mahlzeit.

Während ich esse, stolzieren verschiedene Mitglieder der Familie in das Zimmer und wieder hinaus. Bei jedem neuen Auftritt scheinen sie sich vermehrt zu haben. Sie gleiten über den Boden, diese Mitglieder der neuen ökonomischen Königsfamilie – Designerjeans, Make-up, goldene Armbanduhren, große Ringe und Goldanhänger. Einer nach dem anderen bombardieren sie mich mit denselben Fragen über meine Reise; die Antwort warten sie seltsamerweise gar nicht ab. Draußen wirft ein Neffe der Familie einem der Rassehunde in der Einfahrt Hummerstücke zu.

Das Essen sieht gut aus. Ich nehme noch einen Bissen von meinem Hühnchen und trinke etwas Saft. Ich brauche noch ein paar Bissen, dann fällt mir auf, es fehlt etwas. Geschmack? Ich denke an Fünf-Dollar-im-Monat-Lolita in Santiago de Cuba, ihren fettigen kleinen Campingkocher und ihre wunderbar würzigen Speisen. Ich denke an ihre Kommode mit den leeren Shampooflaschen, ich denke an den Thymianzweig in der rostigen Blechdose an ihrem Zaun. Irgendetwas fehlt an dem Essen hier. Ich glaube, es ist Liebe.

Ich begebe mich nach oben und besehe mir mein Zimmer. Sehr gut eingerichtet und komfortabel. Ich schließe die Tür, lege mich auf das Bett und denke über den Luxus nach. Es klopft an der Tür. Bevor ich reagieren kann, öffnet sie sich, und zwei der jüngeren Familienmitglieder purzeln ins Zimmer. Sie springen auf das Bett neben mir und hüpfen darauf herum. Ein drittes Familienmitglied trägt einen Wäschekorb durch mein Zimmer zu einer zweiten Tür. Diese führt zum Dachgeschoss und der dort aufgehängten Wäscheleine. Man fragt zwar um Erlaubnis, wartet aber die Antwort nicht ab. Sie bombardieren mich mit weiteren Fragen und rollen in ihren neuen, löcherfreien Jeans, schicken Gürtelschnallen und manikürten Fingernägeln auf meinem Bett herum. Plötzlich habe ich das Gefühl, mich nicht mehr länger auf Kuba zu aufzuhalten.

Dann erinnere ich mich daran, dass sogar die ärmsten Kubanerinnen ihre Hände maniküren und ihre Haare immer perfekt frisieren. In diesem Land ist das Paarungsritual noch etwas Besonderes, nicht nur eine kurze Entspannung zwischendurch, nach der man sich dann wieder dem Büroalltag, der Fernbedienung, den Kindern und dem Bett zuwendet. In Amerika gibt es mittlerweile mehr Sexualtherapeuten als Fernseher. Auf Kuba habe ich noch keine getroffen.

Die neunjährige Tochter des Hauses, ein selbstbewusstes kleines Püppchen, gekleidet wie eine Achtzehnjährige, fragt mich, ob ich eine *pluma* (einen Kugelschreiber) haben möchte. Ich habe nicht richtig zugehört und murmele etwas darüber, dass ich schon alle meine Stifte weggeben hätte. Sie bewegt ihren Finger hin und her und öffnet dann den Schrank. Darin steht ein Karton mit 100 brandneuen Stiften. Ich soll mir unbedingt einen nehmen. Das ist das erste Mal, dass mir eine »arme« Einheimische einen Stift schenkt, statt umgekehrt. Dieser Augenblick bleibt in meinem Gedächtnis haften. Die Eindrücke, die ich sammeln konnte, seit ich dieses Haus betreten habe – der kurz angebundene Service, das geschmacklose Essen, die Spuren des Überflusses, die Hummer fressenden Hunde und das I-Tüpfelchen, der freigiebig hergeschenkte Kugelschreiber –, scheinen sich zu einem einzigen, klar verständlichen Schrei zu verdichten, der aus allen Mündern dieser Familie dringt: »Ich will nie wieder arm sein!«

Am Abend frage ich, ob ich Reis mit Bohnen und Salat bekommen könnte. Dann warte ich eine Ewigkeit, bis eine weitere Gruppe Ausländer ihren Hummer und ihr Tiramisu verspeist hat. Als alles endlich serviert ist, sind meine Bohnen kalt, und ich muss darum bitten, sie mir wieder etwas aufzuwärmen. Ich warte abermals eine Ewigkeit. Der Ehemann fängt doch tatsächlich schon damit an, mein Geschirr abzuräumen. Ich mache ihn darauf aufmerksam, dass ich noch gar nicht gegessen habe. Er bemerkt meine Oakley Sonnenbrille und will sie mir prompt abkaufen. Ich erzähle ihm, dass sie 80 Dollar gekostet hätte – er bietet mir 50 Dollar dafür. Ich sage ihm, dass ich sie noch für meine Radtouren bräuchte.

Ich beschließe, mit meinem Fahrrad und seinem alten, neuen linken Pedal eine abendliche Rundfahrt bei Sonnenuntergang zu unternehmen. Sancti Spíritus ist eine merkwürdig ruhige Stadt. Sie macht ihrem spirituellen Namen alle Ehre. Enge Straßen mit Kopfsteinpflaster gehen wie ein Spinnennetz vom Marktplatz ab, und eine eindrucksvolle babyblaue Kirche wacht stoisch über die von den Spaniern im 19. Jahrhundert erbaute Steinbrücke.

Während ich mich wieder den Hügel zur Pension hinaufquäle, taucht neben mir ein *chico* auf und fragt mich in sehr gutem Englisch über meine Lebensgeschichte aus. Er ist bei einem Reiseunternehmen angestellt und liebt es, sein Englisch zu praktizieren. Für den Abend lädt er mich zu einer Gesangsveranstaltung in der Stadt ein, und auf genaueres Nachfragen stellt sich heraus, dass es sich dabei

um Karaoke handelt, die neue überaus beliebte kubanische Freizeit-
beschäftigung.

Sein Freund Yobani wohnt mit seinen Eltern in einem sehr bescheidenen Steinhaus gleich um die Ecke der Casa Los Espejos. Sie
bieten mir einen Stuhl an, kochen mir einen Kaffee und beobachten
mich genau, während ich trinke und mit ihnen plaudere. Yobanis Vater, ein riesiger Mann, der seinen Stuhl aus Nylongewebe bis an seine
Grenzen belastet, erhebt sich, legt seinen Arm um mich und lädt
mich ein, etwas von seiner Spezialität zu kosten. Er hat einen Flan,
einen süßen Pudding, bereitet. Er ist noch warm, kommt gerade aus
dem Ofen und schmeckt irgendwie tröstlich. Ich spüre die bescheidene und gastfreundliche Atmosphäre in diesem einfachen Haushalt
sofort. Man lädt mich ein, hier zu übernachten. Ich wünschte, ich
hätte diese Familie getroffen, bevor ich Los Espejos fand.

Yobani verdient Geld damit, Tiere aus Holz zu schnitzen und
diese an Hotels und Restaurants zu verkaufen. Die Familie schenkt
mir einen wunderschönen Delfin aus dem Holz des Kapokbaumes.
Ich zögere und überschlage ganz schnell, wie viel Platz ich noch in
meinen Packtaschen habe; auch sorge ich mich über die Zerbrech-
lichkeit dieses wunderschönen Objektes.

Ich habe den Übergang von einem Leben voller Gegenstände
(Haus, Auto, Möbel, Waschmaschine, Trockner, Mikrowelle, Zier-
rat und genügend Schuhe, um Imelda Marcos wie eine barfüßige
Bettelnonne aussehen zu lassen) zu einem nur auf das Nötigste beschränkten Leben einer Reisenden (Faltrad, zwei Packtaschen, ein
Zelt) geschafft. Ich stelle fest, dass es mir mein neues, einfaches Leben unmöglich macht, etwas zu besitzen, das nicht überlebenswich-
tig ist oder nicht mehrere Funktionen erfüllt. Dieser hölzerne Delfin
bedeutet mir in diesem Augenblick so viel wie die ganze Welt. Ich
halte ihn in beiden Händen, die Blicke Yobanis und die seiner Eltern ruhen auf mir, der leicht verbrannte Geruch des karamellisierten
Flan liegt in der Luft, und man hört das knirschende Nylongewebe
des Stuhles unter dem Gewicht von Yobanis Vater. Wenn ich ihn
mitnehme, wird er aus dem zu ihm passenden Rahmen gerissen und
nur zu einem weiteren Staubfänger auf einem Regal in einem kli-

matisierten Haus mit Teppichboden und Geschirrspülmaschine. Ich hoffe nicht, doch wer kann schon in die Zukunft sehen? Ich möchte dieses Risiko nicht eingehen.

Ich treffe eine Entscheidung. Ich erkläre ihnen vorsichtig, dass ich gerade versuche, mein Leben so einfach wie möglich zu gestalten. Ich schätze sehr ihre Gastfreundschaft und dieses Geschenk, das sie mir in ihrem Haus überreichen. Doch ich muss es nicht besitzen. Ich glaube, sie verstehen mich. Ich nehme das Geschenk an und gebe es ihnen dann wieder zurück, zurück in die Welt, in die es gehört.

Lange genug in Trinidad

Die »Museumsstadt« Trinidad ist vermutlich die am meisten beworbene, am besten finanzierte und von den meisten Rucksacktouristen besichtigte Stadt auf Kuba.

Egal, in welchem Kubareiseführer, sie tummelt sich stets unter den »Top Five«, die man »unbedingt gesehen« haben muss, ist der »heiße Tipp« aller schleimigen Hochsaison-Reisebuchautoren und Nutznießer des magischen Zaubers, den der Titel »UNESCO Welterbe« mit sich bringt. Diese Stadt zu besichtigen bedeutet, dem Rummel erlegen zu sein. Die Stadt absichtlich zu ignorieren bedeutet ebenfalls, dem Rummel erlegen zu sein. Ich beschließe, herauszufinden, ob der Rummel berechtigt ist.

Von Sancti Spíritus bis nach Trinidad sind es nur 70 Kilometer auf steigungsarmer und leicht zu befahrener Strecke. Ich mache sogar an dem Betonunterstand einer Bushaltestelle Rast und unterhalte mich ein wenig mit einem österreichischen Pärchen, das mit dem Fahrrad in die andere Richtung unterwegs ist. Wir verspeisen unsere Wegzehrung, reden über Gott, die Welt und wasserfeste Packtaschen, vergleichen den Kalorienwert unserer Fresspakete bis ins kleinste Detail und trennen uns dann auf Nimmerwiedersehen, ohne auch nur unsere E-Mail-Adressen getauscht zu haben.

Als ich meine ersten Reisen unternahm, fühlte ich mich verpflichtet, mit jeder Person, mit der ich mich länger als fünf Minuten unterhalten hatte, Kontakt zu halten, und gab meinen neu gewonnenen Bekannten meistens meine E-Mail-Adresse. Nachdem mir diese allerdings im Gegenzug keinerlei Kontaktdaten anboten, kam ich langsam ins Grübeln. Als dann auch noch Antworten auf meine Mails ausblieben, fühlte ich mich komplett veräppelt. Es dauerte eine lange Zeit, bis mir aufging, dass Reisebekanntschaften, ähnlich wie Batterien, nach einiger Zeit nicht mehr funktionieren. Dieser Augenblick kann weit in der Zukunft liegen und sogar erst mit dem eigenen Tod oder dem der Reisebekanntschaft eintreten, doch die

Bekanntschaft kann auch schon beim nächsten Augenzwinkern wieder zu Ende sein. Die Verbindung kann durch einen regen E-Mail-Austausch wieder aufgeladen werden, doch je länger sie ohne echten Kontakt von Angesicht zu Angesicht überdauern muss, desto mehr geht von ihrer magischen Energie verloren.

Aus den Augen, aus dem Sinn. Als ich die nächste Steigung überwunden habe und auf ein weiteres Pärchen treffe, sind die beiden Österreicher nur mehr ein immer kleiner werdender Punkt an meinem geistigen Horizont.

Ungefähr sechs Kilometer außerhalb Trinidads erspähe ich ein Schild nach Manaca Iznaga. Ein großer Stern darauf weist auf irgendeine Touristenattraktion hin, und, da ich noch Zeit habe, mache ich mich auf den Weg dorthin. Die Straße führt zu einer eindrucksvollen und gut gepflegten *hacienda,* auf deren Gelände sich ein hoher Turm befindet. Der Reiseführer informiert mich, dass ich mich im Tal der Zuckermühlen befände und das Haus von Pedro Iznage bewundere, der im 19. Jahrhundert mit Sklaverei ein Vermögen verdiente.

Der Turm diente dazu, die Sklaven zu überwachen und ihnen Befehle zu erteilen. Diese mögen von ganz oben ausgesehen haben wie Plastikfiguren auf einem riesigen grünen Spielbrett. Überall am Fuße des Turmes haben Verkäufer Wäscheleinen gespannt, an denen bestickte, weiße Baumwolldecken im Wind flattern. Der Anblick wirkt wie eine riesige Christo-Skulptur, die sich von ihrer Vertäuung gelöst hat. Ich steige den 45 Meter hohen Turm hinauf und halte unterwegs kurz an den großen Fensterbögen an allen vier Seiten des Bauwerks inne. Von oben sieht man Felder, soweit das Auge reicht. Ich versuche halbherzig, den Ausblick auf einem Foto festzuhalten, doch, wie ich bereits vermutet habe, präsentiert mir der Sucher ein nicht wirklich bemerkenswertes briefmarkengroßes Motiv, das man überall auf der Welt aufgenommen haben könnte. Ich lasse die Kamera sinken.

Oben auf dem Turm steht auch eine Kanadierin. Sie hat eine einheimische *señora* als persönliche Reiseführerin für 25 Dollar gechartert. Ich frage die Reiseführerin nach einer kostengünstigen Übernachtungsmöglichkeit in Trinidad.

»In Trinidad ist alles sehr teuer«, lautet ihre Antwort. Sie bietet mir ein Zimmer in ihrem Haus für 30 Dollar an. Ich erbleiche. In diesem Moment erkennt sie, dass ich nicht zu ihren Zielkunden gehöre, und sie wendet ihre Aufmerksamkeit wieder der zahlenden Kanadierin zu.

Als ich weiter in Richtung Trinidad radle, fährt ein Auto langsam neben mir her, und eine aus dem Wagenfenster gestreckte Hand hält mir eine Visitenkarte unter die Nase. »Zimmer mieten«, stammelt der Fahrer und braust davon.

Schon die Häuser in den Vorstädten Trinidads haben Schilder mit der Aufschrift *casas particulares* aufgestellt. Vor einem treffe ich auf einen Mann, der sich um seinen frisch bepflanzten Vorgarten kümmert. Ich halte an und frage ihn, was er zu bieten habe. Das Haus ist wunderschön und blitzsauber, bietet bequeme Sofas und einen Fernseher. Der Preis von zwölf Dollar die Nacht ist echt günstig. Die ganze Familie kommt aus dem Haus, um mich als Gast zu gewinnen. Sie haben gerade erst ihre Lizenz erhalten und dürfen nun legal Gäste aufnehmen. Ich sage ihnen, dass ich darüber nachdächte. Daraufhin bieten sie acht Dollar. Das ist ein hervorragendes Angebot, und ich habe Schuldgefühle, weil ich mich trotzdem gezwungen fühle, in die Stadt zu fahren und mich umzuschauen. Ich würde gern ihr erster Gast sein und verspreche ihnen wiederzukommen, wenn ich nichts Vergleichbares fände.

»Mögen Sie unser Haus nicht?« Die *señora* sieht mich fragend an.

»Es ist wunderschön«, erwidere ich aufrichtig und verspüre den starken Drang, ihnen den Tag zu versüßen. Doch ich muss erst herausfinden, ob es eine Unterkunft im Stadtzentrum für mich gibt.

Ich fahre weiter bis zum ersten großen Platz und werde bereits von »*Casa?*«-Rufen bestürmt, die von Vermittlern aller Art und jeden Alters von allen Seiten an mein Ohr dringen. Die Stadt, pittoresk und im Kolonialstil gebaut, wartet, wie zu vermuten stand, mit einem massiven Angebot an Unterkünften auf, doch ich suche so etwas wie Familienanschluss und nicht nur ein Zehn-Dollar-Zimmer. Ich fahre ziellos weiter und ignoriere die in Horden auftretenden Touristenschlepper an jeder Straßenecke. Dann sehe ich einen hochgewachsenen Mann mit einem dichten schwarzen Schnurrbart, der an einem Fenster lehnt und Kaffee trinkt. Er ist über dreißig, also schenke ich ihm meine Aufmerksamkeit.

»Suchen Sie ein Zimmer?«, fragt er.

»In Ihrem Haus oder in dem Ihrer Freunde?«, will ich wissen.

»Nein, nein, es ist mein Haus.«

Er trinkt den letzten Tropfen seines Kaffees und bedeutet mir, ihm zu folgen.

»Wie viel?«, frage ich besorgt. Ich hindere ihn am Weitergehen. »Ich möchte nur zehn Dollar die Nacht bezahlen, inklusive einer einfachen Mahlzeit.«

Er nimmt mir sanft mein Fahrrad ab und geht weiter. Normalerweise würde ich an dieser Stelle meine Machete hervorziehen und ihm beide Hände abtrennen, weil er sich an meinem Gefährt namens Freitag vergreifen will, doch irgendetwas an diesem Mann strahlt Seriosität aus.

Wir laufen nebeneinander her. »Ist das sicher Ihr Haus?«, frage ich erneut und komme mir dabei etwas lächerlich vor.

Er nickt. »Ich habe eine Lizenz.«

Wir kommen an ein kleines weißes Gebäude, das zwischen zwei andere gezwängt ist, und gehen die Treppe hinauf nach oben. Es handelt sich um ein einfaches Apartment mit zwei Zimmern. Eines davon gehört Ivan, meinem Begleiter, und seiner Frau Mirella, und das andere gehört ihrer dreizehnjährigen Tochter – *la niña*. Sie möchten mir ihr Ehebett überlassen, Mirella soll zusammen mit ihrer Tochter in einem Bett übernachten, weil *la niña* Angst habe, alleine zu schlafen. Ivan soll zu seiner Mutter ein paar Häuser weiter ziehen.

Im kleinen, bescheidenen Wohnzimmer steht ein riesiges Sony-Fersehgerät mit Fernbedienung, ein Geschenk von deutschen Freunden. *La niña* trägt eine Brille und ist groß für ihr Alter. Sie verbringe die meiste Zeit in stiller Klausur vor dem Fernseher, behauptet Ivan, und das trotz des mageren Angebots, das die zwei empfangenen Sender hergäben.

Aus unerfindlichen Gründen fühle ich mich hier zu Hause. Wegen meiner Erfahrungen in Sancti Spíritus habe ich mir eine fast zynische Meinung über lizenzierte Gästehäuser gebildet, doch hier habe ich ein Paar gefunden, das meine Meinung hoffentlich wieder ändert.

Ivan zeigt mir die Dokumente, die beweisen, dass sein Haus eine Lizenz erhalten hat. Wenn ich ehrlich bin, ist mir das eigentlich egal, obgleich er mich darauf hinweist, dass die Dokumente ihn zum Unternehmer machen, der wohl kaum daran interessiert sein kann, mich zu bestehlen, wie es einigen Touristen wohl passiert sein muss.

»Sie bringen Sie in ihr Haus, geben Ihnen zu essen, machen Ihnen einen guten Preis, und wenn Sie dann von Ihrem Tagesausflug wiederkehren, ist alles weg – und Ihre Gastgeber auch«, erklärt er und erinnert mich damit an die Worte von Lolita in Santiago de Cuba.

Er zeigt mir auch Bilder von sich und seinen deutschen Kumpeln. Darauf feiern sie mit seiner Familie in irgendwelchen exotischen Kneipen für *extranjeros,* trinken Dollarwein und verzehren Dollarspeisen. Leider gehöre ich nicht zu dieser Art von *extranjera.*

Ich lade meine Packtaschen ab und verkünde, dass ich am Abend für die Familie und mich kochen würde. Die Zutaten, Nudeln mit Tomatensoße und asiatisches Gemüse, das ich auf dem Weg auf einem Markt gekauft habe, befinden sich irgendwo in meinen Packtaschen.

Ich gehe wieder zurück in die Stadt und laufe durch Trinidads berühmte Straßen mit ihrem Kopfsteinpflaster.

Es könnte sich auch genauso gut um Granada in Nicaragua oder Granada in Spanien handeln. Ersteres habe ich besucht, und Zweiteres kenne ich lediglich von Bildern. An den Hauptstraßen reiht sich ein Museum an das Nächste. Da ich kein großes Interesse an Museen habe, bleibe ich einfach draußen und genieße die Atmosphäre. Ich habe das Gefühl, in einer Spielzeugstadt der Kolonialzeit gefangen zu sein.

Hinter dem Stadtkern führt ein Weg auf einen Hügel mit einem Sendeturm. Die eigentlich halbstündige Tour dauert bei mir fast eine Stunde, weil ich von einigen Kubanerinnen aufgehalten werde, die sich in der Sonne ausruhen. Sie laden mich dazu ein, mich zu ihrer Gruppe zu gesellen, und ihre Beweggründe offenbaren sich mir schnell. Sie möchten mir ihre Waren verkaufen, die sie unter ihren weiten Kleidern versteckt hatten und nun hervorziehen.

Ich gehe weiter. Am Gipfel steht ein 180 Meter hoher, von einem Drahtzaun umgebener Turm. Unter mir liegt das ausgedehnte Valle de los Ingenios, das Tal der Zuckermühlen. Ich setzte mich hin und genieße die Aussicht. Ein Mann steigt vom Turm und bietet mir an, das Tor zu öffnen und mir Zutritt zum Gelände zu gewähren. Silvio, der einsame Turmwächter, braucht nicht lange, um mir seine Lebensgeschichte zu erzählen. Er sei selbstverständlich geschieden und fände es einsam, allein auf dem Hügel zu sitzen. Ich weise ihn darauf hin, dass er hier ein ruhiges, spirituelles und bedächtiges Leben führe, bin mir aber stets der Beurteilung meines guten Freundes Kev Duggan bewusst, der einmal sagte: »Alles ist großartig, aber nicht zu lange.«

»Wann kommen Sie zurück?«, fragt Silvio.

»Bald«, erwidere ich, ohne wirklich nachzudenken. Ich denke zurück an Ernesto, den *trovador* oben auf La Loma de la Cruz in Holguín. Er brachte mir bei, *Guantanamera* zu spielen. »Wann kommst du wieder?«, hatte er mich gefragt und mir dabei tief in die Augen gesehen. Ich bewege mich schneller als diese Menschen und komme mir angesichts ihrer Aufrichtigkeit oberflächlich vor.

Ich wandere wieder den Hügel hinunter und gehe zurück in die Stadt, wo mich sofort eine Gruppe aufdringlicher Frauen drängt, ihren Schmuck zu kaufen. Sie folgen mir, und als ich versuche, ihnen zu entkommen, stechen sie mir ihre Finger in den Körper.

»Nein danke! Nein danke. Ich möchte es nicht. Nein.« Für den Bruchteil einer Sekunde verliere ich die Fassung. »Scheiße! Trinidad ist fürchterlich!«, bricht es plötzlich aus mir heraus. Die Frau, deren Nase nur Zentimeter von meiner entfernt ist, schreckt zurück, als hätte ich ihn ins Gesicht gespuckt, und wirft mit einer dramatischen Geste ihre Hände in die Luft.

»Oh weh!«, ruft sie mit gespieltem Schrecken und beißend sarkastischem Unterton. Dann macht sie auf ihrem Absatz kehrt und stakst davon.

Ich komme an einer kleinen Uhrmacherwerkstatt vorbei. Es handelt sich um das Wohnzimmer eines kleinen Hauses, in dem ein junger *muchacho* an einem kleinen Tisch voller rostig aussehender Einzelteile sitzt und arbeitet. Meine heiß geliebte Casio-Weltzeit-Armbanduhr aus irgendeinem irischen Supermarkt versagt langsam ihren Dienst. Da sie aber die Einzige ihrer Art ist, die auf dem Zifferblatt eine kleine Weltkarte mit beweglichen Zeitzonen anzeigt, möchte ich sie wieder zum Laufen bringen. Sergio, der Uhrmacher, nimmt vorsichtig das Gehäuse auseinander und taucht die Teile in eine Flüssigkeit, doch das ändert nichts. Tatsächlich sieht man nun auf dem Zifferblatt gar nichts mehr, und das war auch das letzte Mal, dass diese Uhr die Zeit angezeigt hat.

Während er sich an meiner Uhr zu schaffen macht, betrachte ich seine Welt, die in kleinen Einzelteilen auf dem Tisch ausgebreitet ist. Dort liegen auch mehrere alte Uhren, säuberlich aufgereiht. Einige davon funktionieren noch, die meisten aber, die schmutzigen mit den zerbrochenen Zeigern, ticken nicht mehr. Ich könnte ihm meine spenden und ihm damit weiterhelfen, denn er könnte die Ersatzteile wiederverwenden. Doch ich bin meiner sterbenden Armbanduhr zu innig verbunden. Sie hat mir die Uhrzeit an verschiedenen Orten der Welt angezeigt, die ich vermutlich nie selbst bereisen werde.

Sergios Mutter tritt aus dem Schatten, gibt mir die Adresse ihres zweiten Hauses in Sancti Spíritus und bietet mir an, mich dort unterzubringen, sollte ich wieder einmal vorbeikommen. Sie bietet mir ihren bequemsten Stuhl an, ein zerschlissenes altes Ding, auf das ich mich lieber nicht zu bequem setze, und bietet mir einen Kaffee an. Ich bitte sie, ihre Toilette benutzen zu dürfen, und beide entschuldigen sich, weil Sergio das Haus renoviere, wenn er nicht gerade Uhren repariere, das Haus, in dem er seine gesamten 34 Jahre verbracht habe. Der Teil des Hauses hinter dem Werktresen ist nicht viel mehr als ein Haufen Bauschutt mit ein paar verdrehten Kabeln, aber irgendwo in dem Chaos befindet sich eine zerbrochene, schmutzige Schüssel, von der ich hoffe, dass sie an ein Abwassersystem angeschlossen ist. Ich biete Sergio einen Dollar für seinen Versuch, meine Uhr zu reparieren.

Monate später sollte ich einen wunderschönen Brief von ihm erhalten. Ich weiß, dass er wunderschön ist, weil mein Freund Carlos aus Costa Rica es mir so erzählt hat.

»Ich wünschte, ich könnte auch solche Briefe schreiben«, sagt er deutlich aufgewühlt von den in schiefer Handschrift niedergeschriebenen spanischen Worten, die er mir vorliest.

Im Brief bittet Sergio mich darum, ihm einige Batterien für seine Uhrmacherwerkstatt zu schicken. Später verschicke ich viele Briefe an meine kubanischen Freunde, doch keiner davon wird seinen Empfänger erreichen.

Ich kehre zurück zum Haus von Ivan und Mirella, und siehe da, es kocht bereits ein Topf Nudeln auf dem Herd. Eine Dose Tomatensoße ist auch schon geöffnet, beides stammt aus dem Dollarladen. Meine Nudeln und lang haltbare Tomatensoße, die ich vor meinem Ausflug aus den Packtaschen genommen hatte, stehen ungeöffnet auf der Arbeitsfläche. Vielleicht haben sie gedacht, ich würde den Preis herunterhandeln, wenn ich meine eigenen Zutaten für das Essen verwende, vielleicht aber auch, dass der Gast einer *casa particular* nicht seine eigenen Zutaten mitbringen sollte. Vielleicht sind die beiden einfach nur freundliche, großzügige Menschen.

Ich ziehe ein zwei Tage altes Brötchen, das sich schon in einem fortgeschrittenen Stadium der Leichenstarre befindet, aus meinem Vorrat und versuche, es durch Kneten und Drücken wiederzubeleben. Mirella wirft einen Blick darauf und befindet: »*Bótalo!* Schmeiß es weg!« Ich biete ihr an, das asiatische Gemüse in ein wenig Öl und Knoblauch zu braten, und sie beobachtet mich mit einer Mischung aus Neugier und Misstrauen. Als wir die Nudeln verspeisen, wird mir klar, dass die Familie diese Art von fremdländischer Kost nicht gewohnt ist. Es erinnert mich an eine Szene mit kaukasischen Gästen bei meinen Eltern in Sydney. Ich werde nie den Ausdruck auf dem Gesicht von Mrs. Kneeshaw vergessen, als mein aus Shanghai stammender Vater ihr und ihrem Mann eine große Schüssel Suppe mit Hühnerfüßen servierte.

Ich verbringe noch einige Tage länger in diesem Haus, radle an die Playa Ancón, eine Touristenbucht, die man nach einer halben Stunde

Fahrt Richtung Küste erreicht. Ein imposantes Hotel im Stil der Fünfzigerjahre dominiert den Strand, der ausschließlich mit bleichen Körpern gesprenkelt ist. Ich sitze lange unter einer magersüchtigen Palme und beobachte, wie sich die Touristenmassen an der Strandbar gütlich tun.

Am Abend unternehme ich mit Ivan einen Spaziergang durch die Gassen. Die meisten Kneipen und Geschäfte haben geschlossen. Nach einiger Zeit stoßen wir jedoch auf eine Bar, vor der man auch draußen sitzen kann. Drinnen spielt eine Band, und wir stehen etwas abseits unter einigen in Form geschnittenen Büschen. Hier können wir der Musik lauschen, ohne den überteuerten Eintritt für Touristen zahlen zu müssen. Der Türsteher schreitet zu uns herüber, und es kommt zu einem Wortwechsel zwischen ihm und Ivan.

»Man hat etwas dagegen, dass wir hier zusammen sind«, erklärt er, als der Türsteher sich wieder getrollt hat.

Viele Kubaner erleben es als opportunistisch und hinterhältig, wenn ihre Landsleute sich mit Ausländern zeigen, denn sie verhalten sich damit so, als hielten sie sich für etwas Besseres. Nach meiner Erfahrung hat das mit dem Erfindungsreichtum eines jeden Kubaners zu tun, einfach über die Runden zu kommen. Der Kontakt zu Ausländern ist nur eine Ausprägung dieser Strategie. Die Kubaner sind ein stolzes Volk, und ich nehme an, es geht ihnen gegen den Strich, wenn sie ihre Brüder dabei beobachten müssen, wie diese vor »ausländischen Hilfsleistungen« kapitulieren.

Wir besuchen verschiedene Bars und Lokale, in denen Drinks und Musik angeboten werden. Da ich nicht viel trinke und einen ganzen Abend an einem Getränk sitzen kann, weswegen ich eine äußerst billige Abendbegleitung bin, sitzen wir in verschiedenen Lokalen herum und unterhalten uns über das Leben auf Kuba und Ivans Zukunftspläne für seine Tochter. Wir ignorieren die Blicke der anderen, die sich in unsere Rücken bohren.

Am folgenden Abend bitte ich um ein einfaches Essen mit Reis, Bohnen und Salat. Ich habe mich an diese Speise mittlerweile gewöhnt und sie auf meiner Reise auch als vollkommen ausreichend empfunden. Als ich mich an den Tisch setze, serviert man mir einen großen in Öl und Knoblauch gebratenen und sicher teuren Fisch mit Zwiebeln, der absolut köstlich duftet. Während wir essen und uns unterhalten, fragt mich Ivan, wie lange ich noch bleiben werde. Ich möchte am nächsten Tag weiterfahren. Er nickt und verstummt.

Irgendwann später empfiehlt er mir, doch noch einen Tag zu bleiben, mich zu entspannen und mir noch mehr von Trinidad anzusehen. Ich beharre auf meinem Entschluss.

»Nein. Ich glaube wirklich, Sie sollten noch einen Tag bleiben«, erwidert er. Schließlich sagt Mirella: »Bitte bleiben Sie noch einen Tag. Sie würden uns damit helfen.«

Tatsache ist, dass Ivan und Mirella Schwierigkeiten haben, ihre monatlichen Lizenzgebühren zu entrichten. Wenn sie nicht zahlen, werden sie die Lizenz verlieren. Mir fehlen die Worte, und aus reiner Neugier frage ich sie vorsichtig, warum sie dann so teure Waren wie den Fisch gekauft hätten.

Vielleicht wollten sie mich dadurch einfach zum Bleiben bewegen. Ich gebe den beiden fünf Dollar extra.

Ich sollte ihnen mehr geben. Ich sollte noch zehn Nächte bei diesen wunderbaren, hoffnungsvollen Menschen verbringen.

Am nächsten Morgen packe ich meine Taschen und verabschiede mich von Ivan und Mirella. *La niña* ist immer noch oben und hängt vor dem Fernseher. Ich bitte einen Passanten, ein Gruppenfoto mit Fahrrad von uns zu machen. In meiner Lunchbox befinden sich drei frische Brötchen, die Mirella heute Früh für mich ergattert hat.

»Schreiben Sie uns!«, bittet sie.

Ich verlasse Trinidad und weiß trotz meines Aufenthaltes fast nichts über seine Geschichte, Musik oder die Ausstellungsstücke in den Museen. Ich bin fest entschlossen, eines Tages wiederzukommen, aber nur, um Ivan und Mirella zu besuchen.

Zu früh entspannt

Ich habe Trinidad gerade hinter mir gelassen, da fällt mein Blick auf einen Ausländer mit Fahrrad. Es handelt sich um einen englischen Gentleman, der vor Kurzem in Rente gegangen ist und seine etwas geschockte Familie in England zurückgelassen hat, um einen Monat durch Kuba zu radeln. Ich gebe ihm die Adresse von Ivan und Mirella und bitte ihn nahezu inständig darum, bei ihnen zu übernachten. Es ist das Beste, was ich für meine Freunde tun kann. Er radelt vergnügt davon und verspricht, sich bei ihnen einzuquartieren sowie mir eine E-Mail mit seinem Reisebericht zu schicken. Ich höre nie wieder etwas von ihm.

Ich fahre weiter. An einer Weggabelung und muss mich dann entscheiden. Ich kann mich den fast senkrechten Anstieg nach Topes de Collantes hochquälen, einem kühlen, nebeligem Kurort für kubanische Wichtigbürger – und zur Belohnung dann die als fantastisch gepriesenen zwanzig Kilometer ins Tal nach Santa Clara genießen. Stattdessen kann ich aber auch weiter an der Küste entlang nach Cienfuegos radeln, was sich vermutlich wegen seiner Nähe zu Havanna als ähnliche Touristenfalle wie Trinidad herausstellen wird. Diejenigen Reisenden, die sich auf Kurztrips nach Varadero begeben, um schnell noch Strandurlaub vor ihrer Büroarbeit am Montag zu machen, wagen sich normalerweise nicht weiter als bis nach Cienfuegos oder Trinidad – und das auch nur im klimatisierten Reisebus, versteht sich.

Ich fühle mich eher zu der Bergtour hingezogen, obgleich der extrem steile Anstieg mich abschreckt, hinzukommt, dass ich ein Überlebenspaket für drei Monate auf zwei dünnen Reifen zu transportieren habe. Doch während meiner vier Jahre des Weltenbummelns auf dem Fahrrad habe ich gelernt, die Dinge so zu nehmen, wie sie kommen. Als ich noch einen festen Job, ein Auto und eine Jacke mit Schulterpolstern hatte, war ich der Meinung, dass eine 20-minütige Fahrt auf der Autobahn bereits schon eine zeitliche Zumutung sei.

Jetzt nehme ich mir einfach viel Zeit, egal, wie weit oder nah das Ziel ist. Aus diesem Grund macht es mir nichts aus, womöglich auch einen ganzen Tag lang mein Fahrrad hügelan nach Topes de Collantes zu schieben.

Die Sonne steht dank der frühen Tageszeit noch nicht sehr hoch am Himmel, doch die Temperaturen haben bereits den Siedepunkt erreicht. Der Anstieg beginnt, und ich bin dankbar für die Schatten werfenden steilen Felswände. Zwei Kilometer weiter ist die Steigung bereits so extrem, dass meine kleinen Räder zum Stillstand kommen. In diesem Moment brate ich direkt im Sonnenlicht. Ich steige ab und beginne, wie geplant, zu schieben, doch meine Füße rutschen weg. Ich komme mir vor wie die Menschen im Film *Titanic*, die versuchen, sich am Deck des sinkenden Schiffes festzuhalten. Seltsamerweise ist es oft leichter, in die Pedale tretend einen Anstieg zu bewältigen, als das Rad zu schieben. Wenn man schiebt, neigt sich der Körper auf eine Seite, und so ist die Kraftübertragung nicht optimal.

Schnauf, schnauf.

In der Hitze fühlt sich mein Kopf an wie ein gekochter Eintopf. Ich denke zurück an meine nervenaufreibende Zeit im Nordwesten Schottlands im Jahre 1997, als ich elf oder mehr Flüsse überqueren wollte. Damals quälte ich mich Stunde um Stunde lange, mühsame Steigungen hinauf und konnte mich während der kurzen, unbefriedigenden Abfahrten zurück auf Bachbettniveau kaum erholen.

Schnauf, schnauf.

Ich lasse meine Gedanken zurückwandern zu meiner Reise durch England, wo ich einen voll beladenen Kofferanhänger einen Hügel hinaufgezogen habe, der dermaßen steil war, dass die anderen Verkehrsteilnehmer mir in respektvollem Abstand folgten wie eine Trauergemeinde einem Sarg und meine Ankunft am Gipfel mit Hupkonzert und Applaus feierten.

Schnauf, schnauf.

Ich erinnere mich an die unmögliche Straße hinauf zum Volcán Mesaya in Nicaragua, die ich eingehüllt von Schwefelwolken bewältigte.

Schnauf, schnauf.

Ich blicke hinab und sehe, wie eine winzige Raupe mein Vorderrad überholt. In diesem Augenblick beschließe ich aufzugeben. Ich wende mein Fahrrad und schalte in den höchsten Gang. Santa Clara werde ich auch ein drittes und letztes Mal nicht zu Gesicht bekommen.

Wieder im Tal, sehe ich zwei holländische Rucksacktouristen, die auf eine Mitfahrgelegenheit nach oben warten. Beide sind jung, blond und haben die arrogante, weltgewandte Ausstrahlung vieler Rucksacktouristen auf ihren Reisen vor allem in Länder der dritten Welt, die sie sofort ablegen, wenn sie wieder zu Hause sind. Sie haben dasselbe Problem wie ich. An diesem Tag kommen wenig Autos oder Laster vorbei, und seltsamerweise ist keiner von ihnen bereit, anzuhalten und sie mitzunehmen. Dieses für Kubaner sehr untypische Verhalten nimmt zu, je näher man sich an touristischen Ballungszentren aufhält. Das holländische Doppel wartet schon seit über zwei Stunden, und als ich ihnen vorschlage, einen Dollarschein zu präsentieren, sehen sie mich an, als hätte ich angeregt, sie sollten ihre Jungfräulichkeit an die nächste Horde Bananenpflücker verkaufen, die des Wegs kommt.

Man hätte noch nie bezahlt und würde auch jetzt nicht damit anfangen. »*Veef nefer had to pay, and ve are not gunna start*«, mault die bebrillte Hälfte des Doppels.

Sie rechnen alles in Pesos um, damit sie billiger wegkommen. In einem plötzlichen Anfall von reiner und unverstellter Intoleranz denke ich: »Typisch geizige Holländer« und hoffe, dass sich unsere Wege nie wieder kreuzen mögen.

Langsam gewinne ich Abstand von meinem fehlgeschlagenen Plan, nach Topes de Collantes zu gelangen, und finde mich ab mit der neu gewonnenen Erkenntnis über meinen alternden Körper, nachlassende Ausdauer und Mangel an Entschlossenheit. Dann mache ich mich auf den langen, steigungsarmen Weg nach Cienfuegos.

Ich bin noch nicht lange in die Pedale getreten, da dringt ein deutliches Brummen an mein Ohr. Es verstummt so plötzlich, wie es gekommen ist. Dann höre ich es wieder. Ich spitze die Ohren, um intensiver zu lauschen, doch der Wind übertönt alle anderen Geräusche. Dann höre ich es erneut, diesmal ist es lauter. Ich stelle mir vor, dass ein großer Schwarm kubanischer Bienen hinter mir her ist.

Ich drehe mich um und sehe nichts, nur Felder, den Ozean und den Himmel. Da erscheint in meinem äußersten Blickwinkel ein undeutlicher, glänzender Punkt. Er bewegt sich über die wie ein Band hinter mir liegende Autostraße, verschwindet hinter einer Anhöhe und taucht dann oben wieder auf. Es handelt sich um die unverkennbare Melodie eines Radfahrer-Pelotons.

»*Das Machine*«. So nenne ich diese Gruppe von fünf deutschen Radfahrern, die mein Kleinstgefährt schließlich einholt, und wie eine Raumsonde kurz innehält. Deren fünf Piloten lassen sich sodann zu einem kurzen, kaum merklichen Kopfnicken herab. Dann düst sie an mir vorbei wie eine Kanonenkugel aus Lycra, die aus einer rot und gelb gesprenkelten Rakete abgefeuert wurde. Ein paar Meter weiter halten die Piloten erneut, nicken sich zu, wenden und fahren zu mir zurück. Innerhalb von Sekunden umzingelt mich das Mutterschiff, und ich fahre in einem sicheren Kokon aus dicken, von Meisterhand gefertigten Aluminiumrahmen, getönten Brillengläsern und in Deutschland hergestellten, wasserfesten Packtaschen. Wir sausen mit einer Geschwindigkeit von 50 Stundenkilometern durch die Landschaft, und in meinen Ohren schwirrt das Geräusch von fünf Paar Rädern.

Mannomann! Es ist aussichtslos. Nach fünf Minuten im Hyperspace wird mir klar, dass ich nicht mithalten kann, und ich bleibe zurück wie ein verlorenes Zahnrad. Ich bedeute »*Das Machine*«, sie solle ohne mich weiterfahren, und sehe, wie die Radler aufschließen, mir »Auf Wiedersehen!« rufend zuwinken. Dann düst meine Ehrengarde brummend weiter die Autostraße entlang.

Plötzlich bin ich mit meinen Pedalen genauso allein wie zuvor.

Ein Laster, schwer unter seiner vollen Ladung Spinat ächzend, kommt mit quietschenden Bremsen neben mir zum Stehen Zwei Männer springen aus der Fahrerkabine und fragen mich, ob ich ein Stück mitfahren möchte. Bevor ich das Angebot noch akzeptieren kann, haben sie mich und mein Fahrrad schon oben auf ihre grüne Fracht katapultiert. Meine Taschen werden in die Fahrerkabine geworfen.

Eine Mitfahrgelegenheit hat immer ihren Preis, und so thront dann auch mitten auf dieser grünen Matratze ein geiler *hombre*, der auf meine Seite des Kohlfelds kriecht, um mich mit Fragen zu meinem Status und sexueller Neigung zu bombardieren. Dann grapscht er sich mein Kinn, um mich zu einer Antwort zu bewegen, während ich versuche, mein Fahrrad davor zu bewahren, von seinem grünen Bett zu fallen. Während dieses Schlagabtausches verfluche ich mich innerlich, weil ich es zugelassen habe, dass meine Taschen nun auf dem Vordersitz bei meinen Rettern mitfahren. Statt mich der Aussicht oder den Annäherungsversuchen des Spinatmannes zu widmen, lasse ich vor meinem geistigen Auge einen Film ablaufen, der zeigt, wie die Männer sich freudig an meinem Hab und Gut vergehen.

Diese Sorge hätte ich mir sparen können. Es handelt sich hier um muntere, ehrliche Farmarbeiter; ungefähr zehn Kilometer vor Cienfuegos setzen sie mich und mein Hab und Gut unversehrt wieder ab. Dankbar, aus den Fängen des Spinatmannes entronnen zu sein, gebe ich ihnen zehn Pesos für die Fahrt, und sie brausen davon.

Wiederum widme ich mich dem meditativen In-die-Pedale-Treten. Es dauert nicht lange, da dringt erneut das Schnurren eines Präzisionslaufwerks an mein Ohr. Groß und immer größer wächst das Bild der sich nähernden »*Das Machine*« in meinem Rückspiegel. Sie umzingelt mich erneut, piepst »Auf Wiedersehen« und wird schon innerhalb der nächsten Nanosekunde zu einem klein und kleiner werdenden Punkt auf dem Radarschirm meiner Zukunft.

Ich stelle mir für den Bruchteil einer Sekunde vor, wie sich die fünf deutschen Piloten während einer Trinkpause verwundert am Kopf kratzen und ihre synchronisierten, ausgefeilten *On-board*-GPS-Systeme konsultieren, um herauszufinden, wie ich es geschafft habe, schneller zu sein als sie. Ich weiß, dass sie sich wegen solcher Lappalien nicht wirklich den Kopf kratzen.

Schließlich komme ich nach Cienfuegos, wo »*Das Machine*« vermutlich schon Lichtjahre vor mir gelandet ist. Ein großer, von Bäumen gesäumter Platz lockt mich nicht minder an als die darauf versammelte Gruppe junger Vermittler. Ohne Federlesens schreiten sie zur Tat und informieren mich über die Zimmerpreise zwischen 20 und 30 Dollar. Doch ich bleibe stur.

»Zehn Dollar«, biete ich eisern.

Ich lasse mich ohne Eile auf dem Platz nieder, denn es ist noch lange nicht dunkel. Der Eifer der jungen Vermittler lässt zunehmend nach. Einer nach dem anderen lassen sie von mir ab. Ein dunkelhäutiger *muchacho* namens Abraham bietet mir ein Zimmer in seinem Haus. Der Preis sei angemessen. Allerdings befindet sich seine kleine Bude in einem etwas anrüchigen Teil der Stadt, und ich kann erst nach Einbruch der Dunkelheit zu ihm kommen, sonst ist vielleicht ein Polizist in der Gegend. Sollte dieser ihn beim Geschäft mit der illegalen Gastfreundschaft erwischen, müsste Abraham eine Strafe von 500 Dollar zahlen.

Ich bleibe sitzen. Schließlich bietet der Vermittler an, mir einige nahegelegene, seriöse *casas* zu zeigen und mir dabei zu helfen, einen günstigeren Preis auszuhandeln. Ich gebe nach.

Einige beleibte deutsche Gäste öffnen mir die dekorative Tür. Sie seien Stammgäste in diesem Etablissement, informieren sie mich. Sie teilen mir unüberhörbar laut mit, dass die Zimmer hier 30 Dollar pro Nacht kosten – ohne Rabatt, *gracias y adiós*. Das, was ich durch den Spalt zwischen Tür und Türsteher einen kurzen Augenblick lang erhasche, erinnert mich an das reiche Haus in Sancti Spíritus.

Wir finden schließlich eine billige Unterkunft in der Nähe, doch sie sieht absolut deprimierend aus. Nachdem Abraham mittlerweile schon Überstunden eingeschoben hat, bietet er mir an, mich zum offiziellen Gasthaus seiner Tante zu bringen. Ich bin mir nicht sicher, warum er diese Möglichkeit so lange herausgezögert hat, aber ich glaube, eine Vermittlungsgebühr für Familienmitglieder ist schwieriger auszuhandeln.

Das Haus ist eine Schönheit im Kolonialstil und befindet sich in gutem Zustand. Bei den Besitzern handelt es sich um ein wohlbeleibtes schwarzes Ehepaar und eine alte schwarze Frau, die wohl schon ein Jahrhundert auf dem Buckel hat und der man den liebevollen Namen *abuelita* (Großmütterchen) verpasst hat. Sie sind einverstanden, mich für zehn Dollar die Nacht unterzubringen und zeigen mir die Preisliste.

Ich habe ein schlechtes Gefühl in dieser Stadt, aber ich kann dieses Gefühl nicht konkretisieren. Die Gebäude sind schön, die Menschen sind nett, die Umgebung ist hübsch. Alles ist wunderbar, genau wie in den meisten anderen Städten der Welt, die ich bereist habe. Es bedarf allerdings noch weiterer Zutaten, um einen Ort zu etwas Besonderem zu machen. Oft fehlt einfach etwas, so etwas wie Spannung. Ich beschließe, das Beste aus dem Tag zu machen und mit dem Fahrrad ohne Packtaschen einen Ausflug auf der Halbinsel nach Punta Gorda im gehobeneren Teil der Stadt zu unternehmen.

Punta Gorda besitzt einige hervorragende Beispiele für die Architektur von Küstenstädten in den Sechzigerjahren. Ich sehe geschwungene Balkone, Retrofarben und entdecke auch gleich meinen persönlichen Favoriten: ein Haus im Stil eines Bootes mit hellblauen Fensterrahmen und blassblauem Glas, das aussieht, als segle es gleich davon.

Ich radle hinunter an den Malecón, setze mich auf die Strandmauer und schreibe in mein Tagebuch. Hier ist es friedlich. Das Ozeanwasser schwappt an die Mauer, die Sonne erwärmt die Luft auf angenehme Temperaturen, und die schlanken Palmen wiegen und wogen in der warmen Brise. Weit und breit ist keine Menschenseele in Sicht. Ich sitze schon seit einer halben Stunde hier und bin völlig in mein Tagebuch versunken, da schleicht sich ein *negro* mit rasiertem Schädel an mich heran und fragt mich, ob ich wisse, wie spät es sei. Ich blicke auf, und er wiederholt seine Frage.

Ich deute auf einen blassen Streifen an meinem Arm, an dem meine Casio-Weltzeituhr einst ruhte, und verneine. Er geht und setzt sich ein paar Meter von mir entfernt auf den Bordstein, lehnt sich an den gebogenen Stamm einer Palme und scheint sich zu entspannen, denn er bewegt sich nicht. Ich hätte an dieser Stelle wissen sollen, was vor sich geht, doch Kuba ist voller junger *muchachos,* die einfach nur herumhängen und entspannt auf eine Gelegenheit warten, sich ein paar Dollars zu verdienen.

Nach einiger Zeit höre ich ihn etwas sagen. Ich blicke auf und sehe, dass seine Hose geöffnet ist, und er masturbiert. Mich ergreift der plötzliche Drang, so schnell wie möglich von hier zu verschwinden, und mir fällt beim besten Willen kein schmutziger Witz zum Thema ein.

Ich seufze, verstaue mein Buch in der Tasche und erhebe mich, um wieder auf das Fahrrad zu steigen. In diesem Augenblick springt der *hombre* auf die Beine und läuft auf mich zu. Noch immer mit seiner linken Hand masturbierend – Gott weiß, warum mir seine Linkshändigkeit auffällt – grapscht er nach meiner Hand und zerrt sie in Richtung Hose. Ich bekomme Panik, denn ich spüre plötzlich, wie es ist, von jemandem festgehalten zu werden, der stärker ist als ich, und schreie ihm in deutlichem, unverfälschtem Englisch obszöne Verwünschungen entgegen, bis ich heiser bin.

Als er meine Schreie hört, ballt er die Faust und schlägt mir mitten zwischen die Augen. Ich fühle den Aufprall. Dann sehe ich Sterne. Plötzlich lässt er mich los, läuft davon, klettert auf die Mauer am Ende der Straße und verschwindet dahinter. Voller Angst, aber blind vor Zorn, nehme ich, Zeter und Mordio brüllend, die Verfolgung auf. Ich brauche einige Sekunden, um zu bemerken, dass er fort ist.

In diesem Augenblick erscheint ein Arm in Arm auf der Promenade flanierendes Pärchen auf der Bildfläche und fragt mich, was los sei. Zitternd erkläre ich ihnen die Lage. Sie sehen mich leicht amüsiert an. Der Witz ist überall auf der Welt derselbe, es gibt ihn in jeder Sprache. Ich frage sie, wo die Polizeiwache sei. Ich möchte jemanden, egal wen, dazu bringen, meinen Angreifer zu finden und wenn dies das Letzte ist, was ich tue.

Ich finde die Wache. Ich finde einige Polizisten. Ich erzähle zitternd meine Geschichte. Sie lachen. Vielleicht hätte ich auch gelacht, wenn mir jemand diese Geschichte erzählt hätte.

»Für Sie mag es ja lustig sein, aber ich finde es nicht lustig!«, sage ich in bestimmtem Ton.

Sie reißen sich zusammen.

»*Claro, claro!*« Natürlich, aber sicher.

Ich steige in das Polizeiauto und halte Ausschau nach dem Jungen. Ein blau-grün-weiß kariertes Hemd. Fragend streichen sie sich mit dem Finger über die Arme. Ja, er ist schwarz.

Wir fahren eine lange Zeit in der Gegend herum, doch er bleibt verschwunden. Sie sagen mir, viele Männer träfen auf meine Beschreibung zu. Dass manche Leute »krank« seien. Sie fahren mich zurück zur Wache, wo mein Fahrrad steht.

Voller Angst, von ihm verfolgt zu werden, werfe ich auf dem Weg zu meiner *casa* immer wieder einen Blick über meine Schulter. Wieder zurück im Haus, erzähle ich meinen drei schwarzen Gastgebern vorsichtig, was mir passiert ist. Ich kann meinen Angreifer an Händen und Kleidung riechen. Sie hören mir schweigend zu. Ich habe das unerklärliche Gefühl, dass ihre Gedanken nur um eine Sorge kreisen. *Das ist nicht gut fürs Geschäft.*

Ich bitte um etwas zu trinken. Man bringt mir ein kleines Glas Saft. Völlig abwesend ziehe ich meinen Geldbeutel hervor und lege 25 Cent auf den Tisch, ein unbewusster Versuch, die Dinge wieder zu normalisieren. Mein Gastgeber nimmt das Geld.

Obwohl ich dusche, gelingt es mir nicht, den Gestank meines Verfolgers abzuwaschen. Ich lege mich hin und habe keine Lust, mehr von dieser Stadt zu sehen.

Am Abend kommt Abraham auf einen kleinen Schwatz vorbei. Nachdem auch er gehört hat, was mir widerfahren ist, bietet er mir einen Gang durch die Stadt an, um mich auf andere Gedanken zu bringen.

»Wir nehmen uns eine Kutsche«, schlägt er vor.

Ich habe mich genug von meinem Schock erholt, und so nehme ich seinen Vorschlag an.

Wir laufen bis zu einer Stelle, an der die regelmäßig verkehrende Pferdekutsche vorbeikommt, und er besteht darauf, für die Fahrt zu bezahlen. Unter Hufgetrappel kommen wir zum Paseo del Prado, einer langen, breiten Allee. Von der Innenstadt aus verläuft sie weiter die Halbinsel entlang. Menschen flanieren, essen, bewegen sich durch die Straßen. Mehrere erleuchtete Gebäude und Kinos verleihen der Stadt einen feierlichen Glanz.

An einer Disco unter freiem Himmel, in der hordenweise Teenager und Studenten zu Rock und Salsa tanzen, steigen wir aus. Eine Spiegelkugel taucht die Massen in gesprenkeltes Licht. Ich bemerke die glitzernden, engen Oberteile der Mädchen, ihre nackten Schultern, entblößten Bauchnabel und gewölbten Bäuche. Die Jungs tragen T-Shirts und Jeans, mancher Mann Anzug und Krawatte, und es gibt auch eine Handvoll ungepflegter, älterer *muchachos*. Alle Menschen, die nichts Wichtigeres zu tun haben, sind hier heute Abend versammelt.

Ich lasse meinen Blick über die Menge wandern – und erstarre. Ich sehe das Hemd meines Angreifers. Ich sehe seinen rasierten Schädel. Und bin mir doch nicht hundertprozentig sicher, ob er es wirklich ist.

Ich zeige Abraham den Mann mit dem Hemd, und er zuckt mit den Schultern. Ich möchte zurück in meine sicheren vier Wände, wo mich Schlösser an den Türen vor ihm schützen. Wir besteigen die Kutsche, und Abraham besteht erneut darauf zu bezahlen.

»Machen Sie sich keine Sorgen, ich habe Geld«, sagt er immer wieder. Ich frage ihn, wie viel er habe.

»Ich habe 45 Dollar in der Bank«, erwidert er. »Also habe ich Geld. Wenn ich kein Geld habe, mache ich mir Sorgen. Wenn ich Geld habe, mache ich mir keine Sorgen.«

Er grinst.

Ich denke an die Dollars in meinen Packtaschen. Ich mache mir Sorgen.

Zurück nach Havanna

Ich kann Cienfuegos gar nicht schnell genug hinter mir lassen. Ich bin wild entschlossen, auf den ersten und schnellsten *camión* (Lastwagen) Richtung Norden aufzuspringen und, sollte dies nötig sein, die illegale, aber stillschweigend erwartete Gebühr ohne Federlesens um ein Mehrfaches zu überbieten, wenn er mich nur schneller hier wegbringt.

Bei meinem Frühstück aus Reis, Bohnen, Toast und einem Glas handgepresstem Orangensaft, blättern meine Gastgeber durch ihr Gästebuch und präsentieren mir die multikulturelle Gästeparade, die bereits über die Türschwelle dieser Pension getreten ist. Deutschland, Österreich, Kanada, England, Kanada, Kanada, Frankreich, Kanada. Und so weiter. Hingekritzelte Unterschriften von Neugierigen auf der Suche nach einfachen Abenteuern, Romantik, legendärem Sex oder einfach nach einer eigenen Meinung über dieses Land.

Früher habe ich mir Kuba stets als ein gefährliches, schwieriges Land vorgestellt, ein Gebiet, in dem der Kalte Krieg seine desolaten Spuren hinterlassen hat, ein Land voller Barrikaden, Stacheldraht und Schuttbergen, in dem man auf der Hut sein und sich so unauffällig benehmen sollte, wie es einem Ausländer eben gerade möglich ist. In meiner Vorstellung rauchten alle kubanischen Männer pornografisch anmutende Zigarren, Frauen hingegen trugen Federn und tanzten oben ohne auf der Bühne. Ein bärtiger Mann mit einer russischen Kappe starrte von den überall aufgehängten Postern, eine Zigarre Marke H. Upmann Extradivino zwischen den Zähnen.

Als ich dann meiner eigenen geistigen Propaganda entwuchs und mir den Rat von Menschen einholte, die Kuba vom schmalen Fahrradsitz aus betrachtet hatten, stellte ich fest, dass es genau zwei gute Gründe gab, ihren Reifenspuren zu folgen: großartige Straßen und ein großartiges Volk. Ich habe schnell gemerkt, dass eine Reise auf dem Fahrrad wohl der einzige Weg ist, um diesen Menschen wirklich nahezukommen.

Als ich mir die Namen dieser lang abgereisten Gäste im Buch meiner Gastgeber ansehe, frage ich mich, ob sich diese Menschen vielleicht an diesen fernen Ort zurückversetzen, während sie den Abwasch machen, in einer Schlange auf ihren Cappuccino warten oder auf dem Weg nach Hause sind. Meine Gastgeber sind stolz auf ihr Gästebuch. Für sie funktioniert dieses Dokument wie ein Fenster in eine andere Welt, die sie wohl selbst nie betreten werden und nur durch die geradebrechten Geschichten ihrer Gäste kennen.

Abraham kommt noch einmal vorbei, um Abschied zu nehmen, und schreibt mir seine Adresse auf. Als ich ihn vor einigen Tagen das erste Mal gesehen habe, hielt ich ihn für einen typischen kubanischen Zimmervermittler, der mich auf Gedeih und Verderb zu einer Unterkunft führen wollte. Mittlerweile ist er zu einem Freund geworden. Er hat sich während meines Aufenthaltes viel Mühe mit mir gegeben, hat mir eine Übernachtungsmöglichkeit besorgt, mir die Stadt gezeigt und für die Fahrt in der Kutsche bezahlt. Einen Augenblick lang verspüre ich Gewissensbisse und Dankbarkeit zugleich. Ich schiebe die Hand in meine Hosentasche, um ein paar Dollars herauszuholen. Abraham hebt protestierend die Hände.

»*No ... amistad es mejor.*« Freundschaft ist besser.

Nach dem Frühstück erscheint ein alter Mann mit einem wackeligen Fahrrad an der Tür. Meine Gastgeber haben einen Onkel eingeschaltet, der mich bis zu der Stelle begleiten soll, wo ich eine sichere Mitfahrgelegenheit aus Cienfuegos erhalten kann.

»Wenn Sie zurückkommen nach Cienfuegos, kommen Sie hierher!«, ruft die Familie mir wie aus einem Mund hinterher.

Als wir an dem Park vorbeikommen, an dem ich Abraham traf, werfe ich keinen Blick zurück. Ich suche die Straßen immer noch nach meinem Angreifer ab. Er ist nirgendwo in Sicht. Dieser Mann wird bald eine verblassende Erinnerung sein. Er läuft auf eine ferne Mauer zu, springt darüber und ist verschwunden.

Auf Kuba ist Samstag ein schlechter Tag, um per Anhalter zu fahren, und Cienfuegos entpuppt sich als besonders harte Nuss. Ich muss zuerst jemanden finden, der mich die 60 Kilometer zur Aguada de Pasajeros mitnimmt, der Raststätte an der *autopista,* an der ich eine kalte und unruhige Nacht auf einem Plastikstuhl und in inniger Umarmung mit einer Kaffeemaschine verbracht habe. Von da sind es noch 200 Kilometer bis nach Havanna.

Der alte Onkel liefert mich pflichtbewusst an der Stelle ab, an der bereits eine Horde Einheimischer mit versteinerten Gesichtern auf eine Mitfahrgelegenheit wartet und zwei *amarillos* die vorbeifahrenden staatlichen Lastwagen mit ihren blauen Nummernschildern dazu ermuntern, eine zusätzliche Fracht aufzunehmen. Ich biete dem alten Mann ein Trinkgeld an, doch er lehnt mit der Begründung ab, man habe sich »schon um ihn gekümmert«. Er verschwindet ohne ein Lächeln.

Es ergeben sich herzlich wenig Mitfahrgelegenheiten. Einige Laster halten trotz wildem Winken und lautem Pfeifen einfach nicht an, und die *amarillos* springen, ungläubig den Kopf schüttelnd, zur Seite, um nicht unter die Räder der vorbeidonnernden Transporter zu geraten. Es fällt mir auf, dass die wartende Menge passiv bleibt; keiner beschimpft die Männer oder beschwert sich, wenn ihre Bemühungen erfolglos bleiben.

Es ist schon 11 Uhr, und die beste Chance, die sich mir bis jetzt bietet, ist eine Mitfahrgelegenheit auf einem kleinen Lastwagen bis in ein nur sieben Kilometer von der Autostraße entfernt liegendes Dorf. Auf der Ladefläche sitze ich neben einer dürren jungen Frau mit kupferfarbener Haut, deren vorgeschobene Unterlippe ihrem Gesicht einen resoluten Zug verleiht. Sie fragt mich, woher ich käme, und vertraut mir an, ihr *esposo* stamme aus Frankreich. Dann zieht sie eine Geldbörse aus ihrer Tasche und zeigt mir das Foto eines jungen, ungefähr dreißig Jahre alten blonden Mannes. Er würde sie in zwei Wochen besuchen, und ja, nächstes Jahr würde sie zu ihm nach Frankreich ziehen. Doch bis dahin besuche er sie einfach ein bis zwei Mal im Jahr und bringe ihr Geschenke mit.

Ich frage, ob sie tatsächlich verheiratet seien, wie die Bezeichnung *esposo* andeutet, und sie nickt, doch sie weicht meinem Blick aus und verzieht keine Miene.

An ihrem Finger sehe ich keinen Ring, nur zehn perfekt mani-
küre und in der Farbe von Sangria lackierte Fingernägel. Ob sie
wirklich verheiratet ist oder nicht scheint unwichtig. Während der
langen Wochen zwischen seinen Besuchen fühlt sie sich jedenfalls
wie eine wartende Ehefrau an das Land ihrer Geburt gefesselt, doch
im Geiste schon im Flugzeug Richtung Frankreich. Und wenn der
Mann zu der versprochenen Zeit in zwei Wochen nicht durch ihr
quietschendes Gartentor kommt, dann gibt es viele andere Ausländer, die seine Rolle gerne übernehmen.

Wir erreichen das Dorf, und die Frau, die in Gedanken schon in
Paris weilt, hilft mir dabei, Fahrrad und Packtaschen vom Laster zu
hieven. Wir wünschen einander Glück, und ich lasse sie mit den anderen Passagieren am Straßenrand zurück, wo sie auf die nächste
Mitfahrgelegenheit warten. Frohen Herzens, ein Faltrad zu besitzen,
radle ich weiter Richtung *autopista*.

Ich komme mir vor wie in dem Film *Und täglich grüßt das Murmeltier*.
Schon wieder stehe ich an einer Weggabelung und muss mich entscheiden. Die Sonne heizt ein, als gelte es, auf den Motorhauben der
gelegentlich vorbeifahrenden Chevys aus dem Jahre 1959 Tortillas zu
rösten. Ein kleines Straßenschild spendet mir etwas Schatten in der
Größe einer Briefmarke. Auf der Autostraße herrscht ärgerlich wenig Verkehr. Radfahrer hassen Verkehr, doch in diesem Augenblick
würde ich dafür bezahlen, wenn sich jetzt plötzlich ein Stau bildete
wie zu den Stoßzeiten des Berufsverkehrs. Ich halte einen Dollarschein in der ausgestreckten Hand, und es scheint mir fast, als würden die Fahrer der gelegentlich auftauchenden Autos noch extra aufs
Gas treten, um sich über meine Lage lustig zu machen. Vermutlich
leide ich in dieser Affenhitze schon unter Halluzinationen.

Es dauert eine Zeit, bis ich den alten *campesino* mit seinem Sack
Zwiebeln bemerke Er hält ebenfalls nach einer Mitfahrgelegenheit
Ausschau. Ich gehe zu ihm hinüber, um mich ihm anzuschließen,
denn doppelt hält besser. Er hält seit über einer Stunde einen Fünf-
Peso-Schein in der Hand und versucht so, per Anhalter in das 20 Ki-
lometer entfernt liegende Dorf zu gelangen. Mit zuckenden Schul-

tern und einem Seufzer erklärt er, dass fünf Pesos wohl nicht mehr attraktiv genug seien.

Es kommt mir unpassend vor, dass dieser alte Mann so lange hier stehen und mit Geld wedeln muss, nur um von seinen Brüdern mitgenommen zu werden. Dies ist doch das Land, in dem die Menschen alles tun, um einander zu unterstützen und sich gegenseitig mit Milch, Brot oder einer Schachtel Streichhölzer auszuhelfen. Doch wenn es um Transportangelegenheiten geht, dann erstirbt die Großzügigkeit plötzlich wie eine fehlerhafte Zündung. Diese Vermutung bestätigt sich, als endlich ein gepflegter Transporter mit leerer Ladefläche anhält. Der Fahrer kurbelt sein Fenster herunter und späht herüber, um zu erkennen, was ich ihm zu bieten habe. Er wendet sich angewidert ab.

»Nein, nein, doch nicht für einen Dollar«, spottet er. »Zehn Dollar, *si!*«

Ich biete ihm fünf Dollar.

»Zehn«, lautet seine Antwort. Ich schüttele mein sonnenzermürbtes Haupt.

Die getönte Scheibe schiebt sich wieder nach oben, und der Transporter braust davon. Der alte *campesino* zuckt lediglich mit den Schultern. Die Sitte, anderen eine Mitfahrgelegenheit zu bieten und damit den nicht so reich gesegneten Mitbürgern auszuhelfen, scheint, wie überall sonst auf der Welt, so auch auf Kuba, vom Aussterben bedroht zu sein. Außerhalb des etablierten Systems, in dem man von den Fahrern staatlicher Fahrzeuge kostenlose Mitfahrgelegenheiten erwartet, ist fast keiner bereit, für andere anzuhalten – weder aus Vaterlandsliebe noch aus Menschenliebe und schon gar nicht, wenn nicht ein beträchtlicher Lohn dabei herausspringt. Kohle statt Karma. Nur Bargeld stopft die Löcher in den Jeans und bringt ein Brötchen mehr auf den Tisch.

Nach einer weiteren Stunde des Wartens bin ich sowohl mit unserem zusammengelegten Köder von 1,20 Dollar als auch mit meiner Geduld am Ende. Da holpert ein großer staatlicher Lastwagen mit langer, flacher Ladefläche vorbei. Oben sitzen nur eine Handvoll Passagiere. Er wird plötzlich langsamer und kommt nur ein paar Meter weiter zum Stehen. Der *campesino* und ich rennen los. Wir wollen ihn unbedingt erwischen. Der Fahrer, ein junger Bursche mit schmutzigem Gesicht, steigt aus seiner Kabine, läuft hinter den Laster und streckt uns seine Hand entgegen.

»*Dinero*«, verlangt er. Ohne zu zögern händige ich ihm meinen Dollar aus. Er nimmt ihn ohne ein Lächeln und springt wieder zurück in die Kabine. Ich habe soeben miterlebt, dass das älteste Wohltätigkeitsgewerbe der Welt, das Mitnehmen von Anhaltern, zu einem modernen, kostenpflichtigen Transportsystem verkommen ist.

Doch ich bin froh weiterzukommen. Dieser Laster ist ein ähnliches Modell wie der, auf dem ich vor ungefähr einem Monat beraubt, schockgefrostet und für mehrere Stunden außer Gefecht gesetzt wurde. Heute weht ein laues Lüftchen, der Himmel strahlt und die Erschütterungen lassen sich aushalten.

Nach einer Weile hält der Laster an, und die ranke, schlanke Form eines Fahrrads wird auf die Ladefläche gehievt, gefolgt von der ebenso ranken, schlanken Form seiner Besitzerin. Sie heißt Yoanka und ist Athletin. Sie erzählt mir, dass sie im Team für die Olympischen Spiele trainiere, die einige Monate später stattfanden.

Das erinnert mich an den jungen Betrunkenen in Santiago. Er wollte mir weismachen, er wäre im kubanischen Olympiaboxteam. Lolita, meine Gastgeberin, hatte den Kopf geschüttelt, die Augen verdreht und sich dann darüber ausgelassen, dass die Kubaner einem viele *mentiras,* also Lügen, auftischten.

Yoankas Beine sind straff und glatt wie die eines Zuchtpferdes, ihre Haare sind zurückgebunden und geben den Blick auf ihre glatte, gleichmäßig gebräunte Haut frei. Sie setzt ihre Sonnenbrille ab, von der sie behauptet, es handele sich um ein »Oakley Plagiat« aus ihrem Trainingscamp, und ich sehe in ihre großen grünen Augen.

Sie ist auf dem Rückweg nach Cojímar zu ihrem Camp mit Velodrom, das in der unmittelbaren Nähe von Havanna liegt. Dort wohnt und trainiert sie und bereitet sich zusammen mit anderen Athleten auf den großen internationalen Wettbewerb vor. Wenn sie nicht trainiert, dann lebt sie auf der Isla de la Juventud. Diese Insel hätte ich beinahe besucht, wären da nicht dieser durchgeknallte Seemann und der Höllentrip auf seinem sechs Meter großen Kahn gewesen.

Yoanka ist gerade einmal 24 Jahre alt und mit einem Kubaner verheiratet. Sie hat eine ruhige, zufriedene und selbstbewusste Ausstrahlung. Obgleich sie im Rahmen ihrer Sportlerkarriere schon ins Ausland gereist ist, erklärt sie mir, sie sei glücklich auf Kuba und verspüre nicht den Wunsch, das Land zu verlassen. Na ja, vielleicht für einen kurzen »Besuch«. Ich kann mir lebhaft vorstellen, wie sie in einem Kleid von Halston die Gangway hinunterflaniert oder an der Oper von Sydney aus einer Limousine steigt, Spaghettiträger über den Schultern und Diamanten auf der gebräunten Haut.

Von dieser jungen Frau, der die Welt offensteht, die es jedoch vorzieht, mit rostigen Lastern zu trampen, geht eine ungeheure Kraft aus.

Auf ihren Vorschlag hin lassen wir uns 24 Kilometer vor der Ausfahrt zu ihrem Trainingscamp absetzen und fahren ein Stück zusammen, allerdings in meiner Geschwindigkeit. Beladen mit etwa 30 Pfund Gepäck, Gepäckträgern, Spiegeln, Lampen, Schutzblechen und Wasserflaschen komme ich mir vor wie die Müllabfuhr. Dasselbe Tempo habe ich auch ungefähr drauf. Nach zwei Kilometern bemerkt Yoanka, dass sie es nicht gewohnt sei, so langsam zu fahren. Sie habe das Gefühl, während der Fahrt umzukippen. Unter großer Anstrengung trete ich fester in die Pedale. Sie fährt hinter mich und schiebt mich mit starker Hand von hinten an, bis wir auf gleicher Höhe mit den donnernden Lastwagen über die Autostraße brettern und ich mich, wie ein Hund hechelnd, an meinem Lenker festhalte, als ginge es um Leben und Tod.

Wir erreichen das Trainingscamp, einen großen, weißen Gebäudekomplex mit dem unverkennbar geschwungenen Dach eines Velodroms im Hintergrund. Auf mehreren Etagen befinden sich in diesem Gebäude separate Schlafsäle für junge, gesunde Athleten, die in der kubanischen Provinz entdeckt und ausgebildet und dann mit Sack und Pack hierher transportiert wurden, um den Duft der Ziellinie zu atmen, sich auf Rekordleistungen vorzubereiten und sich der Hoffnung hinzugeben, mit ihren Füßen in gepolsterten Sportschuhen auf fremdem Boden zu wandeln. Im Erdgeschoss befindet sich eine große Cafeteria, in der wie in einer Kasernenkantine kohlenhydratreiche Kost auf Tabletts serviert wird. In der Luft hängt eine delikate Mischung aus sportlichen Aromen: der strenge Geruch von fingerlosen Fahrradhandschuhen und Gummimatten, die Ausdünstungen von Sportlern in Lycrabekleidung, ein Duft von Leder, Vinyl, Reis und Bohnen.

Yoanka stellt mich ihren Freunden und dem Personal vor. Die »Auserwählten« in den Schlafsälen für Frauen sind ganz anders als die kubanischen *chicas,* die ich bis jetzt kennengelernt habe. Diese Frauen sind identische Kopien der fantastischen Yoanka. Sie sind ausgelassen wie junge Mädchen, doch sie haben die konzentrierte Willensstärke der Leistungssportler, und ihr geistiges Auge ist unverwandt auf das Siegertreppchen gerichtet. Sie zeigen wenig Interesse an meinem bepackten Fahrrad, das plötzlich unangemessen plump und schwerfällig wirkt. Ich kann ihre Gedanken lesen: »Wozu das Ganze?«

Dieser Gedankengang vollzieht sich allerdings in der Rekordzeit von einer Sechzehntelsekunde.

An der Wand vor dem Haupteingang zum Sportinstitut prangt der Schriftzug: *»A Sydney por la Gloria de la Patria.«* Nach Sydney für den Ruhm des Vaterlandes. Es mutet seltsam an, den Namen meiner Heimatstadt an einer Wand auf Kuba zu sehen, und er ist auch noch richtig geschrieben. Plötzlich ist die Welt kleiner geworden.

Yoanka fragt mich, ob ich die Nacht mit den Mädchen im Schlafsaal verbringen möchte, und ich lehne das Angebot höflich ab. Es gibt wirklich nichts, was ich mit diesen willensstarken, hoch konzentrierten jungen Frauen gemeinsam hätte, deren ganzes Leben sich darum dreht, so schnell wie möglich zu sein und nur innezuhalten, um den Duft der Rosen auf dem Siegertreppchen zu atmen. In meinem Leben geht es genau um das Gegenteil. »Fürchte dich nicht, langsam zu gehen! Fürchte dich nur, stehen zu bleiben!«, sagte mal ein Freund von mir und zitierte damit eine chinesische Weisheit, die vermutlich aus dem Munde eines Mönches mit gepolsterten

Sandalen stammt. Zehn Stundenkilometer bis zur nächsten Ausfahrt ist schnell genug für mich.

Ein Angestellter namens Roberto bietet mir an, mich auf seinem Fahrrad nach Havanna zu begleiten. Als ich Yoanka viel Glück wünsche und ihr verspreche, sie eines Tages auf ihrer Insel zu besuchen, fährt ihr Mann in einem Wagen vor, um mit ihr am Abend auszugehen. Er ist ein ebenso gut aussehender, muskulöser Kubaner, doch auf seinem kantigen Gesicht liegt kein Lächeln. Sie schlüpft auf den Beifahrersitz, zieht ihre langen Beine mit elegantem Schwung ins Innere, und er schließt vorsichtig ihre Wagentür. Sie lächelt und winkt mir hinter den getönten Scheiben zu. Ganz wie im Film.

Roberto und ich radeln in die Nacht. Er fährt auf einem alten Mountainbike, das er ziemlich gut in Schuss halten konnte, weil er in einer staubigen Nische zwischen einem Gemüseladen und einem Schuhmacher als *ponchero* seine eigene Fahrradwerkstatt unterhält. Wir fahren dorthin, wo ein Bus uns und unsere Räder über eine Brücke transportiert, die man mit dem Fahrrad nicht passieren darf.

Das Ganze scheint mir ein hoch zivilisiertes Unternehmen zu sein. Wir warten an einem Unterstand, bis ein sehr gepflegter Bus ohne Sitze, aber mit ausreichend Haltegriffen, vorfährt. Man verlädt uns und unsere Gefährte nacheinander in einen geräumigen Stehbereich. Da haben wir eine weitere typisch kubanische Eigenart: Hier sind die Menschen gezwungen, sich illegal einen halben Liter Milch zu besorgen und ihn für ihre Babys mit Wasser zu verdünnen, und gleichzeitig gibt es hochmoderne Busse mit pneumatischen Türen und Leuchtstreifen, die alte, schrottreife Fahrräder nach Fahrplan über eine Brücke transportieren.

Havanna bei Nacht ist ein bedrohliches Erlebnis.

Abseits der Hauptstraßen fehlt jegliche Straßenbeleuchtung, und meine Reifen tasten sich langsam auf dem Kopfsteinpflaster vor. Gelegentlich blenden mich dann auch noch entgegenkommende Fahrzeuge. Die schwarze Skyline wird nur hie und da von den blinkenden Lichtern der Touristenhotels erhellt, deren Dächer im kitschig blauen oder rosa Licht von Neonröhren leuchten.

In meiner Lenkertasche befindet sich die Adresse von Kenia, einer Schwägerin Zaidas aus Manzanillo. Roberto hilft mir dabei, das richtige Haus zu finden, und wir gelangen vor ein schmales, verwittertes und doppelflügliges Eingangstor Dann verabschiedet er sich von mir. Ich verspreche ihm, ihn in seiner Fahrradwerkstatt zu besuchen. Noch bevor ich den Satz beendet habe, ist er verschwunden.

Ich drücke auf den Klingelknopf und warte.

Ich klingle noch einmal. Dann höre ich Geräusche. Das Tor öffnet sich, und ich erkenne dahinter einen alten Wohnblock mit polierten Zementböden und bröckelnden Wänden. Auf der Türschwelle steht Kenia, eine hochgewachsene Halbchinesin. Ich stelle mich vor und erzähle erneut meine Geschichte, diesmal mit einem Hauch von Lustlosigkeit. Sie hört mir geduldig zu, dann öffnet sie die Tür weiter und lässt mich herein.

Vielleicht habe ich diesen Prozess schon zu oft durchlaufen. – Ich komme mir nicht mehr vor wie ein exotischer Gast von einem anderen Planeten, der einen Hoffnungsschimmer und Hauch von Freiheit, Licht und Luft in den ärmlichen und beschränkten Alltag des Durchschnittskubaners bringt, sondern eher wie eine verhärmte und egoistische Schmarotzerin.

Ich rede mir ein, diese Wandlung sei ein Symptom des Großstadtsyndroms, das sich in jeder großen Weltstadt einstellt, sei es nun Havanna, Sydney, New York oder Kabul. Irgendjemand hat diesen Effekt einmal in Verbindung mit Verdichtung erklärt. Wenn man Raum, Geld und Zeit verdichtet, wie es in einer Großstadt der Fall ist, dann fühlen sich auch die Menschen »verdichtet«, und das Erste, was dabei erdrückt wird, ist die Fähigkeit, auf seine Mitmenschen einzugehen. Kuba ist einzigartig, doch seine Bevölkerung ist auch nicht vor dem Großstadtsyndrom gefeit.

Kenia lebt zusammen mit ihrem Ehemann José, einem Herzchirurgen, und ihrer Nichte, dem Teenager Kattya. Kattya arbeitet in einer Zigarrenfabrik, und als sie erfährt, dass ich 25 Zigarren zum Preis von 2,50 Dollar auf der Straße gekauft habe, zieht sie die Nase kraus und gibt mir eine einzelne Montecristo Zigarre ohne Schild. Die solle ich einem ganz besonderen Menschen schenken.

Als Chirurg verdient José 25 Dollar im Monat. Kenia arbeitet nicht. Auf der Suche nach einem besseren Lebensstandard sind sie erst vor Kurzem von Manzanillo nach Havanna gezogen. Die Menschen in Havanna erhalten höhere Rationen von der Regierung als die Bevölkerung in anderen Landesteilen, vermutlich, weil die Lebenshaltungskosten dort höher sind.

Sie laden mich zum Abendessen ein. Es gibt Tomatenscheiben, Spiegelei und Salatreste, die auf weißen Styroporschalen für Fleisch aus dem Supermarkt serviert werden. Diese werden dann gewaschen und wiederverwendet.

Sie zeigen mir meinen Schlafplatz hinter einem Vorhang im Zimmer der Nichte. Das Zimmer verfügt über den klassischen kubanischen Lichtschalter: Zwei Kabel hängen von der Decke, man führt sie zusammen und bringt so eine Neonröhre stotternd zum Leuchten.

»Time to rise and shine …«

Am Morgen werde ich von einer elektronischen Quakstimme geweckt. Die Botschaft wiederholt sich jede Viertelstunde, bis mir klar wird, dass sie nicht aus dem Fernseher kommt. Stolpernd taste ich nach dem »Lichtschalter«, den Drähten für die Neonröhre. Kattya schläft noch tief und fest. Ich folge der Elektrostimme – sie scheint aus einem Zimmer hinter dem Vorhang zu kommen. Das Letzte, was ich erwartet hatte, ist der große Computer auf einem Tisch in Kenias Schlafzimmer, über dessen Bildschirm bunte tropische Fische schwimmen. In regelmäßigen Abständen hüpft ein Frosch mit einer Taschenuhr über die Bildfläche und erzählt jedem, der es hören kann, dass es Zeit zum Aufstehen sei: *»Time to rise and shine …«*

José und Kenia sind bereits aufgestanden und werkeln im Haus herum. José erklärt mir, er habe bereits mehrere Operationen an in Kuba lebenden Ausländern vorgenommen. Einige von ihnen haben sich zusammengetan und ihm aus Dankbarkeit einen Computer geschenkt. Dieser hat zwar keinen Zugang zum Internet und ist mit wenig Software ausgestattet, doch er kann in einem sehr fröhlichen Ton die Uhrzeit ansagen.

Auf dem Küchentisch liegen einige übrig gebliebene Tomatenscheiben sowie zwei Scheiben Toast zum Frühstück. Ich lege zehn Dollar für die Familie daneben und packe dann. Kenia starrt auf das Geld.

»Warum?«, will sie wissen.

»Um Ihnen zu helfen«, lautet meine Antwort.

»Sie sind ein guter Mensch, Lynette«, sagt sie ohne ein Lächeln. Ich betrachte diese Familie und ihre Styroporschälchen aus dem Supermarkt, die jetzt auf dem Geschirrständer trocknen, und fühle mich dieser Auszeichnung unwürdig.

Von Kenias Haus ist es nur ein kurzer Weg zu Marucas *casa particular*, zu meinem Fahrradkoffer und meinem Ticket für den Rückflug nach Costa Rica. Ich zwänge mein Fahrrad in den staubigen Fahrstuhl und drücke auf den Knopf für ihre Etage.

Die Tür öffnet sich, Maruca hält sich die Hände vor den Mund und kreischt. Sie zerrt mich ins Haus. »Warum haben Sie nicht angerufen? Ich habe mir Sorgen gemacht!«

Dann widmet sie sich sofort wieder dem Heft, das sie vor meiner Ankunft gelesen hat.

Der Kreis hat sich geschlossen. Es fühlt sich an, als hätte ich Marucas Apartment nie verlassen. Ich finde meinen Fahrradkoffer in dem Schrank, in den ich ihn drei Monate zuvor gestellt habe. Ich mache mich daran, mein Gepäck umzupacken, obgleich es nicht wirklich viel zu tun gibt. Wenn man schon so lange unterwegs ist, neigt man dazu, die Dinge immer wieder an die richtige Stelle zurückzuräumen und Müll sowie überflüssige Souvenirs sofort zu entsorgen.

An diesem Abend fragt Maruca mich, ob ich sie zur Messe in der Kirche San Juan Bautista begleite.

»Dort wird viel gesungen!«, ruft sie.

»Wir können uns Eis von der Coppelia holen«, verkünde ich. »Ich lade Sie ein.«

Wir nehmen mehrere Busse und Trams, um zur Kirche zu gelangen, die ungefähr eine halbe Stunde weit entfernt liegt. Als wir dort eintreffen, hat die Messe schon lange angefangen. Ungefähr 50 Gläubige, junge wie alte, sitzen still auf Plastikstühlen und lauschen dem konzentrierten jungen Mann auf der Kanzel.

Ich schätze ihn auf 25 Jahre. Er sei Puertoricaner, behauptet Maruca. Wie es scheint, erfreuen sich Puertoricaner im Predigerhandwerk steigender Beliebtheit. Sie sind redegewandt, charismatisch und besitzen ein engelsgleiches, attraktives Aussehen. Kurzum, sie wirken wie moderne, multikulturelle Vertreter des beliebten Heilands auf Erden.

Der junge Mann bittet die Versammelten inständig, ihr Verständnis vom Glauben aufrichtig zu prüfen, und sieht man sich ihren tief berührten Gesichtsausdruck an, dann sind der Vater, der Sohn, der Heilige Geist und alle ihre Verwandten bestimmt stolz auf ihn. Seine Stimme bebt voller Inbrunst, wenn er einen Gedanken erläutert, steigt zu einem Schreien an, um seine Auffassung zu unterstreichen, und fällt dann zu einem Flüstern, als er sich wiederholt. Er greift sich an sein Herz und kneift die Augen fest zu, damit keine Träne herunterrollen kann. Er ist sonnengebräunt. Nach mehr als einer Stunde seines leidenschaftlichen Flehens fühle ich mich nicht wesentlich erleuchteter, und mein schlechtes Spanisch führt auch nicht gerade zu einem besseren Verständnis. Ich merke allerdings, dass mein Po auf dem harten Plastikstuhl eingeschlafen ist. Ich beuge mich hinüber zu Maruca.

»Haben Sie Lust auf ein Eis?«, flüstere ich.

Maruca sitzt wie hypnotisiert und bedeutet mir zu schweigen.

Nachdem ich eine weitere halbe Stunde dieser erbarmungslosen Predigt gelauscht habe, sieht Maruca zu mir hinüber.

»Ich habe genug«, seufzt sie. »Gehen wir zur Coppelia.«

Wir verlassen die Messe mitten im Crescendo. Auf der Straße tummeln sich viele Menschen, denn die allabendliche Episode von *la novela* ist soeben vorbei.

In der Coppelia bestellen wir das Eis des Tages: Vanille. Eine Freundin von Maruca kommt kurz herüber, um uns zu begrüßen. In der Hand hält sie eine Plastikdose mit sechs Eiskugeln, die hoffentlich nicht als Matsch bei ihren Kindern zu Hause ankommen.

»Ich weiß nicht, warum sie heute Abend nicht gesungen haben«, beklagt sich Maruca. »Normalerweise predigen sie ein wenig, und der Rest ist Gesang. Wunderbarer Gesang …«

Ich erzähle Maruca, dass ich den jungen Prediger nicht besonders glaubwürdig fände. Ich erkläre ihr, dass ich ihn für zu jung halte. Als ich Mitte zwanzig war, dachte ich, ich wisse über alles Bescheid. Seitdem musste ich erkennen, dass ich damals nichts wusste. Ich weiß auch heute nicht viel mehr. Ich erzähle ihr von meinem persönlichen Weg zur Erleuchtung: das Leben so zu leben, wie es kommt, und auch in harten Zeiten leben zu lernen. Jeder Schicksalsschlag gibt einem ein neues Werkzeug, mit dem man für den nächsten Schicksalsschlag gewappnet ist. Wie kann ich also von einem Jungen Ratschläge annehmen, für den der schlimmste Schicksalsschlag vermutlich in einem gestellten Bein auf dem Fußballplatz besteht und der nur deshalb Kaugummi kaut, um cool auszusehen. Wahrscheinlich steckt dieser Laienprediger aus Puerto Rico mit seinen etwas mehr als zwanzig Jahren wie alle Kids diesen Alters voller Unsicherheiten.

Ich steigere mich richtig hinein in meine postdarwinistischen Theorien. Nein, die Natur kümmert sich einen Dreck um unsere »Selbstfindung«, ziellosen Reisen, Karrierewünsche oder Träume. Die Natur will nur, dass wir Sex haben und zum Bestand unserer Spezies beitragen.

»Aha«, macht Maruca geduldig. »Richtig, er weiß weniger vom Leben als Sie. Doch der Unterschied liegt darin, dass er Gott kennt.«

Ich denke noch darüber nach, als ich mir eine weitere Portion Eis holen will.

Es gibt keins mehr.

Ein letztes Mal aus dem Vollen geschöpft

Irgendwo in Pinar del Río steht eine Schachtel mit ganz normalen kubanischen Zigarren, die für mich reserviert ist.

Der Preis dieser Schachtel mit ihrem geruchsintensiven Inhalt liegt bei exakt 2,50 Dollar, und ich müsste einige lange Tage auf dem Fahrrad unter Zuhilfenahme diverser Mitfahrgelegenheiten investieren, um diese Schachtel abzuholen. Es erscheint höchst sinnvoll, die Zigarren zu vergessen. Ich selbst rauche nicht, und auch die meisten meiner Bekannten, denen ich sie als Souvenir mitbringen könnte, sind zumindest keine Zigarrenraucher. Mich ergreift eine tiefe Lethargie bei dem Gedanken an Autostopp in brütender Hitze. All das geht mir durch den Kopf, als ich mich, in einem Stuhl gefläzt und von *la novela* in einen meditativen, Zen-artigen Zustand versetzt, frage, ob der *picaflor* nun tatsächlich seine Verlobte betrogen hat oder …

Ich weiß, dass es in Pinar del Río Leute gibt, die auf meine Rückkehr warten. Ich habe Carlos, dem Radiosprecher der mittäglichen Seifenoper, meine 2,50 Dollar anvertraut, um sie bei einem geheimen Lieferanten in Zigarren zu investieren. Danach sollen sie von meinen Freundinnen Ana und Nieves an einem sicheren Ort für mich aufbewahrt werden. Sie alle werden mich nicht im Stich lassen. Ich reiße mich von *la novela* los und zwinge mich aufzustehen.

Statt die gemütliche Variante zu wählen und Havanna wie beim ersten Mal auf der Küstenstraße zu verlassen, entscheide ich mich nun für den schnellen Weg auf der *autopista*. Wiederum zwänge ich mein voll bepacktes Fahrrad in den kleinen Fahrstuhl. Im dritten Stock versucht eine beleibte Frau mit einem kleinen Hund zuzusteigen. Einen Augenblick macht sich Unmut breit. »Warum benutzen Sie nicht die Treppe?«, fragt sie mich vorwurfsvoll.

Heute sind die Straßen von Havanna sehr belebt. Bei meiner Abfahrt bin ich etwas nervös, weil sich mein Orientierungssinn auch nach jahrelangen Radreisen nicht wesentlich gebessert hat. An jeder

Straßenecke vergewissere ich mich meiner Reiseroute, indem ich den nächstbesten Passanten in Winkweite anquatsche. Ich radle Richtung Süden, vorbei an der Plaza de la Revolución, wo schmiedeeiserne gestrichelte Linien ein riesiges ikonenhaftes Porträt von Che Guevara an eine Gebäudewand zeichnen. Ich biege in die Avenida Rancho Boyero und nehme dann die Calle 100 bis zur *autopista*. Es dauert nicht lange, da kämpfe ich bereits mit riesigen, Abgase ausstoßenden, scheppernd und krachend an mir vorbeibrausenden Lastwagen; die Calle 100 ist wohl die am meisten befahrene Straße Kubas. Glücklicherweise gibt es einen großzügigen Seitenstreifen.

Schließlich erreiche ich die *autopista*, ein desolates, graues Betonband, das sich nach Westen zieht und am Horizont verschwindet. Auf den Seitenstreifen haben sich bereits hie und da die ersten Kubaner mit ihren verschiedenen Säcken und Körben verteilt. Sie haben sich Tücher um die Köpfe geschlungen und tragen halb gefüllte Rucksäcke auf dem Rücken. Ich klappe das Fahrrad zusammen und strecke meinen Daumen aus.

Plötzlich erfasst mich eine Flutwelle der Erinnerungen. Empirisch erhobenen Schätzungen zufolge liegt meine persönliche Zeitgrenze für eine Fahrradtour bei ungefähr drei Monaten, danach scheinen selbst neue Erlebnisse altbekannt. Während ich am Straßenrand warte und mit dem Fuß den Betonboden bearbeite, habe ich genug Muße, um darüber nachzudenken, warum die *autopista* eigentlich der denkbar schlechteste Ort für eine Mitfahrgelegenheit ist. Die Fahrer halten sich auf der schnellen Spur auf, um Zeit zu sparen. Sie haben kein Interesse daran, anzuhalten, und haben noch weniger Lust, sich mit einem Fremden zu unterhalten. Nicht für einen Dollar und auch nicht für fünf Dollar.

Ich stehe neben einem Geschwisterpaar. Die beiden erzählen, sie führen jeden zweiten Tag per Anhalter dieselbe 147 Kilometer lange Strecke zur Arbeit – von hier bis nach Pinar del Río. Heute warten sie schon seit sieben Uhr in der Früh. Es ist Mittag.

Ungefähr um 13 Uhr hält vor uns ein Laster auf dem Weg nach San Cristóbal, das etwa auf halbem Wege nach Pinar del Río liegt.

Wir sprinten, was das Zeug hält. Der Fahrer nimmt jedem von uns zehn Pesos ab. Während ich es mir auf der Ladefläche bequem mache, schließe ich mit mir selbst eine kleine Wette ab. Ob ich wohl diese eine letzte Reise unternehmen kann, ohne dass mir etwas gestohlen wird? Ich sitze auf der Ladefläche und beobachte alles wie ein Luchs, einschließlich des extrem dunkelhäutigen Mannes gegenüber, dessen Augen sich in mein Fahrrad bohren, als wäge er ab, welche Teile sich am leichtesten mit den Fingern abschrauben ließen.

Die Reise verläuft angenehm ereignislos, eine weitere holperige, windige Fahrt mit einem dicken, schmutzigen Gummireifen im Rücken. Als ich herunterspringe, vergewissere ich mich noch einmal, dass nichts fehlt, und gebe einen Seufzer der Erleichterung von mir. Alles da, Wette gewonnen.

Ich suche nach meiner bewährten Sonnenblende, eine dieser kitschigen Neoprendinger mit Telefonkabel als Halteband aus dem Drogeriemarkt. Die Blende hält einem langhaarigen Radfahrer wie mir die Mähne aus dem Gesicht. Sie hing an meinem Lenker, und jetzt ist sie verschwunden. Außerdem stelle ich fest, dass der nette kleine Schnellentriegelungshebel mit Gummikappe am vorderen Teil meines Fahrrads durch einen billigeren, weniger ergonomischen Hebel ersetzt wurde.

Ich kann mir einfach nicht erklären, wann und wie das passiert sein kann. Ich habe mein Fahrrad nur ein einziges Mal, und zwar in Havanna, irgendwo stehen lassen, doch dort hatte ich es stets durch die Fensterscheibe einer Bar im Blick. Außerdem stand es unter der von mir erbetenen Bewachung von zwei Polizisten. Tags zuvor hatte ich den Hebel dazu benutzt, mein Rad zusammenzuklappen, und ich kann mich deutlich erinnern, dabei dessen Gummikappe gespürt zu haben. Der neue Hebel ist kalt und fühlt sich metallisch an.

»*Lo hacen*«, lautet die unter Schulterzucken vorgetragene Antwort eines drahtigen Einheimischen, der mich fragt, warum ich so ungläubig auf den Hebel starre. Das kommt vor.

Er sieht mich an und fragt: »Sind Sie verheiratet?«

Ich bejahe.

»Wo ist dann Ihr Ehemann?«

Ich seufze. Ich befinde mich in der dritten und letzten Phase dieser Reise, und ich habe das kubanische Paarungsverhalten mittlerweile schon zu oft erlebt, als dass ich es noch als erfrischend empfinden könnte.

Mit dem Fahrrad und per Anhalter schaffe ich es bis zum Nachmittag nach Pinar del Río. Als ich schließlich das richtige Haus finde, sind Ana und ihre Mutter anscheinend nicht da, doch die Tür ist unverschlossen.

Ich beschließe, dass es an der Zeit ist, mich ein für alle Mal für alle Don Juans unsichtbar zu machen.

Ich krame ein zerknittertes Hemd und Baumwollhosen mit schmutzigen, von der Fahrradkette verursachten Löchern am rechten Hosenbein hervor, dann stoße ich auf eine orangefarbene Einkaufstasche ähnlich der Taschen, in denen Kubanerinnen ihre Brötchen und das Rationsbuch transportieren. Stattdessen befinden sich in meiner Tasche allerdings meine Kamera und mein Reiseführer. Beides habe ich zweifach getarnt in eine zusätzliche weiße Plastiktüte gewickelt. Mein fleckiger und schlabberiger Segeltuchhut, eine billige getönte Sonnenbrille und ausgefranste Strandsandalen runden das Bitte-nicht-ansprechen-Kostüm ab.

Plötzlich kommt Ana in ihrer makellosen, vom Arbeitgeber ausgegebenen Uniform aus ihrem Schlafzimmer; sie hat sich für die Dollar-Modeboutique zurechtgemacht. Sie läuft zu mir, um mich zu umarmen, tritt dann einen Schritt zurück und betrachtet amüsiert meine Verkleidung.

Ich halte den Atem an, schlurfe über den Gehsteig und beäuge verstohlen die Reaktion der Männer, die an den Zäunen oder Straßenlaternen lehnen. Ich kann ihre Blicke spüren.

Jedes Mal, wenn ich erfolgreich an einem vorbeigegangen bin und ihm kein Zischen oder sonstige Anmachgeräusche von den Lippen gedrungen ist, überkommt mich ein Glücksgefühl. Ich schaffe es ohne ein Zischen bis zur Straßenecke. Bin ich endlich zu einer echten Kubanerin geworden?

Diese Verkleidung trage ich bis zum Tag meines Abfluges. Bauarbeiter sehen mich gar nicht, vorbeifahrende Autos hupen nicht mehr, und es kommen auch keine Männer mehr auf mich zu, um mich in ein Gespräch über Heirat und/oder Auswanderung zu verwickeln. Ich kaufe einen Becher Eiscreme vom Dollarladen und schlendere traumverloren und allein die Straße entlang, löffele das Eis und denke über mein wunderbares anonymes kubanisches Leben nach.

Eine Frau kommt auf mich zu und deutet aufgeregt auf meinen Eisbecher.

»Woher haben Sie den?«

»Aus dem Dollarladen«, erwidere ich.

Sie sieht genauer hin, dann lächelt sie.

»Ach, sind Sie gar keine Kubanerin«, stellt sie fest.

Mich überkommt ein erneutes Prickeln, und vor lauter Dankbarkeit schenke ich ihr mein Eis.

Als ich mich umdrehe, um wieder zum Haus zurückzulaufen, wo jemand mich zum Flughafen bringen wird, komme ich an einem großen Schwarzen vorbei. Lässig lehnt er an einem Baumstamm und verfolgt mich mit seinem Blick.

»*China, bella, linda*«, flüstert er. Süße, hübsche Chinesin.

So ein Mist!

Zu Hause?

Ich sitze im Flieger der Fluggesellschaft Lacsa, den Kopf an das Sichtfenster gelehnt. Unterhalb meiner Wange zieht langsam ein Stück Kuba vorbei. Ich blicke hinab auf María La Gorda, den westlichsten Zipfel der Insel. Hier schlug ich mein Zelt auf, bevor ich zur höllischen Bootsfahrt in See stach. María, die Sinnliche, zieht vorbei und verschwindet in der Ferne. Kuba, das Land unter dem Flügel, verschwindet im türkisblauen, schäumenden Meer. Ich kneife die Augen zusammen. Weit, weit unter mir kann ich fast die aufgereihten Kieselsteine erkennen, aus denen ich mir einen Weg zu meinem Zeltplatz auf einer der Cayos de San Felipe gebaut habe.

Die Beamten am Flughafen von Havanna hatten gelächelt, als sie das kleine Stückchen Papier abstempelten, das jeden, der sich die Mühe machen wollte, es wieder aus dem Papierkorb zu fischen, darüber aufklären würde, dass ich Kuba besucht hatte. Sie baten mich, bald wiederzukommen.

Während ich beobachte, wie Kuba am Horizont verschwindet, denke ich darüber nach, wie sich meine Vorurteile vor meinem Besuch über dieses Land nun von meinen Erfahrungen aus erster Hand unterscheiden. Ich hatte Barrikaden mit Stacheldrahtzäunen erwartet. Gesehen hatte ich: keine Barrikaden, keinen Stacheldraht, keinerlei unverhohlene militärische Präsenz. Ich hatte Hungersnot erwartet. Gesehen hatte ich: keine verzweifelt hungernden Menschen, keine offensichtliche Armut, keine Krankheiten. Auch keine verängstigten Gesichter oder laute Protestkundgebungen gegen die Regierung, Brandbomben oder Aufstände. Nichts Blutiges, Obdachloses, Hungerndes oder Lautes. Nur eine einzige, unsichtbare Leine, die sich sanft um den Hals eines jeden Kubaners schlingt. Sie reicht von einem zum anderen und ist lang genug, um die Menschen zu einer Nation zu verbinden, weit genug, um jedem Mann, jeder Frau und jedem Kind genug Platz zu geben, durch ihr Leben zu gehen, zu lieben, zu arbeiten und hin und wieder eine *langosta escondida* zu verzehren, doch zu kurz, um den Nerv zu treffen, der die Meldung »Ich will, dass es sich ändert« an das Gehirn sendet.

Nur einige Stunden später lande ich wieder in Costa Rica. Ich nehme mein Gepäck vom sich drehenden Band, und es ist keiner da, um mich willkommen zu heißen. Die Taxifahrer mit ihren kleinen *ticos* drängen sich um mich, die Ausländerin, denn keiner weiß, dass ich hier lebe. Ich nehme ein Taxi durch die Stadt zu meinem gemieteten Apartment. Die Straßen sind voller Menschen und Busse und Autos, ein Hupen, Betteln, Rufen und Hasten, alles in einer blauen Abgaswolke. Ein Mann liegt bewusstlos in der Gosse, er merkt nicht, dass ein Bus sich seinem nicht freiwillig ausgesuchtem Rastplatz nähert.

Ich krame an mehreren Stellen nach meinem Schlüssel. Seit drei Monaten habe ich ihn nicht benutzt und versuche mich zu erinnern, wie man die dreifach und mit über zwei Meter hohen Stangen gesicherte Schutzvorrichtung mit Stacheldraht aufsperrt, welche den gesamten Eingangsbereich versperrt. Wie gewöhnlich ist die Einfahrt von drei oder vier imposanten Allradfahrzeugen blockiert, die meinen Vermietern gehören. Eines der Fahrzeuge ist mir nicht bekannt, es sieht brandneu aus. Costa Rica ist die Schweiz Lateinamerikas. Mein Nachbar sprengt den Rasen und starrt stur auf seinen Schlauch. Das Dienstmädchen schenkt mir ein Lächeln und verschwindet dann in das Nachbargebäude, in dem meine Vermieterin wohnt.

Auf meinem Anrufbeantworter befindet sich eine einsame Nachricht von meinem Chef. Offenbar hat sich meine Vermieterin bei ihm über die »schlechten Menschen« beschwert. Sie will beobachtet haben, wie ich sie vor meiner Abreise in meine Wohnung eingeladen habe, und bezieht sich auf Heidi und Joel, das amerikanisch-venezolanische Pärchen, mit dem ich mich Monate zuvor in der Karibik angefreundet hatte.

Heidi ist Weiße und Joel ist Schwarzer. Beide tragen die farbenfrohe traditionelle Kleidung seines Heimatlandes und verdienen sich mit selbst gemachtem Schmuck ihren Lebensunterhalt. Zum Abschied vor meiner Kubareise hatten sie mir eine Art Haarspange aus

Kokosnussschale geschenkt. Ich gehe die Treppen hinunter, um mich mit meiner Vermieterin auseinanderzusetzen. Sie hat nicht bemerkt, dass ich nicht da war, weil ich meine Miete drei Monate im Voraus gezahlt habe. Als ich sie auf die Nachricht auf meinem Anrufbeantworter anspreche, wirft sie, Ahnungslosigkeit vortäuschend, die Hände in die Luft.

»Ich weiß nicht, wer Ihrem Chef solche Dinge erzählt, aber hier wohnen Kinder, und wir können derart gefährliche Menschen hier nicht dulden. Vielleicht sollten Sie sich nach einer anderen Wohnung umsehen.«

Sie schließt sanft die Tür vor meiner Nase.

Anhang – Radfahren auf Kuba

Informationsquellen

Es gibt viele Websites und Bücher über Kuba, die man durchstöbern kann, während man überlegt, was man alles mitnehmen sollte. Eine Flut von Informationen würde mich persönlich verwirren, deshalb ist es mir lieber, nur so viel zu recherchieren, wie ich brauche, damit ich begeistert bin.

¡Viva Cuba!

www.cyberbub.pwp.blueyonder.co.uk/steve/cuba.htm

Stephen Psallidas' Website berichtet über nützliche Erfahrungen und bietet Wissenswertes für den wild entschlossenen Radwanderer. Er hat es bis auf die Topes de Collantes geschafft, hat also bessere Waden als ich.

Allison's Budget Travel Guide to Cuba

www.geocities.com/TheTropics/Shores/5902

Allison war als Rucksacktouristin im Jahre 1996 drei Wochen lang auf Kuba unterwegs, und da sich auf Kuba, im Vergleich zu anderen Ländern, seitdem nur wenig geändert hat, ist ihre Website noch immer lesenswert. Wie Stephen kommentiert sie ihre Erfahrungen klar, knapp und prägnant. Sie bietet eine Übersicht über die etwas besseren Unterkünfte, was gut ist, wenn einem die Eimerbäder zu viel werden.

Women Welcome Women World Wide

www.womenwelcomewomen.org.uk

Das Netzwerk für gegenseitige Gastfreundschaft und Freundschaft mit Sitz in England bietet Kontakte für reisende Frauen in 70 Ländern. Mädels, ihr müsst keine Angst mehr haben, an einem fremden Ort zu landen!

Ausrüstung

Es folgt eine Liste mit Dingen, die ich auf meiner Kubareise und auch allgemein für Radtouren nützlich fand.

Mein Fahrrad
Bike Friday New World Tourist, schwarz, 24 Gänge
www.bikefriday.com

Bike Friday USA ist einer der weltweit führenden Hersteller von Reise-Falträdern. Jedes Rad lässt sich schnell zusammenklappen, passt in einen für Flugreisen tauglichen Koffer und wird auf das Körpermaß des Fahrers angepasst. Das 20-Zoll Rad macht das Fahrrad insgesamt leichter, schneller und gut manövrierbar – auch Steigungen werden leichter bewältigt ... und nein, man muss deshalb nicht häufiger in die Pedale treten. Dank seiner speziellen Übersetzung ist das Gefährt Fahrrädern von normaler Größe ebenbürtig. Viele Prominente der Radfahrerwelt haben ein Bike Friday im Kofferraum ihres Autos oder in ihrem Schrank. Der frühere Herausgeber von *Bicycling USA,* Ed Pavelka (ein Star von *www.roadbikerider.com*) sagte: »Bike Friday fährt sich ebenso gut wie das beste Fahrrad.«

Es ist außerdem ein perfektes Fahrrad für Frauen, da die kleineren Räder das Aufsteigen erleichtern. Ein Bike Friday Faltrad kann man online oder auch telefonisch bestellen. Es wird Ihnen in wenigen Wochen direkt bis vor die Haustür geliefert, egal, wo Sie leben. Ich habe meines in Australien bestellt. Das Beste daran ist, dass man sich mit diesem einzigartigen Velo sofort Freunde macht. Also schlagen Sie sich nicht mit großen Rädern und zusätzlichen Gepäckgebühren für den Flug herum, bevor sie nicht wenigstens einen Blick auf das Bike Friday geworfen haben. Und übrigens: Bike Friday USA hat mir meine Reise nicht gesponsert.

Mein Sattel
Terry Ti Men's Fly
www.terrybicycles.com

Ich habe sehr viele Sättel ausprobiert, bis ich einen für mich gefunden hatte, der meinem Hintern gefiel. Viel wichtiger, wie ich gelernt habe, ist für den Komfort des Hinterteils neben dem Sattel die Sitzposition, die man beim Fahren einnimmt, und die Anpassung des Fahrrads an die Körpergröße des Fahrers. Das Problem der Anpassung habe ich durch den Kauf eines Bike Friday gelöst. Das Komfortproblem löste ich dadurch, dass ich meine Lenkstange wenigstens auf Sitzhöhe eingestellt habe, wodurch das Gewicht gleichmäßiger auf drei Punkte verteilt wird: Füße, Po, Hände. Dieser Sattel ist in der Mitte ausreichend biegsam, und durch die längere Nase, mit der die Männerversion ausgestattet ist, kann man das Rad wenn nötig auch über der Schulter tragen.

Meine Pedale
Shimano Dual Function
http://bike.shimano.com

Die Teile sind schwer, aber nützlich, denn auf der einen Seite hat man die Shimano SPD Clips, während die andere Seite flach und für Sandalen und normale Schuhe geeignet ist. Ich habe zusätzlich einen Powergrip an der flachen Seite angebracht, einen Gurt, durch den man auch mit Sandalen und Straßenschuhen schlüpfen kann.

Meine Kleidung und Schuhe
Assos, Lake, Chaco
www.assos.com
www.lakecycling.com
www.chacousa.com

Gute Fahrradbekleidung ist eine Investition. Ich trage meine schwarze Assos Roubaix Jacke und das rote Trikot mit Schweizer Flagge nun schon seit Jahren. Sie haben immer das richtige Gewicht und bleiben auch bei Feuchtigkeit warm. Ich trage lieber Pace Legwarmers als eine wasserdichte Überhose, Stulpen, die man auf die Knöchel hinunterrollen kann, wenn einem zu warm wird.

Bei dieser Reise trug ich Lake SPD Mountain Bike Schuhe. Dieser Doppelfunktionsschuh ist zwar weder der beste Schuh zum Radfahren noch der beste Schuh zum Wandern, aber er ist für beides okay. Die Doppelfunktion ist hier der Knackpunkt, denn sie erlaubt einem, weniger Gepäck mit sich rumzuschleppen. Sandalen, die man an Land und im Wasser tragen kann und die auch bei einem Abendessen schick aussehen, kommen mir vor wie der Heilige Gral. Ich habe sie bislang noch nicht gefunden. Sie sollten schwarz und modisch elegant sein und schnell trocknende Riemchen haben. Chaco Sandalen kommen meinen Wünschen schon sehr nahe, wenn sie auch immer noch ein wenig aussehen wie Jesuslatschen.

Meine Taschen
Wasserfeste Packtaschen Marke Ortlieb Back-Roller *www.ortlieb.com*
Ich schwöre, diese Packtaschen sind extrem robust und wasserdicht – besser geht es nicht. Mir gefällt die schwerere, glänzende Ausführung besser, da sich der Schmutz leichter abwischen lässt. Vorne habe ich eine kleine Tioga Lenkertasche, ein billiges, ausgeblichenes Teil, das an zwei Klettbändern hängt. Darin habe ich einen Plastikbeutel mit Reißverschluss untergebracht, in den ich alles hineinstecke, was trocken bleiben soll. Es gibt schönere wasserdichte Lenkertaschen mit Klickverschluss, aber ich habe es gerne einfach. Von Ortlieb oder Vaude gibt es übrigens eine fantastisch wasserdichte Kartentasche, doch auch hier ist meine Variante »Plastikbeutel mit Reißverschluss« eine Alternative.

Mein Campingkocher
Der kleinste einfachste Trangia Kocher
www.trangia.se
Für den Kocher braucht man nur Brennspiritus oder jeden anderen Alkohol, den man in die Finger bekommt, und ein Streichholz. Der Kocher ist kaum größer als ein Becher Fertigsuppe, eignet sich jedoch perfekt für eine bescheidene Portion Bananen-Rosinen-Nuss-Porridge, eine Suppe, Gemüse und Pasta, ja sogar »Brotpudding« (eine Mischung aus Brotresten, Müsli, Milchpulver, Eiern und was auch immer). Wenn Sie dem Spiritus ein wenig Wasser beimischen, wird der Topf nicht schwarz. Heutzutage gibt es schickere Multi-Brennstoff-Kocher, doch dieses einfache Modell hat seinen Zweck für mich voll und ganz erfüllt.

Mein Zelt
Macpac Microlite
www.macpac.co.nz

Das kleine Zelt bietet Platz für eineinhalb Personen und wiegt etwa eineinhalb Kilogramm oder drei Pfund. Das einzige Problem ist, dass es nicht freistehend ist, man es also nicht auf geteertem Boden aufstellen kann. Während eines eine Woche anhaltenden Regengusses in Seathwaite, dem feuchtesten Ort Englands, erwies sich das Zelt als absolut wasserdicht. Es wird in Neuseeland hergestellt, wo es oft regnet. Für heiße Länder sollte man auch die Anschaffung einer ultraleichten Reisehängematte in Betracht ziehen (*www. hennessyhammock.com*).

Mein Schlafsack
Mont Three-Season
www.mont.com.au

Da es zu warm war, habe ich diesen Schlafsack nicht mit nach Kuba genommen. Empfehlen würde ich einen dieser neuen ultraleichten Schlafsäcke, in die man seine Matte so hineinschieben kann, dass die Federfüllung oben ist. Für meine Kubareise habe ich mir einige Flugzeugdecken besorgt, an die ich Klettband genäht habe, um sie miteinander zu verbinden. Das ist eine gute Lösung für warmes Wetter, und sie lassen sich ganz flach zusammenfalten. Die Decken wurden schließlich von einem nicaraguanischen Zimmermädchen in Costa Rica entwendet, was mir gerade recht geschieht, da ich sie aus Wut selbst aus dem Flugzeug gemopst habe, das statt zwei Stunden ganze zwei Tage brauchte, um mich von Miami nach Hause zu bringen.

Meine Matte
Therm-a-Rest Ultralite
www.thermarest.com

Obwohl ich nur etwas über 1,50 m groß bin, wünschte ich mir, ich hätte eine größere Matte gekauft. Nichts ist unbequemer, als mit den Füßen auf dem Zeltboden zu landen, während der restliche Körper weich auf der Matte liegt. Man kann natürlich seine Jacke unter die Füße legen, dennoch empfehle ich Ihnen, sich immer die größere Matte zuzulegen. Mit einem bestimmten Zubehör kann man sie in einen bequemen und den Rücken schonenden Sitz verwandeln.

Andere Ausrüstungsgegenstände
Örtliche Straßenkarte
Am nützlichsten war für mich die *Guía de Carreteras,* ein unglaublich detaillierter 48-seitiger 1:300 000 Straßenatlas von Kuba, der farbig alle Straßen und Umrisse zeigt. Man kann ihn bei den meisten kubanischen Autovermietungen für wenig Geld kaufen.

Seife
Nehmen Sie ein kleines Stück Seife in einer Kunststoff-Tablettendose in Ihrer Tasche mit. Die einfachste Art, unterwegs gesund zu bleiben, ist, die Hände sauber zu halten.

Alkohol
95-prozentiger Alkohol für Schnitte, Bisse und Kratzer, zum Reinigen und Sterilisieren von Händen und Gegenständen. Er ist einfacher zu verwenden als Lotionen und Cremes und kann auch Seife ersetzen, wenn es kein Wasser gibt. In der Lenkertasche bereithalten.

Eine Rolle Isolierband
Um Löcher in der Ausrüstung, im Zelt, von der Kartentasche et cetera zu reparieren.

Ohrenstöpsel
Gegen die amourösen Laute eines verliebten Pärchens, das Quieken gepeinigter Schweine …

Insektenmittel
Nehmen Sie ein gut wirkendes Insektenmittel mit. Es sollte so stark sein, dass es alles tötet außer Sie selbst. Mir gefällt es zwar gar nicht,

meine Haut dick mit DEET (Diethyltoluamid) einzuschmieren, aber es scheint das Einzige zu sein, was wirkt. Wenn man etwas auf ein Tuch gibt und damit den Zeltreißverschluss einreibt, kann man Mikro-Insekten vor der Invasion ins Zelt abhalten.

Toilettenpapier
Wenn Sie die Papprolle im Inneren entfernen, lässt es sich platter zusammendrücken. Oder Sie kaufen gleich die Version ohne Rolle im Laden für Campingbedarf. Zur Aufbewahrung empfiehlt sich ein kleiner Plastikbeutel. Manchmal nehme ich auch einfach Papierservietten.

Ein feuchtes Tuch
Aufbewahrt in einem Plastikbeutel in der Lenkertasche, dient es zum Abwischen der Hände nach dem Futtern usw. Ans Ausspülen denken.

Dünne Skimütze
Der Körper verliert die meiste Wärme über den Kopf. Eine aufgerollte Skimütze kann auch als normale Mütze fungieren.

Thermounterwäsche
Nützlich, wenn man sich die Haare trocknen, aber keine Lungenentzündung dabei holen will. Einfach den Reißverschluss des Zeltes schließen, den Kopf in das sauberste Teil Thermounterwäsche einwickeln; durch die Wärmeverdunstung ist das Haar bis zum nächsten Morgen ausreichend getrocknet.

Neopren-Sonnenblende
Eignet sich hervorragend, wenn man einen Helm trägt und die Haare aus dem Gesicht halten will. Gewöhnlich hält sie durch ein Elastikband. Im Gegensatz zu einem Helmvisier kann man sie daher auch ohne Helm tragen. Man sieht damit aus wie der typische amerikanische Tourist, aber was soll's.

Das Kleine Schwarze
Ein langes, schlichtes, reisetaugliches schwarzes Kleid mit Spaghettiträgern. Man muss nicht wie ein Reisender aussehen, wenn man auf Reisen geht. So ein Kleid ist multifunktional, es eignet sich als formelle Abendgarderobe, zum Schlafen, für den Strand und für Partys. Rollt man das Oberteil herunter, wird es zum Rock. Für Männer nicht vorgeschrieben.

Overshirt
Ein Pulli oder Ähnliches zum Drüberziehen bietet Schutz vor Sonne und Insekten, wenn man radelt, am Strand spaziert et cetera. Jedes langärmelige Shirt erfüllt diesen Zweck.

Sarong
Als Rock oder Tuch. Wenn man zwei mitnimmt, kann man einen blitzsauber halten und als Badehandtuch verwenden.

Seidenbettlaken
Schützt vor Wanzen in jenen Nächten, in denen man den Luxus eines schmuddeligen Hotels seinem Zelt vorzieht. Sehr kompakt.

Outdoor-Wäscheleine
Die flexible Sorte, mit einem Karabinerhaken an jedem Ende. Aber vergessen Sie die Leine nicht an einem Zaun, wie mir das gleich dreimal passiert ist.

Machete
Wahlweise. Nützlich für Kokosnüsse, überfüllte Züge und um sich den Weg zu seiner Unterkunft frei zu schlagen. Unbedingt in bereits kontrolliertem Gepäck unterbringen. Wenn Sie ein Bike Friday haben, stopfen Sie am besten Ihre Machete in den Koffer mit dem Rad.

Ortlieb Faltschüssel
Ein Wunder des modernen Vinyldesigns, nützlich für alles, was mit Wasser zu tun hat, vom Abwaschen bis zur Katzenwäsche.

Plastikbeutel mit Reißverschluss
Für alle Nahrungsmittel und zum Sammeln von Muscheln und Steinen. Man kann darin aber auch die Kamera und den Pass trocken aufbewahren. Sie werden erstaunt sein, was Sie alles in diese Beutel stecken.

Universal-Abflussstöpsel
Wird in Reiseführern häufig empfohlen, aus gutem Grund.

Stirnlampe
Die Firma Petzl stellt batteriebetriebene LED-Stirnlampen mit starkem weißem Licht her, die mehr als 100 Stunden leuchten. Erhältlich im Laden für Campingbedarf.

Kerze in der Dose
Um Licht zu haben, falls die Batterien in der Lampe versagen. Vergessen Sie die Streichhölzer nicht!

Leukoplast Blasenpflaster
Reisen Sie niemals ohne dieses wertvolle Utensil, und packen Sie es ein, noch bevor Sie überhaupt an Blasen denken.

Dank – *Muchas Gracias*

Dank an Barney Collier, der zufällig meine erste in der *Tico Times* veröffentlichte Geschichte über Lolita las, nach Costa Rica flog, mit seinem Glück bringenden Toshiba Laptop einen moosbewachsenen Hügel hinaufstapfte und mich aufforderte, meine Geschichte »zu Ende zu bringen«; an Glenn »Murry« Richmond, der mir Städterin Zuflucht gewährte und mir den Rat gab, mich nicht länger mit Dingen herumzuschlagen, von denen ich nichts verstehe; an Jorge Oller, der mir in Costa Rica einen neuen Lebensinhalt gab, indem er nicht nur einer vagabundieren Australierin die kreative Leitung seiner Agentur Consumer Exepcional Nazca Saatchi & Saatchi anvertraute, sondern sich auch damit abfand, dass La China JP von einem unerklärbaren Drang getrieben wurde, mit dem Fahrrad in der Weltgeschichte herumzugondeln; an Joshua Daniel und David Arnold für ihre fachkundige Retusche des »Kubanischen Fotografen«; an Bike Friday für ihr Fahrrad, das es mir ermöglichte, fast bis ans Ende der Welt zu fahren – trotz meines unheilbar schlechten Orientierungssinns. Dank an Jim Hendrickson für die Überprüfung meines Spanischs in den Aufzeichnungen; an Jungle Boy, der mich zu meinem ersten Lied inspirierte; an Dennis Stuhaug, Besitzer eines Bike Friday und Autor des Buches *Basic Essentials Sit-On-Top Kayaking,* das bei Globe Pequot erschienen ist – dafür, dass er der Lektorin Sarah Mazer Zink mein Buch vorgelegt hat und diese es dann auch tatsächlich aufschlug. Dank auch an Steve Martin – ich hätte nie gedacht, dass es mir je gelingen würde, auch nur ein Wort auf Papier zu bringen, über das sich nachzudenken lohnte, bis ich seinen Ausspruch hörte: »A writer says things well; a genius, well, says them.«, was so viel bedeutet wie: »Was dem Schriftsteller das Papier, ist dem Genie die Zunge.«

¡Muchísimas gracias!